JN411207

일상을 넘나들며

황계정 교수의 인생노트

일상을 넘나들며

글 · 황계정

도서출판 동인

책 머리에

나는 수필 문학에 대하여 전문적으로 논의할만한 입장에 있지 못 하다. 나의 전공분야가 영미 희곡이다 보니 주로 셰익스피어에 관한 논문을 쓰게 되었고, 다른 장르에는 영시와 영소설에 관한 논문이 몇 편 있을 뿐이다. 찰스 램의 수필은 애독하면서도, 수필 문학에 대하여는 단 한편의 논문도 쓴 일이 없다. 논문뿐만 아니라 수필 자체도 쓴 기억이 별로 나지 않는다. 30여 년 전에 모 일간지의 칼럼 하나를 맡아 잠시 칼럼을 썼던 일이 있고, 몇몇 대학신문의 칼럼난에 가끔 몇 편의 칼럼을 실린 일이 고작이었다. 그러한 종류의 글들은 수필과 비슷해 보일지는 몰라도 정통적인 수필 문학의 범주에 넣을 수는 없을 것이다.

인간의 의식은 흐른다고 한다. 어느 특정한 상황에 그에 연관되는 특정한 의식만이 존재하는 것이 아니라 특정한 의식 속에 일상이 끼어 들고, 범상한 일상 속에 특정한 의식이 끼어 들 수 있다는 것이다. 의식은 끊임없이 특정한 상황과 일상적인 상황을 넘나들며 흐르고 있다는 이야기다. 그런 시각에서 보면, 수필은 "붓(의식) 가는 대로 쓰는 글"이라 말하여도 크게 빗나간 말은 아닐 성싶다. 셰익스피어는 일상을 벗어난 일체의 특별한 상황들을 환상fantasy이라 구별하였다. 물론, 일상이라는 말에는 꼭 절대적인 의미가 부여된 것은 아니다. 특정인에게는 환상이 일반인의 일상처럼 되어버린 경우도 없지 않다. 어느 노벨상 수상자는 수상 소감에서, "수상의 기쁨에 앞서 일상을 잃을까 염려된다."고 피력하였다. 인간은 어느 경우에도 일상을 떠나 존재 할 수 없다. 일상이 환상보다 진솔하기 때문이다. 우리의 의식은 일상과 환상을 끝없이 넘나들며 우리에게 삶의 진실을 인식시키고 있는 것이다.

나는 평생을 학교에만 있었다고 해도 과언이 아니다. 초등학교에 들어가기 이전 7년과 군복무 기간 약 3년, 도합 10년을 빼고는 줄곧 학교에 몸담고 있었다. 약 20년 간은 배우는 기간이었고, 40여 년 간은 가르치며 보낸 기간이었다. 생각에 따라서는, 단조롭기 그지없는 생활이었다. 그럼에도 불구하고, 나는 회상recollection과 연상association을 통하여 또 일상과 환상을 넘나드는 의식의 흐름을 통하여 그런 대로 음미해 볼만한 소재들을 떠올릴 수 있었다. 비록 단조로운 나의 인생노트에 불과할지 모르지만, 한 인생의 고락苦樂이 담긴 단상과 사념들을 엮어보고 싶었던 것이다. 제현들의 혜량을 빌어마지 않는다.

글 담은 순서

오원강의 한 굽이에서

고향. 그렇다. 고향은 세상에서 가장 포근하고, 때로는 가장 가슴 벅찬 이미지이다. 내가 태어나서 자라고, 나의 의식이 싹텄던 가장 연고 깊은 향리. 그래서 일반적으로 고향은 작고 구체적인 공간을 의미한다. 나만의 알뜰한 연고를 지닌, 나만의 공간이기 때문이다. 영어로 고향을 "home *town*"이라 한다. "home city"나 "home sate"라는 말은 의미가 방만하여, 진정한 고향의 의미는 아니다. 내 나이 70이 되었지만, 고향을 생각하면 아직도 등골에 가벼운 전율이 흐르고 가슴이 스르르 벅차온다. 인간에게도 역시 귀소본능歸巢本能은 있는 모양이다. 다른 사람들에게는 하찮게 들릴지라도 당사자에게는 그 어떤 명소보다도 소중하고 값지고 자랑스러운 곳이 고향이다. 고향은 언제나 마음속에 그리는, 어머니의 따뜻한 품속 같이 훈훈하게 느껴지는 곳이기 때문이다. 필자도 무엇보다 먼저 자랑스러운 나의 고향에 대하여 몇 가지 기억을 더듬고 싶은 충동에 사로잡힌다. 그것이 인간의 상정인가 보다.

나는 오원강烏院江의 끝자락 한 굽이에서 태어나, 그 생명의 물살을 받으며 어린 시절을 보냈다. 오원강은 아주 생소한 명칭이다. 아마도 이 강을 아는 독자는 거의 없을 것이다. 오원강은 섬진강 상류의 한 지류인 오원천을 일컫는 별칭이다. 오원천은 진안의 마이산 기슭이 그 남상濫觴인데, 행정구역상으로 전북 임실군 관촌면館村面 지역을 지나면서 강물이 엄청나게 불어나며 강폭이 넓어지고 수심도 깊어진다. 강가 한 굽이에는 기암절벽과 풍성한 수목 그리고 단아한 정각亭閣 사선대四仙臺가 멋지게 조화를 이루고 있어 빼어난 경관이 펼쳐진다. 오원강이 우리나라 영상문화사에서 간과할 수 없는 영화 『옥단춘』玉丹春을 비롯하여 『고구려의 혼』高句麗의 魂, 『일목장군』一目將軍 등의 영화 촬영지가 되었던 것도 필시 그 수려한 경관 때문이었을 것이다. 이러저러한 이유로 인근의 주민들은 일개의 지류 천을 언제부턴가 무엄하게도(?) 오원강이라 부르고 있다. 나의 모교인 관촌초등학교의 교가는 "밤낮에 쉬지 않는 푸른 오원강, 드높은 사선대의 품에 안기여" 라는 구절로 시작한다.

오원강의 고사故事에 대해서는 안타깝게도 아는 바가 없다. 그러나 양자강의 지류 오강烏江이 연상된다. 당대唐代 말엽의 시인 두목杜牧이 오강의 한 정자에 올라 "제오강정시"題烏江亭詩를 썼다. 두목은 천하를 목전에 놓고 유방劉防과 혈전을 버리다 해하垓下에서 패전하여, 오강에 피신하면서 작전을 구상하였던 항우項羽를 회상한다. 항우는 오강을 건너 강동江東에서 군사를 재집결하여 최후의 일전을 치룰 것인가 아니면 패잔병을 데리고 그대로 항전할 것인가 고민하다가, 패장의 치욕을 현명하게 다스리지 못하여 열악한 상태 그대로 한나라 군사와 싸웠던 것이다. 불운한 용장 항우는 세의 부족을 실감하고 자결하고 만다. 두목은 항우의 백전불굴의 용맹과 기백에 대하여 애석함을 칠언절구七言絶句로 옮긴다. "勝敗兵家不可期(승패병가불가기) 包羞忍恥是男兒(포수인치시남아) 江東子第多豪傑(강동자제다호걸) 捲土重來未可知(권토중래미가지)"－승패란 병가라도 가히 기약할 수 없는 것, 수치를 감싸고 치욕을 참는 것이 바로 남아인지라, 강 건너 자제에는 호걸이 많으니, 흙먼지 휘날리며 다시 왔더라면 (결과는) 누구도 알 수 없는 것을!－

나라마다 지리학적으로 "강"과 "천"의 구별이 명쾌히 규정되어 있겠지만, 프랑스 빠리의 쎄느강The Seine River이나 영국 스트라포드의 에이번강The Avon River 또는 미국 뉴 쌜럼 지방의 스푼강The Spoon River에 비교하여, 오원천이야말로 강으로서의 품격과 조건을 충분히 갖추고 있다. 학계나 타 지역 사람들은 무어라 하든, 오원천을 강으로 격상시킨 인근 주민들의 임의적 태도에 대하여 나는 오만하다는 생각이 추호도 들지 않는다. 몇 번을 고쳐 생각해보아도 염치없는(?) 일이 결코 아니기 때문이다. 우리끼리의 이야기이지만, 쎄느강이나 에이번강 또는 스푼강이 도대체 강의 반열에 오를 수 있는 작품들이던가? 이들은 강폭이나 수심은 물론 수량이나 주변의 경관에 있어 다른 여느 강들에 비하여 궁색하기 그지없다. 그럼에도 불구하고 이들은 각기 세계인들의 애호를 한 몸에 받으며, 동경의 대상이 되고 있지 않는가? 밤이라야 더욱 현란한 쎄느강은 확신하건대 지금 이 순간에도 수많은 아름다운 낭만과 잊지 못할 추억들을 엮어내고 있을 것이며, 세계 최고의 언어 마술사(셰익스피어)를 길러낸 에이번강은 그저 고요한 흐름만으로도 인류 최상의 고전들classics에 대한 향수를 달래주고 있는 것이다.

연중 대부분의 시간에 바닥을 벌겋게 들어내고 있는 스푼강은 링컨 대통령이 청소년시절에 술통을 나르며 고생을 겪었다는 뉴 샐럼 지방의 역사적인 특성과 인도주의 시인 매스터스Edgar Lee Masters의 기념관이 자리하고 있는 유명세 탓인지는 몰라도 그 초라한 몰골에도 불구하고 오늘도 세계 도처에서 인생 예찬론자들을 불러 모우고 있다. 하기야 영국의 웨일스 지방 사람들은 아장꾸르 전투에서 3천 명의 병사로 9만 명의 프랑스 대군을 무찌른 국왕 헨리 5세Henry V의 고향인 맨마우스Manmouth를 관통하여 흐른다하여 일개 개천에 불과한 작은 하천을 당당하게 와이강The Wye River이라 부르고 있으니, 사물에 대한 품평이 그리 단순한 것만은 아닌 성싶다. 그래서 하나님은 인간에게 "판단하지 못 하도록" 선악과를 따먹지 말라 하였거늘. 아담과 하와가 새삼 원망스럽도다.

오원강에 대한 나의 아름다운 추억은 강의 풍부한 어족에서 시작한다. 납작한 돌 밑에는 거의 예외 없이 물고기가 들어있을 정도이었다. 나는 어릴 적에 물고기 잡는 귀신이라는 타이틀(?)을 가지고 있었다. 돌 밑에 양손을 살며시 넣고 물고기를 중앙으로 몰아 살살 배 부분을 긁어주면 물고기는 "시원하다는 듯이" 느긋하게 누워있기 마련이다. 그 때 살며시 돌과 함께 물고기를 들어 올리면 물은 빠져나가고 물고기는 손바닥과 돌 사이에 갇혀 꼼짝없이 잡힌다. 물고기를 잡는 데에는 기술이 다소 필요하다. 기술이란 것도 사실 특별한 것이 아니고 그저 "살며시" 그리고 "서들지 않는 여유"가 고작이다. 촉감과 신중의 조화랄까.

영국의 대문호 셰익스피어William Shakespeare도 맨손으로 물고기를 잡아 올리는 기술이 대단했던 모양이다. 그가 쓴 작품 『십이야』*Twelfth Night*의 한 등장인물, 말볼리오Malvolio의 어리석음을 풍자하는 장면에서 이런 대사가 나온다. "그 바보 같은 송어란 놈은 말이야, 배를 살살 문질러주면 사지를 못 쓰고 제 몸을 내어 맡기거든. 바로 그때 가만히 건져내면 영락없이 잡히지." 나는 대학에서 셰익스피어의 『십이야』 강의를 들으면서, 오원강에서 스스로 터득하였던 기술(?)을 회상하며 남모를 미소를 행복하게 지었던 기억이 난다. 세계적인 문호 셰익스피어의 물고기 잡는 기술과 나의 기술이 동일한 수법으로 드러났기 때문이다.

오원강은 나름대로 소박한 전설도 지니고 있다. 여름이면 밤마다 선녀 넷이 내려와 맑은 물에 뛰어들어 뼈 속까지 시려오는 냉기에 몸을 떨면서도 짧은 여름밤을 원망한다 하였다. 수심이 2십리8km가 넘는다하여 명명된 2십리 보에는 잉어 한 마리가 너무 크게 자라 더 이상 잉어로 머무를 수 없어 용으로 승천했다 하였고, 또 어떤 잉어는 덩치로 따지자면 여느 용에 미흡할 이유가 전혀 없는데도 선녀에게 눈 꼬리 한 번 잘못 놀린 탓으로 승천에 실패하여 그 끔찍한 이무기로 남아 아직도 비만 내리면 심술을 부리고 있다 했다. 해마다 익사 사고가 발생한 것도 그 괴물의 심술 때문이라 한다. 진실 여부야 어찌 되었든, 네 선녀들이 놀다 갔을 사선대는 날개를 막 펴는 학처럼 우아한 모습으로 지금도 푸른 강물을 굽어보며 자태를 뽐내고 있다. 바위 밑에 나란히 놓여 있는 "용천"龍泉과 이무기 굴 앞을 수영하며 지나노라면 뒷머리가 으쓱하고 발끝이 간지럽다. 그 짜릿한 느낌에 지금도 몸서리가 처진다. 바로 어제의 일만 같다.

오원강은 전설적인 표상들과 선경들을 뒤로 하고 여전히 도도한 위용을 잔뜩 뽐내며 더욱 세차게 흐르다가, 행정구역상으로 신평면新平面 대리大里 소재의 깎아 세운 듯이 우람한 바위절벽과 정면으로 충돌한다. 주위에는 운무처럼 물보라가 하늘을 감추고, 강물은 용트림을 하면서 공중에서 산화散華된다. 오만한 자의 자업자득이다. 강은 자신의 만용을 참회했음인지 현저히 풀이 꺾인 채, 직각으로 좌회전하여 진로를 바꾼다. 강바닥도 급격하게 침전되어, 물길은 자세를 크게 낮추고 겸손하게 흐르기 시작한다. 수난을 겪은 끝에 지혜가 생겨난 것일까? 아니면 필자의 감상적 허위sentimental fallacy에 불과한 환상일까? 강물은 병암리屛巖里 동구를 지나며 일부는 농수가 되어 그 넓은 관촌(사실은 병암) 벌을 적신다. 이제 강의 이름도 신평천으로 바뀌어, 마치 유브라데 강으로 유입하는 에덴동산의 성하聖河라도 되는 듯이, 극도로 자중하는 모습으로 섬진강 본류를 향하여 평온하게 서로 오손 도손 말소리를 죽인다. 냇물은 어느덧 운암과 옥정으로 접어든다. 그러나 이 순간에도 관촌에는 여전히 오원강이 흐르고, 내 마음도 그칠 줄 모르고 마냥 따라 흐른다.

전라선 철길을 타고 여수 방면으로 내려가다 보면, 전주와 임실 사이에 작은 기차역 세 곳이 있다. 전주에서 세 번째 역이 관촌이다. 역명이 관촌역으로 되어 있지만, 그 역사驛舍는 관촌에서 약 3킬로 떨어진 병암리의 동구 밖에 위치한다. 지리적인 여건 때문일 것이다. 병암리 부락은 시골이긴 하지만 그런 대로 국철이 통과하고 국도와 지방도가 교차하여 사통팔달의 요지라 할 수 있다. 북으로는 관촌과 전주에 이르고 남으로는 임실과 남원에 이르며, 동으로는 마령과 진안에 이르고 서로는 신평과 운암에 이른다. 당시에 이곳에는 대중교통 수단이 기차밖에 없었으니, 사방에서 모여드는 기차 승객들을 배려하면 다른 대안이 없었을 것이다. 병암리는 필자의 고향이다. 앞으로 기회가 되면 밝힐 터이지만. 어린 나이에 삶의 양면성을 혹독하고 절실하게 체험할 수 있었던 인생의 도장道場이며 마음의 지성소至聖所이기도 하다.

"병암"이란 바위벽이 병풍처럼 둘러 있다는 말이다. 나의 고향은 지명 그대로 평온하고 아늑한 곳이다. 병풍바위 아래로는 희귀 품종의 사철나무 덩굴이 얽혀 있고, 중턱에는 덩굴 산딸기覆盆子가 뻗어내려 결실의 때가 되면 주위를 현란하게 채색한다. 7-8월이면 복분자 열매가 익어 가는 산뜻한 향취가 마을에 가득하다. 열매에는 말산과 타르타르산 등이 많이 함유되어 한방에서는 강장제로 쓴다 하는데, 많이 복용하면 소변줄기의 힘이 강하여 요강이 뒤집어질 정도라 한다. 그래서 "覆盆子"란다. 왼쪽으로 작은 계곡을 건너면, 나지막한 동산이 있다. 동네 사람들은 이 동산을 상상봉이라 부른다. 정상부분에서 기슭까지 500미터가 넘도록 흘러내린 경사면slope에는 금잔디가 파랗게 깔려 있다. 우리에게는 환상적인 놀이터였다. 우리는 잔솔가지를 엮어 만든 삼태기를 타고 경사면을 신나게 내려온다. 대부분은 완주를 못하고 앞으로 혹은 옆으로 처박히기 일쑤지만, 별다른 사고는 없었다. 어쩌다 끝까지 완주에 성공하면 그 기분은 가히 말로 표현하기가 어렵다. 천하를 얻은 기분이었다. 그 짜릿한 흥분이 지금도 기억에 새롭다. 한겨울 설원의 정취야 오죽하랴?

이 작은 향리에서 우리 집안은 4대를 살았다고 한다. 어떻게 해서 부富를 이루었는지는 알 수 없지만 제법 부농에 속하였던 것 같다.

내가 부농이라는 어휘를 사용하였지만 사실은 너무 과분한 표현이고 소작인小作人 몇 명을 거느리는, 말하자면 아주 작은 지주에 속하였던 것 같다. 잠시 어린 시절의 희미한 기억을 더듬어보겠다. 먼저 작고하신 부친으로부터 들은 말씀이 생각난다.

우리 할아버지는 냉정한 면이 있으셨던 것 같다. 할아버지께서는 추수가 끝날 무렵부터 소작인들을 방문하게 되는데, 어느 소작인의 집에서 일어난 일이었다. 점심을 드시다가 할아버지의 밥에 뉘(도정이 안 된 볍씨)가 하나 있었던 모양이었다. 당시에는 정미소가 흔치 않은 때인지라 충분히 있을 법한 일이다. 그런데도 그 소작인은 안절부절 못 하고 소위 지주(?)의 밥에서 뉘 하나를 젓가락으로 집어 내어 자기의 밥그릇 옆에 놓았다 한다. 할아버지는 계속 그 뉘에 시선을 두고, 소작인이 그 뉘를 어떻게 처리하는 가를 지켜보셨다 한다. 그런데 소작인은 밥상을 물리면서, 밥상 위에 놓인 뉘도 함께 처리해버린 것이다. 할아버지는 물으셨다. "자네, 아까 그 뉘는 어떻게 했는가?" "예? 예에. 아마 집사람이 버렸을 것입니다." 할아버지는 직석에서 대노하셨다한다. "아니, 뉘를 버려? 껍질만 벗기면 쌀이 되는 것인데, 뉘를 버려? 안되겠네. 자네 같은 사람에게 논을 줄 수 없네. 당장 내 놓게!" 소작인이 아무리 사정을 하여도 할아버지는 뜻을 굽히지 않아 소작인은 20마지기나 되는 논을 내놓을 수밖에 없었다고 한다. 우리 할아버지의 행위는 몰인정한 비정의 소행으로 보이지만, 할아버지는 "1000석도 쌀 한 톨부터"라는 철저한 경제윤리 속에서 피나는 내핍과 노력으로 그나마 작은 부를 이루었던 것 같다.

우리 집은 동네 중앙에 위치하고 있었다. 집터와 건축물이 다른 집들에 비하여 터무니없이 컸던 것으로 기억이 된다(물론, 어린 눈에

각인된 탓이었을 것이다.). 동리로 흘러오는 두 계곡물이 우리 집 담을 끼고 돌아 합류하여 제법 큰 계곡의 모습을 취하여 오원강으로 빠져 들어간다. 물길이 맑고 아름다웠다. 담장은 개울물을 따라 삼면으로 높게 쌓은 석축이었고, 상층부는 하얀 회벽으로 도배되어 일정한 간격으로 화려한 벽화가 그려져 있었다. 일견 산사山寺의 불화佛畵를 연상시키지만, 불화는 결코 아니었다. 굳이 성격을 말하자면 질박한 민화 비슷한 것이었다. 무명의 어느 시골 화가가 손과 목에 힘을 주며, 마음껏 붓을 휘둘러 멋을 한번 내보았을 것이다.

집안에는 삼중 대문이 있었고, 마지막 문을 통과하면 널빤지로 만든 가리개가 서 있었다. 좌우에는 그리 넓지 않은 화단이 꾸며져 있었는데 불도화(목 수국이라고도 부름), 능소화, 석류나무, 백일홍, 목단, 작약, 명자나무, 매화, 골단초, 앵두나무 등이 있었던 것으로 기억이 된다. 그리고 음식에 향료로 쓰는 방아排草香와, 겉모습이 생강과 흡사한 양하蘘荷가 자라고 있었다. 집 중앙에는 안채가 있고, 우쪽에는 사랑채가 있었으며, 좌측으로 조금 떨어져서 머슴 채가 있었다. 사랑채에는 방이 여럿 있어 손님들을 맞았고, 할아버지(선친의 외조부)는 6번째인 맨 끝 방에서 기거하셨다. 사랑채에는 담장이 따로 쳐져 있었고 대문도 따로 있어 빗장도 덩그렇게 채워져 있었다. 같은 울안이었지만 완전히 별채로 운영되었던 것 같았다. 손님들의 면모도 다양하였다. 내 노라 하는 지역의 명창들도 여러 날을 머물며 다녀간 바 있고, 손님들 가운데는 장기간의 식객들도 적지 않았다.

사랑채 앞의 정원은 정원이라기보다는 야산의 한 끝자락처럼 보였다. 정원 앞 중앙에는 하늘을 찌를 듯이 높이 자란 벽오동 한 그루가 『구약성서』 "창세기" 속의 "생명나무"처럼 우뚝 서있었다. 벽오동

껍질의 청록색이 너무 청초하여 생명을 상징하는 듯하였다. 성경에는 검劍을 든 병정을 두어 생명나무의 접근을 막았다하지만, 우리 집의 생명나무(?)는 지키는 자가 없어도 안전했다. 나무껍질이 어찌나 윤기가 흐르고 미끄럽던지 누구도 감히 올라가지 못할 판이었기 때문이다. 좌우 양쪽에는 각기 떡갈나무와 모과나무가 천정부지로 높게 서 있었다. 그 사이와 뒤로는 산죽이며 각종의 이름 모를 산과실山果實 유실수가 빽빽하게 들어 차있었다. 그 중에도 정확한 이름은 알지 못하나 전라도 사투리로 "꾸지열매"라는 것이 있었다. 나무는 관목인데 무시무시하게 큰 가시가 배라도 쨀 수 있을 정도로 무섭게 돋아 있고, 닭 벼슬처럼 보인 열매가 모양은 어설프고 약간 혐오감까지 주지만 맛은 일품이었다. 산 대나무 숲에는 놀러온 꼬마친구들이 시도 때도 없이 드나들며 길을 내놔서 크고 작은 구멍들이 여기저기에 뚫려 있었다. 그 모양새가 마치 여우집이나 오소리 굴로 보였다.

머슴 채를 지나면 제법 큰 방죽이 있었다. 주위에는 가죽나무가 둘려 있었고 맑은 물에는 갖가지 물고기가 살았다. 흔히 방죽에는 기껏해야 붕어나 잉어가 아니면 메기 정도가 사는 것이 보통인데, 우리 집 방죽은 그런 "우물 안 개구리" 같은 폐쇄된 시민들만 사는 방죽이 결코 아니었다. 가끔 통발을 치고 수문을 열어놓기 때문에 비록 새끼들에게만 허용되는 일이긴 하지만 멀리는 섬진강 하동 포구 저 너머까지도 출입이 가능할 수 있고, 일년에 한 두 차례 큰 홍수라도 나면 이 물고기들의 출입과 교류는 훨씬 수월해진다. 맑은 냇물에서만 산다는 꺾지 등이 우리 집 방죽에서 자태를 나타내기도 하고, 바다에서만 산란을 한다는 뱀장어가 언젠가 할아버지의 낚시에 걸린 것을 보면 이미 바다 나들이까지 한 물고기가 우리 집 방죽에 살고 있었음을 알 수 있다. 이렇게 비교적 풍부한 어종을 상대로 할아버지께서는 거의 매일 해질 무렵이면 방죽에 나오셔서 지정(?) 좌석에 앉아 낚시질을 하셨다. 그러나 잡은 물고기를 어떻게 처분하시는지는 본 기억이 전혀 없다. 지금까지 별로 대단한 것도 아닌 것을 가지고, 너무 장황하게 말을 늘어놓았나 보다. 그러나 적어도 나에게는 당시 우리 집은 너무나 즐겁고 아름다운 꽃 대궐 같은 곳이었다. 과장하여 말하자면 에덴의 동산이랄까. 누구에게나 고향은 그렇게 아름답고 대단한 존재로 보이는 모양이다.

또 한 가지 생각나는 것이 있다. 그 때에는 병정놀이(전쟁놀이)가 소학교(초등학교) 학생들에게 유행했었다. 상급생과 하급생이 각기 격에 맞도록 계급장을 오려 달고 만화에 나오는 전투장면을 흉내내는 것이었다. 나는 소학교도 다니지 않을 때이었는데도, 키도 작은 나를 병정놀이에 끼어 준 것이 늘 고마웠다. 주로 우리 집이 전투의 격전지가 되었다. 집이 넓기도 하였지만 산 대나무 숲 속에는 숨을 곳들이 많아서, 양 진영이 각기 진을 치기 쉽고 빵빵 소리를 내며 총을 쏘고 칼을 휘두르고 숨고 찾고 쓰러지고 엎어지며 소리를 지르는 전쟁놀이에 적격이었기 때문이다. 나는 전쟁놀이를 통하여 막연하게나마 전쟁놀이 이상의 무엇을 배웠다. 병정놀이에서 이기면 한없이 기쁘며 더 용감해질 수 있었고, 놀이에서 지면 마치 나라라도(?) 빼앗긴 듯이 허전하고 풀이 죽었다. 목적의식과 성취욕구가 인간행위에 얼마나 큰 역할을 하는가를 어린 나이에도 깨달은 것이다. 1945년 8월 15일. 광복이 되어 세상을 알고 보니, 군국주의 식민통치하에서 조국의 심장부 곳곳에 여우굴이 생기고 오소리굴이 뚫린 줄도 모르고 일본군 병정놀이에서 "니또헤이! 이또헤이! 조또헤이! 헤이쪼!"를 부르며 철없이 뛰놀던 그 시절이 얼마나 몽매한 짓거리이었는지 몰랐다. 아무튼 나는 어린 시절을 마치 "아담"처럼 에덴동산에서 철부지로 지낸 것이다.

셰익스피어는 『리차드 4세』에서, 아담을 젊은 아담과 나이든 아담으로 구분하였다. 젊은 아담은 에덴동산의 아담이요, 나이든 아담은 낙원을 잃은 속세의 아담이다. 그 당시에 나타났던 나의 정체성을 이제 와서 다시 살펴보면, 나는 한 마디로 에덴동산의 아담이었다. 에덴의 아담은 하나님이 만들어주신 낙원에서 아무런 인간적 노력이나 고통 없이, 부여받은 통치권을 행사하는 탈 인간적인 존재다. 성서적인 맥락에서 보면, 낙원의 상실은 아담의 불순종이 가져온 죄과이며 따라서 씻을 수 없는 신의 저주이다. 그러나 인간적인 관점에서 보면, 인간의 진솔한 인간다움은 인간이 낙원을 잃고 세상에 내려와 땀 흘리고 고생하며 애통할 때 나타난다. 진정한 행복은 진정한 고행을 통하여 인식되는 것이다.

하나님이 나의 이 모든 것을 만세전에 다 파악하고 예정하여 섭리하신 것이리라. 나는 신의 섭리를 굳게 믿고, 생사병고와 희로애락의 모든 것을 신의 섭리로 수용한다. 우리 가정은 8. 15 광복과 6. 25 전란을 전후하여 그야말로 풍비박산風飛雹散이 되었다. 나는 어찌된 영문인지도 자세히 알지 못한 채 졸지에 에덴의 동산을 잃고 속세의 아담(?)이 되었다. 우리 가정은 전혀 소망이 없어 보였다. 그러나 우리는 다시 일어섰다. 나는 어린 시절의 낙원을 잃고 세상의 아담으로 전락하여, "수고하고 애통하는" 인생의 역정에 열중할 수 있게 된 것을 오히려 하나님께 감사한다.

메밀꽃을 생각하며

"메밀"하면, 대체로 이효석의 "메밀꽃 필 무렵"을 떠올리며, 달빛 어린 봉평 벌의 하얀 낭만을 연상할 것이다. 혹 감수성이 거기에까지 미치지 못하는 경우라면, 오장동의 시원한 함흥냉면을 생각하며 갑자기 시장기를 느낄지도 모른다. 메밀은 만주 북방 바이칼 호수 지방이 원산지이기 때문에 냉한성 식물이라고들 하지만, 한국에서 재배되는 메밀은 봄여름 가을 없이 잘 자란다. 척박한 땅에서도 잘 자라기 때문에 제폐식물除弊植物이라고도 부른다. 그러한 특성을 이용하여 지난 88올림픽 때 도로변 어색한 곳에 메밀 씨를 뿌려 연두색 잎새와 하얀 꽃으로 분위기를 바꾸어 놓기도 하였다. 스포츠 외교를 단단히 해낸 셈이다. 생육기간도 60-100일 밖에 되지 않아 우리나라에서는 3모작도 가능하다.

북한에서는 쌀이 귀한 편이어서 그런지 모르지만, 메밀로 밥을 지어먹기도 하고 계절에 관계없이 별미로 국수를 만들어 먹기도 한다. 특히 요즘에 와서는 메밀에 고혈압을 방지하고 뇌출혈 등 혈관손상을 예방하는 루틴rutin이라는 성분이 함유되어 있다하여 건강식품으로 크게 각광을 받고 있는 중이다. 그러나 남한에서는 얼마 전까지만 하여도 일년에 한두 번 정도 주로 명절에 메밀묵을 쑤어먹는 것말고는 식량으로 사용되는 일이 거의 없었다.

전라도 지방에서는 메밀이 식량으로 쓰이기보다는 길쌈에 더 많이 사용되는 편이었다. 삼배를 짤 때 날줄에 풀을 먹여야 되는데, 이때 그 고장에서는 꼭 메밀로 풀을 쑤어서 사용한다. 메밀 풀은 껍질을 함께 넣어 쑤는 점으로 미루어 볼 때, 껍질의 성분과도 관계가 있지 않나 생각된다. 이처럼 용도의 한계 때문에 남한에서는 메밀을 많이 재배하지 않는다. 일단 재배한 산물이라 할지라도 필요한 양만 저장하고 나머지는 돼지 등 가축의 사료로 쓰거나, 아니면 그 것도 곡식이라고 버리면 죄로 갈까봐 버리지도 못하고 흙이나 검불 등 쓰레기와 함께 되는 대로 쓸어 담아 눈에 띄지 않는 마루 밑 어느 한 구석에 처박아 놓는 것이 보통이었다.

이런 천덕꾸러기 메밀 몇 주먹이 우리 식구 7명의 귀한 생명을 구할 줄이야? 누가 상상이나 할 수 있었을까? 아무도 생각할 수 없는 일이었다. 모건Marlo Morgan이 『무탄트 메시지』*Munant Message Down Under*에서 밝혔듯이. 호주의 어느 원주민들이 믿고 주장한다는 절대용도 설絶對用途 說에 귀를 기우려 봄직하다. 그들의 주장에 의하면 사물은 생물이든 무생물이든 모두가 필요가 있어 세상에 존재한다는 것이다. 그러나 일단 그 필요성이 해소되면 그 사물은 세상에서 영원히 사라지는 것이다. 우리 가족에게 자신들의 존재 이유를 분명하게 밝히고 사라진, 흙 먼지투성이의 메밀 씨들처럼 말이다.

1945년 8월 15일에 우리나라는 광복이 되었고, 토지개혁 등 경제적인 제도의 변화가 왔다. 경제의 패턴이 달라지자 우리 아버님은 불안과 위협을 크게 느끼셨던 모양이다. 농촌에서 출생하여 성장하고 사시기는 했지만 당신께서는 농사에 관심을 가지셨거나 직접 농사일을 해보신 경험이 전혀 없으시니 당황하실 만도하다. 아버지께서는 오로지 궁술(활쏘기)과 승마, 유도와 검도 등 당시로서는 신식에 속하는 운동과 가야금, 거문고, 사물놀이, 소리(창), 고전무용 등 국악예술에만 몰두하셨다. 말하자면 속된 표현으로 한량閑良이셨다.

선친께서는 종국에 전주 대사습놀이에 깊이 관여하시고 지방 방송국에 가끔 출연도 하셨지만, 생활인으로서는 선택적 과오에 의한 시행착오의 연속이었던 것이다. 어찌되었든 당시로서는, 현실과 너무나 동떨어진 생활을 하시다가 세상이 갑자기 바뀌자 가장家長으로서 책임감을 통렬히 인식하셨던 것 같다. 아버지는 많은 고민과 연구 끝에 사업을 하시기로 작정하셨던 것 같다. 상환 답 몇 마지기만 남겨놓고 자작 논(그야말로 문전옥답)은 몽땅 팔아 상경을 하여 사업을 시작하셨으나 현실은 여의치 않으셨던 같다. 사업에 경험도 없으신데다 사회마저 혼란스러운 때였으니 혼란한 시대의 희생자가 될 수밖에 없었을 것이다. 아버지는 이삼 년이 넘어도 돌아오시지 않고, 집에는 어머니와 이제 겨우 11세가 된 나, 그리고 10세 미만의 5남매만 남게 되었다. 물론 대궐(?) 같은 병암리의 집도 정리되었고, 우리는 가정리柯亭里라는 이웃 빈촌 마을로 이사를 하였다. 머슴으로 일하시던 내외분을 비롯하여 식솔들도 다 떠나버리고, 어머니와 어린것들만 남아 있었으니 노동력이 없는 빈농에 농사가 제대로 되었겠으며 살림살이인들 온전하였겠는가?

1948년 늦은 봄이었을 것이다. "아무리 험하다 한들 보리 고개만큼 험한 고개가 어디에 있겠느냐"는 말이 있듯이, 우리 가족은 보리 고개를 참으로 힘겹게 넘으며 근근히 하루 하루를 지나고 있었다. 설상가상으로 온 식구가 장티푸스에 걸려 물 한 모금 떠다 줄 사람 없이 몸져눕게 되었다. 누구 하나 들여다보는 이가 없었다. 당시 사람들은 장티푸스에 대한 미신까지 겹쳐, 염병(그 쪽 사람들은 장티푸스를 그렇게 불음)을 앓는 집에 가면 집안에 큰 일이 난다고 생각하였다. 전염이 잘 되고 치사율이 높았으니 그럴 수밖에 없는 일이었다. 장티푸스 환자들은 모든 것을 운에 맡길 뿐이었다. 다행히 열이 내리고 자연치유가 되어 죽지 않고 살아나면 다시 사람들을 만나는 것이다. 인명은 재천이라 했으니 모든 것을 하늘에 맡기고 사는 시대이었다.

병에 대한 전념의 염려가 아니더라도, 당시의 사정으로 볼 때 문병 가기가 그리 쉽지 않았다. 소위 보리 고개가 시작되면 인심이 흉흉하고 극도로 각박해졌었다. 저 마다 초근목피로 연명을 해 가는 마당에, 이웃에 사랑과 동정의 눈길을 돌릴 여유가 없었던 것이다. 연추리 뿌리와 무릇 뿌리, 그리고 고수풀 등 몇 가지 풀을 뜯어 함께 가마솥에 넣고 불에 오래오래 고아서, 그 것을 먹고 연명하던 시절이었다. 그런데 어떤 풀들은, 예컨대 무릇 뿌리와 같은 것들은 어찌나 독하던지 밤낮 이 삼일은 고아야 한다. 땔감나무를 감당하자면 참으로 엄청난 노동력이 필요하였다. 사정이 그러다 보니 그 당시 풀죽 한 모금을 요즘 물가로 환산하면 대단한 금액이 될 것이다. 그 금싸

라기 같은 풀죽을 어떻게 이웃들과 나누어 먹을 수 있겠는가? 보통 가까운 사이로서는 힘든 일이다. 나는 보리 고개의 모진 인심들을 충분히 이해한다. 가진 것이 있어야 인심이 나는 법이기 때문이다.

2주일쯤 지났을 것이다. 용하게도 우리 식구는 모두 살아났다. 신열에 못 이겨 머리가 빠지고 얼굴은 붓고 얼굴 색깔도 누렇게 떠 있었지만, 열은 완전히 떨어졌다. 배가 몹시 고파왔다. 그런데 먹을 것이 있나. 어머니는 갑자기 어떤 생각이 떠오르는 모양이었다. 아무렇게나 되는 대로 쓸어모아 나루 밑에 처 박아 둔 메밀 생각이 나셨던 것이다. 흙먼지로 가득 덮인 용기를 끌어내어 보니 정말 돌 절반 메밀 절반이었다. 그것도 고마워서 감지덕지 하여 돌을 골라내고 확에 대충 갈아서 죽을 쑤었다. 죽의 표면이 마치 빙판처럼 아른거렸다. 우리 일곱 식구가 한 그릇씩 먹었다. 살 것 같았다. 그 순간만은 참으로 행복했다. 그 날은 그대로 지나고 나니, 이젠 아침이 문제였다. 할 수 없이 이미 곡기를 다 걸러낸 메밀껍질을 다시 확에 갈아 죽을 쑤었다. 맹물 같기도 하고 묽은 죽 같기도 한 음식 아닌 음식을 마시고 나서, 우리는 힘도 없고 하여 쓸어져 잠이 들었다. 잠이 들었다기보다는 사실은 실신하여 있었던 것이다. 나는 지금도 모르겠다. 우리가 쓰러진 이유가 메밀껍질 속에 독한 성분이 있어 그 독 때문이었는지 아니면 영양실조로 부황이 난 것인지 정확히 알 수 없었다.

몇 시간이 지났는지 모른다. 깨여보니 어머니가 안 보이셨다. 아무리 주위를 찾아보고 기다려도 어머니는 오시지 않았다. 나는 불안한 생각이 들었다. “가실 곳이라고는 2십리 정도 떨어진 창인리 외할머니 집밖에 없는데—” 생각이 거기에 미치니 갑자기 등 곬이 섬뜩해졌다. 외할머니 집을 갈려면 오원강가 모래강변을 지나야 했기 때문이다. 지금은 그 모래밭이 개발되어 전답이나 과수원 등으로 변했지만, 그 때만 해도 그 너른 모래땅이 잡초가 우거진 황무지이었다. 거기에는 한센 씨 병 환자(문둥이)들이 숨어 있다가 어린이나 여인네를 만나면 잡아서 간을 내먹는 다는 소문이 실례까지 곁들여 파다하게 나돌았다. 사람의 간이 나병에 특효가 있다는 속설 때문이었다. 나는 무조건 집을 나와 정신 없이 모래강변을 향하여 내달렸다. 이를 악물고 뛰었다. 아니 그런데 이게 웬 일인가? 모래밭 한 중앙지점 쯤에 여자로 보이는 사람이 쓰러져 있지 않은가? 나는 두말할 것 없이 어머니가 한센 씨 병 환자에게 간을 떼이고 죽으신 것으로 생각이 되었다. 나는 계속 달렸다. 어떻게 달렸는지 나도 모른다. 눈에는 눈물이 쏟아지고, 목이 터지라고 어머니를 불렀으련만 아마도 소리는 입밖으로 나오지도 못 했을 것이다. 너무 놀랐기 때문이다.

나는 어머니의 모습을 확인 한 순간 떨리고 숨찬 가슴을 억누를 사이도 없이 무조건 어머니 가슴 위에 쓸어졌다. 우리 모자는 한 동안 껴안고 한없이 울었다. 그러나 두 사람의 눈물은 그 성격과 의미가 다소 달랐을 것이다. 나의 눈물은 어머니가 무사하시다는 안도의 눈물이었고, 어머니의 눈물은 굶어 죽게 된 어린것들이 불쌍하여 우시는 비탄의 눈물이었을 것이다. 어머니는 도저히 다른 궁리가 떠오르지 않아 외할머니 집으로 향하셨던 것이다. 외할머니 댁은 그 동리에서 부유한 편에 속했으나, 어머니는 "출가외인이라니" 하는 독한 마음으로 친정집만은 피하시다가 한계상황에 달하여 할 수 없이 그 쪽으로 어려운 발길을 떼었던 것이다. 친정에 도착한 어머니는 우선 찬밥으로 당신의 배를 채우시고, 애들이 걱정되어 곡식 두세 말을 얻어 머리에 이고 집으로 돌아오시는 중이었다. 공복에 식사를 좀 많이 하셨으니 속이 편하실 리가 없는 데다, 머리에 곡식까지 무겁게 이었으니 왕복 16킬로의 먼 길을 무사히 오실 수 있었겠는가? 무겁게 걸어오시다가 그만 쓸어져 실신하시고 만 것이다. 이런 일이 있은 후로, 우리 어머님은 너무나 긴 세월을 무거운 걸음만 걸어오신 참으로 가엾고 장하신 어머님이시다.

오직 감사하고 감사할 일이다. 도저히 살아남을 수 없어 보였던 우리 가족이 그 난관을 헤치고 살아났고, 월사금(당시에는 초등학교에도 납입금이 있었음)이 없어 초등학교(당시에는 국민학교)를 나올 수 없는 상황이었는데도 나는 결국 학교를 마치게 되었다. 초등학교에는 상무선생님이라고 하는 무서운 선생님 한 분이 계셨다. 지금 생각해보면 육성회의 상무선생님이셨을 가능성이 높다. 매섭고 혹독하셨다. 수업시간에 교실에서 미납자를 끌어낼 때는 언제나 불호령이 떨어진다. 매주에 거의 한두 번씩은 집으로 쫓고 또 쫓겨갔으니, 상무선생님도 대단하신 분이셨지만 나 또한 어지간히 질긴 아이이었던 같다. 세상에 굴욕을 즐기는 자가 어디 있으랴? 오직 내일의 소망을 위하여 굴욕을 삼키고 진력하는 그 집념 때문에, 나는 초등학교에서 대학에 이르는 멀고도 험난한 길을 밟아낼 수 있었던 것이다.

우리 어머님은 진주 정씨晋州 鄭氏의 양반 댁 가문에 태어나 엄한 가정교육으로 수양을 받은 탓에, 외부의 출입을 극도로 삼가셨다. 어머니는 아마 어머님 혼자셨더라면 필시 방에서 홀로 계시다가 굶어서 돌아가셨을 지도 모를 만큼 정씨의 가풍을 중요시하였다. 그러나 슬하에 어린것들 6남매가 있었으니 가풍만을 고집할 수만도 없었다. 가풍이 아무리 중하다 한들 모정에 비할 수는 없는 일이었다. 어머니는 마음을 크게 고쳐 자시고 시장에 나가시게 되었다. 장똘뱅이, 그

것도 여자 장똘뱅이가 된 것이다. 매월 5일이면 관촌장, 6일이면 임실장, 7일이면 진안장 등 매일 장소를 바꾸며 이른 새벽에 나가셔서 밤늦게 집에 돌아오신 경우가 많았다. 그렇게 해서 아들딸들을 살려내고 가르치셨다. 우리는 어머니로부터 한없는 은혜를 입었으나 어머니는 지금 연세가 들어 병만 몸에 쳐졌다. 특히 고혈압과 관절염으로 병원신세도 많이 지셨다. 나는 지금도 어머니날에 부르는 "어머님 은혜"를 단 한 구절도 따라 부르지 못한다. 부르려면 먼저 목이 메어버려서 소리가 나오지 않는다. 소리 대신 눈물이 나오려하니 어찌 할 수가 없다. 참 못난 사람이다.

나는 이 순간도 가슴이 저려 와서 글쓰기가 힘들다. 괴로웠던 심상心象이 떠오르기 때문이다. 내가 군에서 제대하고 복학을 하기 위하여 밤 열차로 서울로 올라가던 밤이었다. 어머니는 그 날도 머리에 무거운 쌀자루를 이고 전주시내를 돌며 하루 종일 해질 때까지 목이 부러지고 발이 닳도록 수고 하셨다. 나의 등록금을 마련하기 위한 것이었다. 어머니는 관촌 집으로 가시기 위하여 남원 행 완행열차를 기다리시고, 나는 서울로 가기 위하여 서울 행 완행열차를 기다리는 중이었다. 상행 열차와 하행 열차가 동시에 들어와 동시에 출발하는 것으로 시간표가 짜였었다. 따라서 개찰 시간도 동일하였다. 이미 날이 어두워 밤 9시가 가까웠다. 어머니는 차 시간을 기다리는 동안에 전주역사 앞에 있는 음식점, 남원南原 집에서 저녁 식사로 콩나물 국밥을 시켜 놓으셨다. 그런데 돈이 모자란 탓으로 국밥 한 그릇을 시키신 것이다. 어머니와 나는 서로 미루며 먹지를 못 했다. 어머니는 누구네 집에서 밥을 얻어 자셨다고 고사하셨고, 나는 속이 별로 좋지 않아 밥 생각이 전혀 없다고 사양하였다. 우리 모자는 이렇게 서로 미루다가 차 시간이 다되었다. 우리는 한 수저도 떠보지 못하고 개찰구로 들어가야만 하였다. 승강장에서 우리는 서로 다른 방향의 차에 올랐다. 나는 그 날 밤처럼 눈물을 많이 흘려보기는 처음이다. 완행열차여서 서울까지 10시간이 넘게 걸렸는데, 그 시간 내내 눈물이 그치지 않았다. 어머니는 그 고생을 다 하시면서도 하루 종일 빵 한 조각도 입에 넣으시지 않으셨을 것이다. 당신은 그러면서도 이 못난 아들이 저녁을 굶고 열 시간 이상 차를 타고 갈 것을 생각하며 밤새껏 우셨을 것이다. 그것을 생각하니 내가 죄를 져도 크게 진 것으로 생각되었다. 내 속이 이렇게 아픈데 어머니의 속은 어떠하랴 싶으니 가슴이 금방이라도 터질 것만 같았다. "차라리 국밥 한 그릇을 둘이서 나누어 먹기라도 하였으면 이렇게 가슴이 아프지는 않을 터인데—." 후회를 거듭하며, 나는 밤새껏 울었다.

한 가지 더 죄송한 일이 있었다. 나는 육군 제일 보충대에서 군복무를 하였다. 50년대 후반. 내가 군 복무를 할 당시에는 사병의 인사 분류가 대단히 무질서했다. 매주 실시되는 분류에서, 후방 근무를 원하는 사병, 기지창, 카츄사 등 특수부대로 분류되기를 원하는 사병들의 보호자들이 기간사병들을 만나 교섭을 하느라 부대가 온통 야단법석이었다. 나는 연세대학교 2학년을 마치고 대학을 중퇴하여 군에 입대하였는데, 나의 순수한 눈에는 면회자들로 가득 메운 면회소 안팎이나 또는 기간 사병의 막사 주변에서 일어나는 모든 일들이 참아 눈뜨고 볼 수 없는 난장판이었다. 너무 공공연하게 이야기들이 튀어 나와, 사람들이 모두 정의감이나 염치라고는 도무지 한 푼 어치도 없어 보였다. 심지어, 어떤 사병은 제대 후에 양품점을 차렸다느니 또 어느 보직에서 근무하는 어느 누구는 어디에서 무슨 상점을 개업

했다느니 하는 도저히 믿어지지 않는 말들이 구체적으로 나돌았다.

나는 이 같은 난맥상을 보고 처음에는 몹시 분개하였다. 그러나 시간이 지나자 유혹이 만만치 않다는 사실을 알았다. 유혹은 나에게도 강력하게 접근하여 왔다. 나는 제대를 하면 바로 복학을 하여야 했는데, 가정이 워낙 빈곤하다보니 아무런 대책이 없었다. "다들 하는 판인데 나라고 못할 것이 무엇인가? 아니다. 나 혼자라도 나 자신을 지켜내야 한다. 그래야 개중에는 깨끗한 사람도 있다는 말을 듣지 않겠나?" 나는 이를 악물고 기도하였다. 나는 기도하며 고민하고 또 고민한 끝에, 부관부 인사과를 떠나 군종과軍宗課로 보직을 옮기기로 결심하였다. 유혹을 간신히 이겨낸 것이다. 나의 선택은 자랑스러운 것이었다. 하지만 현실은 우리에게 너무 냉엄하고 혹독했다. 나는 어머니에게 죄송하다는 말을 수없이 마음속으로 되뇌었다. 가난이 죄였다. 나는 다짐하였다. 졸업하고 취직하여 무엇보다 빚을 먼저 갚아드리겠다고. 나는 그 날 밤, 서울 행 완행열차 속에서 다짐한 대로 취직을 하자마자 가정의 부채부터 정리하기 시작하였다. 무려 4년 이상이 걸렸다. 마음 후련한 일이었다. 그러나 나에게는 아직도 갚아야 할 빚이 너무 많다. 나야말로 빚쟁이 중의 빚쟁이 이다.

우리 어머님은 금년에 88세로 미수米壽를 맞으셨다. 어머님께 장수長壽의 은혜를 내려주신 하나님께 하루하루 감사하며 지낸다. 그러나 건강이 예전 같지 않아 걱정이고, 어머니를 돌보는 처에게도 미안한 생각이 자꾸 든다. 며칠 전에 집사람이 평창 메밀꽃 축제에 다녀오자고 제의를 하였다. 당연히 받아 주어야하는 처지이기도 하고, 같이 가주어야 마땅한 일이었다. 그런데 어머님 건강이 악화되어서 그런지, 메밀에 대한 옛날의 위기의식이 되살아나면서 축제에 가고 싶은 의욕이 과거의 어두운 사념 속에 잠적해 버렸다. 얼마 있으면, 싸늘한 밤 공기와 더불어 서정을 자극하는 소리가 또 들려 올 것이다. “메밀 묵 사려어－메밀 묵.” 나는 다짐한다. 어서 과거의 서럽던 사념을 마음에서 정리해야지. 그리고 명년에는 우리 집 사람을 평창의 메밀꽃 축제에 꼭 데리고 가야지. 봉평 벌의 달빛 어린 낭만을 한 아름 가득히 담아 와야지. 집사람과 함께－꼭.

노안의 묵시

지난 몇 달 동안 나는 불면증으로 몹시 시달렸다. 아내는 옆에서 무슨 고민이라도 있느냐고 여러 차례 물어 오지만, 아무리 생각을 해 봐도 고민이 될만한 일은 없었다. 하기야 말은 이렇게 하고 있어도 성격상 예민한 면이 전혀 없는 것은 아니다. 나는 사안이 안전에 관한 문제라면 무엇이나 그냥 지나치지를 못하는 소심한 성격의 소유자다. 예를 들면 외출하기 전에 가스레인지 벨브는 제대로 잠겼고, 문단속은 제대로 되었으며, 겨울철에 온도가 내려가면 차에 부동액을 갈아넣었는가 하는 문제 등에 대해서는 분명히 보통사람들 보다 신경을 날카롭게 쓰는 편이다. 그러나 이러한 사항들은 일단 확인을 하고나면 그것으로 만사가 태평이다.

『열자列子』의 "천서편"天瑞篇에 소개되었듯이, 하늘이 무너지고 땅이 꺼지면 어떻게 하나 걱정이 되어 식음을 전폐하였다는 중국 기杞 나라의 어떤 사람과는 전혀 이야기가 다르다. 기우杞憂로 시달리는 사람은 아니다. 나는 보기에 따라서는 오히려 단순한 낙관론자에 속한다. 웬만한 일이면, 브라우닝Robert Browning의 "피파의 노래"Pipa's Song를 기도문처럼 암송하며 지나쳐버린다. "피파의 노래"는 짧고 간단하여 외우기 쉽고, 한 편의 시라기보다는 영원한 평화의 기도문 같기 때문에 입버릇처럼 암송하는 습관이 들어버렸다. "봄철, 이른 아침, 일곱 시 쯤, 산허리에 이슬 맺히고, 종달새 하늘에서 노래하고, 달팽이 가시 숲을 기며, 하나님 하늘에 계시나니, 세상은 만사가 평화로워!" 하기야 내가 아무리 이러저러한 변명을 늘어놓아도, 불면증을 이유로 세브란스 병원의 응급실 문을 두들겼으니 더 이상의 할말은 있을 수 없다.

얼마 전에 미국에서 사는 제자가, 대학에서 영문학을 가르치는 제자와 함께 나를 찾아왔다. 이 둘은 고등학교와 대학의 선후배 사이인데, 여고 총 동문회에 참석하기 위하여 귀국한 선배가 고국에 있는 후배를 만나 함께 나를 찾아준 것이다. 건강이 어떠냐고 묻기에, 불면증에 관한 이야기를 했다. 병은 자랑을 해야 낫는 다는 말이 있지 않은가. 그런데 한 제자의 말은 전혀 엉뚱했다. "불면증은 결코 병이 아니에요. 제가 하라는 대로만 하시면 금방 퇴치됩니다." 그 친구가 그렇게 당당하고 자신 만만하며 단정적인 태도를 보인 경우를 전에는 보지 못했다. 명성을 자랑하는 세브란스 병원에서도 수면제를 처방해 주었는데, 이 친구는 병이 아니라니 나는 그저 어안이 벙벙할 뿐이었다. 기가 찰 일이었지만, 어쨌든 반가웠다. 괴로운 불면증을 일격에 퇴치해줄, 자신 만만한 명의(?)를 우연히 만나게 되었으니 말이다.

그녀의 주장에 의하면, 신체의 하부에 있어야 할 "기氣"가 머리에 머물러 있어 불면증이 오는 것이기 때문에, 기를 몸 하부로 끌어내리기만 하면 된다는 것이다. 기에 대해서는 그저 지나가는 말로 몇 번 들어본 일은 있지만, 기를 끌어내린다니 더욱 황당한 생각이 들었다. 이 선생은 기를 머리에서 하체로 끌어내리는 방법을 자세히 설명했다. 기는 정신과 육신의 조화에서 나오는 힘이기 때문에, 생각을 입으로 암송하면서 생각을 "정수리-이마-눈-코-입-턱-가슴(좌측으로)-어깨-팔꿈치-손목(위쪽)-엄지-검지-중지-무명지-새끼손가락-손목(아래)-팔굽이-겨드랑-가슴-(우측으로)-어깨-팔꿈치 – (다시 돌아와)-가슴-명치-배꼽-단전-(좌측으로)-사타구니-대퇴부-장단지-복숭아뼈-엄지발가락-둘째발가락-셋째발가락-넷째발가락-세끼발가락-복숭아뼈-장단지-대퇴부-사타구니-단전-(우측으로)사타구니 – 단전" 이런 순서로 생각을 신체의 하부로 이동시키면 기가 하향되면서 불면증은 저절로 살아진다는 것이다. 특히 기의 본 거지가 대퇴부이기 때문에 대퇴부에서 많은 시간을 끌며 장고하면 효과가 더 좋다고 했다. 뿐만 아니라, 정신적인 운동에 육체적인 운동을 겸하면 효과는 더욱 확실하다고도 했다. 어깨 너비로 발을 벌리고 두 발을 최대한으로 굽히되 상체를 똑바로 세워 대퇴부에 온 체중을 실어 대퇴부가 아프도록 하라는 것이다. 최대한으로 대퇴부를 자극하면 기가 본거지에 머문다는 설명이었다.

이 선생은 40대 여성이었지만, 두 발을 깊숙이 굽히고 상체를 똑바로 세우는 자세가 아주 당당하게 보였다. 그런데 나는 아무리 모양을 내보려하여도 엉거주춤한 모양새가 어설프기만 했다. 나는 모양새 교정을 아예 포기하여, 거울 앞에 서기를 거부하였다. 그러나 한 동안 기 내리기에 열중하다보니 불면증은 나도 모르게 살아졌다. 신기했다. 그리고 이 선생이 고마웠다. 제자 하나가 난데없이 나타나 불면증을 치유해준 덕택으로, 나는 충분한 수면을 취할 수 있게 되었고 다시 원기를 회복하였다. 불면증으로 고생하는 동안 책을 멀리 하였던 터라 책을 좀 보고 싶었다. 돋보기안경과 확대경을 다시 챙겼다. 그 동안 밀린 책을 몇 장쯤 읽었을 것이다. 그랬더니 바로 그날로 불면증이 다시 찾아왔다. 그 동안의 증상과 정황들을 자세히 살펴보면, 나에게 불면증을 가져다주는 가장 확실한 진범은 다름 아닌 돋보기안경과 확대경이었던 것이 틀림없다.

나에게는 벌서 수년 전부터 노안이 왔고, 돋보기안경의 신세를 지지 않고서는 신문이든 책이든 글자 한자도 읽지 못했다. 돋보기안경을 쓰면 잘 보이기는 한데, 그때마다 꼭 가볍지 않은 현기증이 일고 안압이 올라 기분이 몹시 나빠진다. 나는 조심하여 몸을 가누고 안경을 벗어 던진다. 그것도 잠시, 얼마 안 가서 돋보기안경이 몰고 온 불안과 고통을 망각하고 할 수 없이 또 남의 눈(돋보기안경)을 찾게 된다. 신문만 해도 그렇다. 제목만 읽고 그냥 넘어가면 되는 일을 가지고 야당 대표가 대통령에게 "대한민국의 정체성을 어떻게 보고 있는지 설명해 달라"고 질문하였다느니 좀 이야기가 심각해 보이는 기사가 나오면, 고통 받을 때의 불안한 심정은 어디로 가버리고 금방 돋보기안경을 찾아 끼고 깨알같은 글을 읽으러든다. 내가 의사 앞에서 불면증을 호소하고는 있지만, 실은 이미 그 원인을 다 알고 있는 병이며 그것도 자업자득인 것이다.

자연의 질서(하나님의 섭리)는 참으로 오묘하고 경외롭다. 자연은 사람이 나이가 들면 가까이에 있는 사소한 일들은 보고도 못 본척

할 것이며, 주변이 꼭 보고 싶다면 커다란 덩어리만 보라고 노안(원시)을 주었다. 제발 먼 것만 바라보라는 것이다. 그런데도 사람들은 그 깊은 뜻을 아는지 모르는지 주변을 그냥 지나칠 수 있는 여유를 갖지 못하고 돋보기안경을 찾기에 바쁘다. 모두가 욕심 때문인 것이다. 셰익스피어는 『뜻대로 하세요』에서, "돋보기안경을 코끝에 걸치고, 커다란 주머니를 옆에 찬" 모습으로 노인을 형상화한다. 안경을 쓰는 게 아니라 코끝에 걸치면 안경너머로 자신의 원시안遠視眼을 이용하여 먼 곳을 젊은이들 못지 않게 또렷하게 바라볼 수 있고, 돋보기로는 가까운 곳에서 일어나는 시시콜콜한 것들까지 다 들여다보며 하고 싶은 이야기를 다 할 수 있다. 자신의 주변을 무엇 하나 양보하지 않으려는 노인의 오기 어린 심사를 잘 반영한 것이다. 노인이 되면 모든 것들이 자신을 떠난다. 체력이 떠나고 자신감이 떠나고 자녀가 떠나고 직장이 떠나고 사람들이 떠나고 무엇보다도 사회적 용인 social approval이 떠난다. 사회가 더 이상 자기를 인정해 주지 않는 것이다. 자신도 모르게 마음이 허전해지며 고독감을 느끼지 않을 수 없다. 그 박탈감과 공허감을 채워 넣고자 노인들은 옆에 커다란 주머니를 차고 다니며, 전에 없던 욕심을 들어내는 것이다.

내가 특별히 존경하던 교수님 한 분이 계셨다. 이 교수님은 모든 일에 있어 판단이 분명하셨던 분이다. 그런데 정년한지 2년이 채 안 되어 치매 비슷한 증상을 보이시다가 그 길로 곧 세상을 하직하셨다. 정년 직전까지만 해도 사고가 적극적이고 활동도 왕성하셨을 뿐만 아니라 매사에 그렇게 정확하시고 원칙에 충실하신 분이셨는데 너무나도 뜻밖의 일이 벌어진 것이다. 평소에 사리판단이 그렇게 명확하셨던 분도 노년의 박탈감과 그 보상심리는 극복하지 못하신 탓이었을까? 아무리 생각해봐도 쉽사리 납득이 되지 않는다. 셰익스피어가 지적한 대로, 노인은 옆구리에 찬 자기의 주머니가 보면 볼수록 작아 보이기만 하여 자꾸만 키우다보니 보통 사람들의 눈에 괴상하리만치 커다란 주머니가 되어버린 것이다. 안타깝게도 노탐에 빠져든 노인은 그 거추장스러운 주머니를 언제나 옆에 차고 다니면서도 그에 대한 부끄럼을 전혀 느끼지 못한다. 노탐老貪은 바로 노추老醜로 연결되는 것이다.

인생은 대단히 아름답고 숭고한 것이지만 불행히도 시간적 제약을 벗어날 수 없다. 어느 누구도 100세를 크게 뛰어넘지 못한다. 그러나 내세의 개념에서 보면, 죽음은 인생의 종말이 아니라 인생이 영원에 합일하는 하나의 과정이다. 입적入寂도 인생의 일부인 것이다. 와일더Thornton Wilder는 『우리 읍네』에서, 인간이 죽음을 맞으면 생시에 아직까지 분명하게 드러나지 않았던 자기의 가장 중요한 부분 다시 말하면 "영원한 그 어떤 것something eternal"이 명료하게 나타나 자신을 완성하게 된다고 말한다. 이른 바, 죽은 자들은 자신들의 그 영원성을 조용히 기다리게 되는 것이다. "영원한 그 어떤 것"이란 과연 무엇일까? 와일더는 작품 속에서 명시하지 않았다. 그는 독자의 상상력에 맡겨 열린 결론open-endedness으로 처리한다. 기독교의 입장에서 보면 최후의 심판일 수 있으며, 불교의 입장에서 보면 평화로운 정적tranquility일 수도 있을 것이다. 죽은 자에게는 무한한 기다림의 미학이 필요한 것이다. 분명한 것은, 죽은 자는 현세의 열병에서 벗어나 마음의 평형을 되찾고 있다는 것이다.

죽음을 현명하게 준비하려면 제일 먼저 현세에 대한 애착과 집착을 단념해야 한다. 사람이 한 평생을 사는 동안 성취한 재물과 명예에 대한 기득권, 부모와 자식간에 얽힌 사랑과 고마움, 부부간에 남기고 간 감미로운 애정과 안타까움, 사회생활에서 경험한 즐거웠고 괴로웠던 일상들, 오래 동안 쌓이고 쌓인 증오와 복수의 열정 등 현세에 대한 집착들이 무수히 많을 것이다. 이러한 잊기 어려운 추억들과 정서들을 시간을 두고 서서히 단절해 나가야 한다. 이별을 목전에 두고 절박하게 집착을 단절하기란 결코 쉽지 않다. 와일더는 "밤낮으로 보아 오던 너도밤나무, 따뜻한 목욕, 듣기에 그렇게도 짜증이 났던 알람시계의 똑딱 소리" 그 소리마저도 단절하기 어렵다고 술회한다. 하나님은 때가 되면 우리에게 노안을 주어 인간의 그러한 고뇌와 별리의 심정을 다스리신다. 노안은 노년의 향기를 지속시키기 위하여, 하나님이 마련한 하나의 장치인 것이다. 공자가 『논어』에서 60세의 나이를 "이순"耳順이라 부른 것도 신의 세미한 음성에 순종하며 경청하라는 완곡한 권면이었을 것이다.

소년 시절이 생각난다. 6. 25 동난 중이어서 생활이 어려웠던 때였다. 나의 동생 하나가 추운 날씨 때문에 폐렴에 걸려 고열로 고생을 하다 죽었다. 우리는 병원에 한번 가보지도 못하고 생명을 날려야 하는 비극을 겪어야했다. 우리 5남매는 죽은 동생을 바라보며 한없이 울고 있었다. 그런데 어머니는 밖에서 집신 한 짝을 들고 들어와 난데없이 죽은 동생의 얼굴을 짚신으로 후려갈기는 것이었다. "어미 가슴에 못을 박고 먼저 가는 놈이 어디 자식이냐? 원수 같은 놈!" 어머니의 음성은 극도로 표독스러웠다. 어머니는 몸을 부들부들 떠시면서 그 어린 동생의 얼굴을 다시 두 차례나 더 내려치셨다. 그러신 다음에 시신을 천 조각에 싸들고 산으로 가셨다. 철없는 우리는 그저 울면서 어머니를 몹시 야속하게만 생각하였다. 사실 우리 어머니는 평소에 참으로 온유하신 분이시다. 보리 고개를 힘겹게 넘으며 입에 풀칠하기가 어려웠을 때, 밖에서 먹을 것이 생기면 그 한 조각을 당신의 입에 넣을 수가 없어서 어떻게든 옷자락에 넣어 오셔서 우리 입에 넣어 주시던 분이시다. 나는 지금도 어머니의 그 부드러운 손길을 잊을 수가 없다. 그런 어머니이시기 때문에, 그날 저녁에 있었던 무지막지하고 매정한(?) 어머니의 거동을 도저히 이해할 수 없었다. 후에 알고 보니 그 잔혹한 행위는 모자간의 정을 떼기 위한 어머니의 내면적인 울분과 통곡이었던 것이다. 단 한 차례의 매정한 결심으로 평생을 두고 파고드는 가슴의 아픔을 치유할 수 있다면야 얼마나 지혜로운 일이 되겠는가. 현세와의 단절은 이처럼 잔인하고 비통하다. 그러면서도 누구나 겪지 않으면 안 되는 필수적인 과정인 것이다.

알렉산더 대왕Alexander the Great은 팽창주의 정책을 폈던 마케도니아의 왕 필립포스 2세Philips II가 암살 당한 후, 군부의 추대로 약관의 나이 20세에 왕위에 올랐다. 그는 세계를 제패하려는 웅지를 가지고 무려 70차례의 대첩을 승전으로 이끈 천하무패의 용장이며 또한 대왕이었다. 그는 아라비아의 원정을 준비하던 중에 찬 물에 뛰어들어 수영을 한 것이 잘못되어 급성 폐렴으로 고생하다 33세에 급서하였다. 그는 전투가 끝날 때마다 칼집에 칼을 꼽으며 무료함을 달랠 길이 없어 항상 아쉬워하였다고 한다. 아라비아의 원정을 눈앞에 두고 끓어오르는 정복욕을 어떻게 달래며 눈을 감을 수 있었을까?

그러나 그는 우리의 상상을 완전히 뒤엎고, 임종을 맞아 이렇게 말했다고 한다. "내가 죽으면, 나의 두 손을 관 밖으로 내어놓아 사람들이 보도록 하라." 그는 천하의 알렉산더 대왕도 죽을 때에는 빈손으로 돌아간다는 엄연한 사실을 만인에게 알리고자 한 것이다. 그는 단순히 무용담의 영웅이 아니라 불혹不惑에 이르기도 전에 현세에 대한 애착을 흔연히 단절할 수 있었던, 소위 "이순"을 터득한 현인이었던 것이다. 그는 그리스의 철학자 아리스토텔레스Aristotle를 가정교사로 초빙하여, 윤리학, 철학, 문학, 정치학, 자연과학, 의학 등을 사숙하였다. 그는 호메로스Homeros의 서사시를 애독하여, 원정 때에도 그 책을 몸에 지니고 다녔다고 한다. 그는 문무를 겸비한 지성의 성군이었다. 그가 만인에게 내보인 빈손은 금은보화 등 물질뿐만이 아니라 권세와 공명도 죽음 앞에서는 모두 무의미하다는 것을 웅변하는 실증인 것이다.

내가 돋보기를 벗어 던지지 않는 한 자연은 계속하여 나에게 경고음을 울릴 것이다. 내가 아무리 기 운동을 열심히 하여도, 오늘밤에 불면증을 벗어 날 수 없을 것이다. 노안은 자연의 묵시적인 질서이다. 질서에서 일탈하면 우주와 결별하는 영원한 미아가 된다.

능소화를 바라보며

나는 꽤 오래 전부터 능소화凌宵花를 좋아했다. 아마 여섯 살 아니면 일곱 살 때부터 이 꽃을 가지고 놀았던 기억이 난다. 우리 집은 시골이었지만 상당히 잘 꾸며진(?) 정원을 가지고 있었고, 그러다 보니 그 속에 수많은 꽃나무들이 철을 따라 서로 경쟁이나 하듯이 자태를 뽐내고 있었다. 그 당시에는 이름도 제대로 알지 못했지만, 수박색 이파리에 적황색 꽃을 피운 넝쿨이 우리 집 담 벽을 완전히 덮고 심지어 담 너머까지 뻗어 장관을 이루었었다. 다섯 꽃잎이 종鍾의 모양을 이루며 둥글게 연결된 이 꽃은, 다른 꽃들과는 달리 질 때에는 꽃대나 꽃술을 그대로 남겨둔 채 꽃잎만 움싹 빠지며 싱싱한 상태로 떨어졌다. 실이나 줄에 꿰어 꽃 꾸러미를 만들기에 안성맞춤이었다. 감또개라는 것이 있다. 꽃에 쌓인 감 열매를 말한다. 어릴 때에는 감또개를 바늘로 실에 꿰어 놀기도 하였는데, 감또개에서는 진이 나와 손도 끈적거리고 옷도 버린다. 그러나 능소화는 그럴 염려가 전혀 없다. 그렇다 할 장난감도 없었던 터라, 나는 능소화 꽃 줄을 허리에 차기도하고 어깨에 걸머메기도 하며 신나게 가지고 놀았다. 매년 여름철이면, 거의 매일 아침마다 땅에 떨어진 능소화를 주워 실에 꿰는 것이 나의 중요한 일과 중의 하나가 되었다. 쉴 사이 없이 피고 지는 능소화와 더불어 이렇게 한두 달을 지나다보면 여름이 다 지나갔다. 나는 그때마다 능소화를 아쉬워하며 다시 여름이 오기를 기다렸다.

새봄이 되어 대자연이 재생의 기지개를 펴고 신록이 돋기 시작하면 능소화가 어서 새 옷으로 갈아입고 꽃이 피어나기를 손꼽아 기다렸다. 지금은 비교적 흔한 꽃이 되었지만, 그 당시에는 결코 흔한 꽃이 아니었다. 우리 고장에서는 오직 우리 집에만 능소화가 있었다. 그런 관계로 더욱 애착이 컸던 것 같다. 물론 활동범위가 좁아서도 그렇겠지만, 나는 중학교와 고등학교를 다니던 6년 동안에 그 너른(?) 전주全州 바닥에서도 능소화를 본 일이 전혀 없었다. 내가 우리 집 밖에서 능소화를 처음 본 것은 대학교 2학년 때였던 것으로 기억된다. 서울 종로구 효자동 어느 집에서 능소화를 봤다. 붉은 벽돌 담벽에 어우러진 능소화는 참으로 우아하고 인상적이었다. 한번 집밖에서 능소화가 눈에 띄기 시작하더니 이곳저곳 제법 여러 곳에서 나타났다. 그 만큼 나의 안목이 좁았었다는 실증이기도 하다. 능소화가 결코 희귀한 꽃이 아니라는 것도, 그 때서야 알게 되었다. 꽃의 색깔과 크기가 다양할 뿐만 아니라 어떤 품종은 너무 볼품이 없는 것도 있었다. 능소화에 관한 한 제법 콧대가 높았던 나의 독점의식은 처참하게 무너지고 말았다.

능소화는 자위紫葳라고도 불린다. 원산지가 중국이며, 중동지역에서도 흔히 볼 수 있다. 우리나라에서는 주로 중부 이남에 서식하고, 불교의 사찰에서 많이 심는다고 한다. 인가에서 흔히 볼 수 없었던 것도 그 때문이 아니었나 생각한다. 어린 시절부터 좋아했던 꽃인지라, 서울 연희동에 집을 장만하기가 무섭게 능소화를 구하여 심었다. 우리 집의 능소화는 꽃 지름이 8cm이며 색깔이 적황색이어서 아름다운 모습을 지니고 있다. 80년대 중반에 터키의 어느 성당에서 능소화를 보게 되었는데, 꽃의 색깔이 옅은 분홍색을 입고 있을 뿐만 아니라 꽃잎에 생기가 없어, 보기가 그다지 좋지 않았다. 우리 집의 능소화는 백과사전과 식물도감을 참조해볼 때 순종일 뿐만 아니라 우성임에 틀림없다. 내가 어린 시절에 살던 시골집의 능소화처럼 화사하다.

내가 어린 시절에 그다지 흔하지도 않았던(당시에는) 이 꽃을 좋아하게 된 것은 전혀 우연이었다고 볼 수 있다. 굳이 이유를 든다면 예쁜 꽃 모양이 유난히 나의 눈길을 끌었고 떨어진 꽃잎이 아주 싱싱하여, 가지고 놀기가 좋았기 때문이다. 그러나 지금 이 시점에 와서까지, 내가 이 꽃을 좋아하게 된 이유는 결코 우연도 아니고 맹목도 아니다. 능소화는 내가 아는 다른 모든 꽃 중에서 가장 깨끗하게 자신의 최후를 처리한다. 꽃의 여왕이라 불리는 장미는 화려하기로 타의 추종을 불허하지만, 지는 모습은 추하기가 이를 수 없다. 장미꽃은 낙화 시기가 다가오면 영롱하던 색깔이 윤기를 잃고 보기가 민망할 정도로 파리하게 탈색이 되어 꽃잎이 망가진다. 어떤 꽃잎은 스스로 떨어질 기력조차 없이 말라비틀어진 채 줄기에 매달려 바람이라도 불어주길 기다린다. 꽃의 선비라 불리는 동양란도 질 때가 되면 청빈한 몸매를 가누지 못하고 수축할 대로 수축하여 꽃 받힘 줄기에 겨우 몸을 의지하며 마냥 그 어설픈 몰골을 처리하지 못하고 계속 드러내 보인다. 청초하던 선비의 자태가 종말에 와서 그 꼴이 말이 아니다. 최후가 너무 처참하다.

그러나 능소화는 다르다. 꽃의 색깔도 전성기의 적황색 그대로 보존되어 있고 꽃잎도 어느 한곳 시들거나 건강에 이상이 있어 보이지 않는데도, 질 때가 되면 아무 미련 없이 스스로 알아서 깨끗하게 질 줄을 안다. 바람이 불고 안 불고는 상관이 없다. 제 소명을 다 했다싶으면 지체 없이 제 갈 길을 가는 꽃이다. 능소화는 마음의 여유가 있는 꽃이다. 적어도 우리가 육안으로 보기에는 아직 건강한 상태에 있는데도, 때가 되면 스스로 알아서 궁색하지 않는 상태에서 땅에 떨어진다. 사람이나 꽃이나 뒷모습이 아름다울 때, 매력이 있는 것이다. 능소화는 삶의 멋을 제대로 아는 꽃이다.

어찌 꽃들뿐이랴? 부귀영화를 누리며 떵떵거리던 사람도 종말이 처절한 경우가 많다. 무쇠 같은 체력을 자랑하는 소위 철인일수록 죽음에 무관심하다가 종말이 되어서야 허둥대며 세상을 버리는 경우가 많다. 몸이 건강하다보니 천년이고, 만년이고 살 줄 알았던 것이다. 매사에 주도면밀하여 평소에 완벽하게 보이던 사람도 막상 죽음이 닥쳐오면 할 일도 제대로 끝내지 못하고 갈팡질팡하다가 처량한 모습으로 생을 마감하는 경우가 비일비재하다. 시작이 있으면, 끝이 있기 마련이다. 누구나 나이가 들면 죽음을 준비해야 한다. 때가 되면 삶을 새로 설계하여야 한다. 특히 종교인은 죽음을 위한 기도祈禱가 필요한 것이다.

나의 대학 동기로, 내가 존경하는 귀한 친구가 있다. 친구의 부친께서는 대한감리교회 (총)감독을 지내셨고, 연세대학교 교목실장과 이화여자대학교의 이사장직도 역임 하셨다. 감독님께서는 소천하실 때 참으로 덕스러운 모습으로 돌아가셨다. 감독님은 연로하실 때까지 놀랍도록 건강하게 목자생활을 계속하셨다. 주일 예배의 설교부탁을 받으시고 준비까지 다 해 놓으셨는데, 주일 3일전에 소천하셨다. 가족들의 입장에서야 상심이 너무 컸겠지만, 본인의 입장에서 보면 이보다 더 큰 죽음 복이 어디 있겠는가? 사모님께서도 그 다음 해엔가 하늘의 부르심을 받으셨는데, 감독님과 마찬가지로 병고가 길지 않으셨다. 하나님께서 내외분의 기도에 응답해주신 것이리라. 장병에 효자 없다는 말이 있다. 죽음길이 길어서 자신의 고통은 물론 가족들을 곤경에 빠트린 경우를 우리는 흔히 본다. 나이 70이 되니, 남의 일 같지 않아 두렵다. 참으로 그보다 더 큰 두려움도 없다.

내가 나가는 연희교회의 경로대학敬老大學에 열심히 출석하시던 권사님이 한 분 계셨다. 89세의 고령이셨지만, 영육 간에 강건하신 분이셨다. 큰아드님이 모 대학 교수로 재직하다 정년을 했는데, 불행히도 홀로 되는 바람에 권사님이 안쪽살림을 도맡아 하시게 되었다. 주방일과 세탁 등 일반적인 살림은 물론, 손녀의 혼사문제 까지 모두 챙기시고 관장하셨다. 늘 바삐 사시면서도 신앙생활에 등한하시는 경우도 없었다. 주일 성수는 말할 것도 없고, 새벽기도며 삼일예배며 기타 기도모임이며 구역예배 등 믿음 생활에서도 조금의 빈틈을 허용하지 않으신 분이시다. 경로대학만 해도 누구에 뒤질세라 항상 일찍 나오셔서 자신의 건강도 돌보시고 교양 관리도 충실히 챙기셨다. 필자는 연희교회 경로대학의 부장으로 봉사하면서 박朴 권사님의 일

거수일투족을 모두 지켜봤다. 나는 권사님을 뵈올 때면 권사님의 그 성실하신 삶의 모습 앞에 절로 머리가 숙여지지 않을 수 없었다.

그러시던 권사님에게 갑자기 변고가 생긴 것이다. 지난 4월 15일2004 제 17대 국회의원 선거일 일이었다. 권사님은 그 날도 계획하신 일정대로 일을 추진하고 계셨다. 아침 일직이 투표를 마치시고, 자녀들과 손자들을 모두 불러 모아 성묘를 떠나셨다. 가족 일행이 선산先山. 충북 음성에 다 올라왔을 때, 권사님은 웃음을 지으시며 "이제 다 왔다. 저기가 너희 할아버지 묘다."라고 부군의 묘소를 가리키셨다고 한다. 그리고는 쓰러지셨다. 박 권사님은 그 자리에서 운명하신 것이다. 영결식에 참석한 조문객들은 권사님의 소천에 인간적으로는 몹시 애통해하면서도, 한결같이 권사님은 당신께서 사시던 모습 그대로 그리고 기도하시던 서원 그대로 세상을 뜨셨다고 다들 한 마디씩 심정을 토로하였다. 나는 영결식장 한 구석에서 조용히 기도하며, "능소화가 피는 계절이었더라면 능소화 꽃가지를 영전에 바치면 좋았을 것을" 하고 혼자 중얼거렸다. 박 권사님은 능소화처럼 마무리를 깔끔하게 정리하시고, 세상을 뜨셨기 때문이다.

꽃 중에는 자기 자랑을 내세워 벌 나비를 잔득 불러드리는 자기과시형 꽃들도 많다. 그러나 자기관리만을 철저히 하면서 인간에게 미모를 선사하는 꽃들도 있다. 모란牧丹이 그렇고, 능소화가 그렇다. 봄을 대표하는 모란은 우아한 용모에 중후한 향기를 풍기며, 결코 벌 나비를 몰아오는 첨언諂言을 하지 않는다. 귀공자다운 꽃으로 일관한다. 아쉬움이 있다면, 개화하자마자 쉬이 낙하되고 꽃잎들이 흩어져 주위가 어지럽다는 것이다. 여름의 꽃 능소화의 경우에도, 다른 꽃들과는 확연히 다르다. 그처럼 아름다운 자태에도 벌 나비를 불러 올

줄도 모르고, 낙화 후에도 여전히 자신의 미모로 우리에게 봉사할 뿐이다. 꽃이 나무에 달려 있을 때보다도 땅에 떨어져 있을 때가 오히려 더 싱싱해 보일 뿐만 아니라 이삼일은 생기를 보존하고 있으니 이 또한 무슨 조화란 말인가? 복사꽃의 낙화를 탄하였던, 조선조 숙종 때의 문인 정민교鄭敏僑의 시조 한 수가 연상된다.

간밤에 부던 바람에 만정도화 다 지거다.
아이는 비를 들고 쓸오려 하는고야.
낙환들 꽃이 아니랴. 쓸어 무삼하리오.

능소화는 자발적인 봉사의 정신으로 자신의 매력을 간직하기 위하여, 가능한 한 끝까지 시들지 않고자 혼신의 노력을 다하는 생명체이다. 자신과의 싸움은 항상 아름답게 비추어지는 법이다. 사도使徒 베드로는 자발적인 마음으로 의로운 자를 위하여 기쁘게 봉사하는 자를 "시들지 않는 면류관"에 비유하였다('베드로전서' 5장 4절). 인간들 중에도 능소화와 같이, "선한 싸움 다 싸우며 달려갈 길 다 달려가 의의 면류관을 기다리는" 승리의 용사들이 얼마든지 있다. 사도 바울 선생에 이어 다음으로, 슈바이처Albert Schweitzer 1875-1965가 머리에 떠오른다.

슈바이처는 독일계 프랑스 국적을 취득한 자로서, 많은 달란트와 열성을 부여받은 위인이다. 그는 슈트라스부르Strasbourg 대학에서 신학과 철학을 전공하여, 졸업 후에 목사가 되었고 대학에도 강사로 출강하였다. 그는 어린 시절부터 파이프오르간에 천부적인 소질을 보여, 그 연주자로 활약하기도 하였다. 게다가 문학에도 전문적인 식견을 가지고 있어 시문학 평론에도 관여하였다. 그는 신학자, 철학자, 문학비평가, 기악연주자 등으로 맹렬히 활동하는 중에, 아프리카의 많은 흑인들이 의사의 부족으로 죽어간다는 소식에 접하고 모교에서 청강생으로 의학을 공부하여 의사가 되었다. 그는 당시에 프랑스령으로 되어 있던 아프리카의 랑바레네(현재의 가봉공화국)에 들어가, 1931년에 자력으로 병원을 개설하여 의료 활동을 개시하였다. 그는 인종을 초월하여 전도와 진료에 전념하였다. 그러는 중에 1차 세계대전이 발발하였고 그 와중에서, 그는 독일 태생이라는 이유로 포로가 되어 본국에 송환되는 수모도 겪었다. 물론, 그의 병원도 폐쇄되었다. 그러나 1차 세계대전이 끝나자 그는 다시 아프리카로 들어가 2차 세계대전을 거치면서 가난하고 어려운 사람들을 자발적으로 봉사하는 숭고한 사명에 여생을 바쳤다. 이러한 혁혁한 노력들이 높이 평가되어, 1928년에는 괴테 상을 받았고, 1951년에는 아카데미 프랑세즈 회원이 되었으며, 1952년에는 노벨 평화상을 받았다. 특히 노벨상의 상금으로 나환자촌을 세웠다. 1960년에는 신생국가 가봉공화국 정부로부터 적도성십자훈장赤都星十字勳章을 받기도 하였다. 그는 우리나라 나이로 91세의 생일(9월 14일)을 맞은 후로 체력상의 문제도 있고 하여 공익사업에서 물러나 "의의 면류관"을 기다리며 은둔하다가 1965년 9월 4일, 세계인의 경의와 애도 속에 운명하였다.

필자의 친척 중에 중풍으로 10년이 넘도록 고생하는 형님이 한 분 계신다. 형님은 체격도 당당하고 건장하며 사교도 좋아 즐겁게 세상을 사시는 분이셨다. 특히 형수님은 신앙이 깊어 내외분이 성경과 찬송가를 옆에 끼고 새벽기도에 다녀오는 모습이 참으로 행복해 보였다. 그런데 갑자기 몸에 바람을 맞아 용변처리도 스스로 할 수 없을 정도로 수족에 마비가 왔다. 더욱 답답한 것은 중추신경계에 이상이 생겼는지 언어의 장애까지 나타났다. 전혀 의사소통이 안 되는 상태다. 병원에 입원하여 오랫동안 가료를 받았으나 효과가 없었다. 형수님은 눈물도 많이 흘리시고 기도도 많이 드리며 억수로 고생을 하셨다. 형수께서 정말 괴로워하신 것은 육신적인 노역보다는 마음고생이었다. 남편의 안 좋은 모습을 남에게 보이고 싶지 않았기 때문이다. 병원의 치료가 효험이 있는 것도 아니면서 병문안 온 친지들에게 결코 보이고 싶지 않은 사생활만 노출되었던 것이다. 형수님은 용단을 내렸다. 시골 깊숙이 들어가 은둔하며 민간요법으로 치료를 하는 것이 낳겠다고 생각하셨다.

형님 내외분은 시골로 이사를 하고부터 일체 외부와의 연락을 단절하였다. 민간요법을 통하여 치료는 계속 하면서, 남편의 인간적 존엄성과 품위를 보호하자는 것이었다. 형수는 온갖 고통을 무릅쓰고 치료에 좋다면 무슨 약초가 되었든 몸소 직접 채취하여 정성껏 간호를 하고 있다. 그러나 안타깝게도 병세가 호전되었다는 소식은 아직 들려오지 않는다. 형님의 나이가 70이 넘었으니 어쩌면 회복은 쉽지 않아 보인다. 남편의 병 수발도 이미 10년을 넘겨 진력이 날 법도 하지만, 형수님의 정성은 조금도 둔화되지 않았다. 형수는 보기 드문 열녀이시다. 아니, 열녀라기보다는 인도주의자humanitarian라 부르는 것이 더 어울릴지 모르겠다. 능소화의 낙화 생리가 시사하여 주듯이, 인간에 있어 사생활 보호는 무엇보다 중요한 인도주의적 사안이기 때문이다.

능소화는 향기에서도 다른 꽃들과 차별이 난다. 엷고 희미한 향기가 나는 듯 마는 듯, 코끝에 다가오는 듯하다가 이내 어디론지 살아지고 만다. 향기로 말하자면 쾌적하기로 아카시아를 따를 꽃이 없을 것이다. 그러나 아카시아는 향기가 난다기보다는 태풍처럼 향기를 강하게 쏟아 내고 있으니, 정취적인 면에서 보면 포악한 독재자나 다름이 없다. 향취는 다르지만, 라일락의 경우를 보라. 첫 번째의 흡입에서는 얼마나 매혹적이고 뇌쇄적인가? 그러나 향이 너무 강하여 조금만 오래 맡고 있으면, 코는 마취가 되어 감각을 잃고 가벼운 두통까지 느껴진다. 많은 사람들이 동양란의 향기를 으뜸으로 치는 데에는 다 그럴만한 이유가 있다.

난향은 일부러 맡으려면 아무 냄새도 없는 듯하다. 난향은 마치 숨바꼭질을 하고 있는 것 같다. 무심코 지나치면 살며시 다가와서 코끝을 건드리고, 돌아보면 살짝 숨어버린다. 요사이 우리 집에는 꽃을 피운 동양난이 세 촉수나 된다. 아침 일찍이 거실에 나오면, 코끝을 유혹하는 술수가 기막히다. 아내를 불러 향기를 맡아보라고 소리를 지르면, 아내는 이내 달려나온다. 코끝을 꽃에 갖다 대는 등 난리를 친다. 그리고는 매번 한다는 소리가, 아무 냄새도 안 난다는 것이다. 우리 부부가 너무 소란을 피운 탓이었을까? 겸손하다 못해 수집은 난향은 어느 사이에 어디론가 숨어버린 것이다. 어느 중국 시인은 "난초의 향기는 십리까지 들린다.蘭香聞十里"고 시 한 수를 읊었다, 아무리 이 구절을 음미해보아도 참으로 멋있는 표현이다. 난의 향기는 가까운 곳에서도 맡기가 쉽지 않지만, 그 은은한 향기가 마치 들릴 듯 말 듯 속삭이는 소리처럼 십리 밖에까지 번져간다는 말이다. 능소화의 향기는 난향 같은 "세미한" 향내의 마술사는 결코 아니다. 그러나 폭력적인 아카시아 향기나 라일락의 향기 등에 비하면, 선비의 시늉을 내느라 무척 애쓰고 있는 모습만은 분명히 감촉된다.

인간의 향기도 사람마다 구구하다. 각기 다른 체취가 있는 것이다. 난향처럼 수줍어하고 겸손한 향기가 있는 반면에 아카시아 향기처럼 허황하고 쓰나미 같은 향기도 있을 것이다. 또한 라일락의 향기처럼 건강한 후각을 마비시키는 독약과도 같은 향기도 있을 것이다. 그러나 무엇보다도 각기 분야에 따라 나라를 대표하는 사람들의 향기만은 순도와 함량에 있어 국민에게 행복감을 줄 수 있어야 한다. 지체 높은 지도자가 터트리는 향기(?)마다 악취가 되어 돌아온다면 그 불행이 얼마나 클 것인가? 사람들의 코를 자극하기 위하여 급조된 향수를 몸에 쏟아 부으면, 그 것은 향기가 아니라 공해가 될 뿐이다. 지위가 높을수록, 있는 듯 없는 듯 몸을 낮추고 은밀한 가운데 맡은 바 책임을 다하는 사람의 향기가 가장 쾌적한 향기인 것이다. 그러한 향기만이 우리에게 공감과 감동을 준다.

엊그제 아내로부터 들은 이야기이다. 친구의 남편이 병상에서 가족들이 모인 가운데 임종을 맞는데, 다 죽어 가는 남편이 이내 눈을 감지 못하더란 것이다. 아내의 친구가 남편의 손을 꽉 잡고, "어서 눈을 감고 가세요. 당신은 가장으로서도 책임을 다하였고, 남편으로서도 훌륭한 남편의 역할을 다 했어요. 아버지로서의 책임도 나무랄 곳 없이 잘 하였고요. 또 국민으로서 의무와 도리도 성실히 다 했으니 남은 일은 걱정말고 어서 눈을 감으세요. 여보, 어서요." 라고 간곡하게 말하였다 한다. 친구의 남편은 그 말을 듣고서야 눈을 살며시 감더라는 것이다. 그런데 이 광경을 옆에서 지켜보던 한 수련의修練醫가 그렇게 눈물을 많이 흘리더란 것이다. 수련의가 그렇게 우는 데에는 남모를 다른 속사정이 있는지 알 수 없지만, 한 인간의 성실성은 누구에게나 감동을 주는 것이며 그 성실성이 마침 죽음과 연결되는 정황이어서 보는 이들로 하여금 눈물을 흘리게 하였을 것이다. 인간에 있어서는, 잔잔한 향기가 오히려 거센 감동을 몰고 올 수 있는 것이다.

인간의 향기는 그의 철학과 행위에서 배어 나온다. 몸에 바르는 화학적인 향취나 "회칠한 무덤" 같은 가식은 결코 향기가 될 수 없다. 꽃의 향기도 같은 맥락에서 이해하여야 할 것이다. 세상에 죽고 싶어 죽는 자가 어디 있으며, 지고 싶어서 지는 꽃이 어디에 있겠는가? 죽음이든 낙화든, 모두가 고통이 인내의 극단을 넘어서는 한계상황에서 발생하는 부득이한 현상인 것이다. 그러나 자연이든 인간이든, 각기 종말을 받아드리는 의지와 자세는 천차만별이다. 장미와 난초의 경우처럼 꽃잎이 초췌해질 때까지 미련과 애착을 버리지 못하고 버티다가 타인에 의하여 억지로 제거되는 경우가 있고, 능소화의 경우처럼 자신의 초췌한 모습을 보이지 않기 위해 찬란한 슬픔의 미소를 지으며 의연히 생의 집착을 버리고 떠나는 경우도 있다. 능소화의 향기는 인고와 용단에서 나오는 숨결인 것이다. 영국의 시인 예이츠William Butler Yeats는 "무용수와 무용을 떼어놓을 수 없다." 라고 설파한 바 있다. 인간에 있어 행위와 향기는 분리할 수 없는 동연적인co-extensive 개념으로 파악되어야 한다.

우리가 인생을 살다보면 가치에 대한 인식이 변하는 경우가 적지 않다. 우리의 더딘 시각이 세상의 가면과 위선을 따라갈 수 없는 까닭일 것이다. 때때로 나의 인식이 나를 배반하여 나를 슬프게 하는 경우에도, 그 때마다 능소화는 나에게 위로와 마음의 평온을 가져다 준다. 나에게 있어, 능소화는 어린 시절의 선험적 인식intuition과 훗날의 경험적 인식perception이 완전히 합일되는 진솔한 꽃이기 때문이다.

역학力學의 판세 변화에 따라 변모를 보이는 세상인심을 보노라면, 암연히 수수愁愁를 느낀다. 그럴 적마다 서둘러 세상의 애착을 버리고 현명하게 별세別世하는 능소화가 생각난다. 올 여름에도 능소화는 자신의 의연한 철학으로 우리 집 담장을 덮으며 필자와 교감하는 담론을 나누었다.

결혼식 주례를 하면서

우리의 전통적인 결혼식 문화는 가족과 마을의 소박한 축제이었다. 결혼식이 언제냐고 묻기보다는 잔칫날이 언제냐고 묻는 것이 더 편한 말이었다. 잔칫날이면 동네 사람들이 모두 모여 새색시가 예쁘다느니 신랑이 건장하다느니 귓속말을 주고받으며 티없는 웃음을 낄낄대고 즐거워한다. 약간은 덜 세련된 집례자의 텁텁한 우수개소리에 온 동네 사람들이 따라 웃고, 신랑과 신부가 실수라도 하면 좁은 동네가 터지라고 웃음바다가 된다. 밤이 되면 첫날밤에 신랑과 신부가 무슨 대화를 어떻게 하는가 그 거동을 살피기 위하여 손가락에 침을 발라 문구멍을 뚫고 숨을 죽이며 귀를 기울인다. 잔칫날에는 이른 마침부터 밤늦게까지 종일토록 온 마을의 즐거운 축제로 이어졌다.

하객들의 부담도 크지 않았다. 콩나물 한 동이나 두부 한판이 아니면 막걸리 한 말, 그것도 아니면 달걀 한 두 줄이면 흡족하였다. 그러던 것이 서양 풍습이 들어오면서 소위 신식 결혼식이라 하여 축의금으로 돈 봉투가 오가더니, 이제는 넓은 공간에 수백 명의 하객을 초대하여 하객들의 수효에 따라 혼가의 세를 평가하는 엉뚱한 방향으로 결혼식 문화가 변하여 버렸다. 서양에서는 사회자가 따로 없이 성직자가 주례를 보는 게 관례이다. 그 곳 사람들에게는 결혼이 일종의 종교 의식이기 때문이다. 우리나라의 경우에는 대부분의 결혼식이 종교의식이 아니라 일반적인 속세의식으로 발전하면서 성직자가 아닌 일반사람이 주례를 맡는가 하면 사회를 보는 자가 따로 있는 등 절충식이 되어 국적 없는 결혼문화가 되어 버렸다. 결혼식의 형태와 절차만이 절충된 게 아니다. 결혼식에 대한 우리의 인식도 많이 달라져서, 이제는 그 성격을 규정하기조차 쉽지 않은 상태에 이르렀다.

나는 얼마 전에 다소 이색적인 결혼식 주례를 섰다. 신랑의 나이가 49세이었다. 물론 초혼이다. 신랑은 영문학 교수이다. 미국 뉴욕주립대Stony Brook에서 석사학위를 받고 박사과정을 마쳤으며, 죠지아 대학에서도 박사과정을 마친 의욕적인 연구 파였다. 귀국하여 출판업을 경영하며 겸임교수직에 있었다. 그가 오랫동안 결혼에 대하여 초연하다가 늦깎이로 결혼을 결심하게 된 것은 성화와 같은 주위의 권고 때문이었을 것이다. 그는 어렵사리 정혼을 하고 나서, 하필이면 나에게 결혼식 주례를 부탁하였다. 그런데 까다로운 조건이 붙어 있었다. 주례사에서 성경구절을 인용해 달라는 것과 주례사를 마치고 축복기도를 꼭 해달라는 주문이었다. 기독교의 결혼식 절차를 포함하여 절충해 달라는 주문인 것이다. 나로서는 수락하기가 거북한 주문이었다.

필자는 목사도 아니고 장로도 아니다. 교회의 직분이라면 감리교의 권사에 불과하다. 더욱 난감한 것은, 신랑과 신부의 부친들께서 모두 장로님들이시고 신랑의 백씨인지 계씨인지가 어느 교회의 목사님이시다. 상황이 이러다 보니 나로서는 주례부탁을 거절하는 것이 너무나도 당연한 일인데도, 신랑은 부탁을 들어주어야 한다고 막무가내로 생고집을 부렸다. 필자는 하는 수 없이 그 까다로운 조건을 수용하며 결혼식을 마쳤다. 결혼식장은 연세대학교 동문 회관이었다. 결혼식은 화려했다. 많은 하객을 모신 가운데 모 대학교의 현직 교수로 대학원장의 중책을 맡은 분이 축가를 부르고, 모 대학교의 겸임교수로 있는 현역 시인이 축시를 낭송하는 등 운치 있고 중후한 결혼식이었다. 이 경우야말로 동서東西 문화뿐만 아니라 종교의식과 속세의 식이 절충된 다문화적 결혼식이었다. 신랑과 신부가 손을 마주잡고 나란히 정겹게 입장하는 모습이 참으로 이색적인 인상을 주었다.

우리나라 사람들의 "빨리빨리" 속성은 세계가 다 인식하고 있는 바이다. 결혼식엔들 하객들이 느긋할 수 있겠는가? 빨리 식장에 와서, 빨리 혼주를 만나보고, 빨리 피로연장으로 직행하여, 빨리 먹고, 빨리 돌아가야 한다. 어느 경우에든 결혼식은 30분이면 모든 절차가 다 끝나야 한다. 가치 규정에 있어 이념이 아무리 중요하다 해도 형식에 구애를 받지 않을 수 없다. 형식 절차가 워낙 바삐 돌아가다 보니, 내용도 대충대충 처리할 수밖에 없다. 축제의 분위기를 맛볼 수 있는 시간적 여유도 없고, 결혼의 철학적 의미를 음미할 만한 마음의 여유도 없다. 결혼식이 조금만 시간을 끈다 싶으면, 금방 지루하다는 불만이 여기저기서 터져 나온다. 우리의 결혼문화는 그렇게 굳어져서 고착이 되어버렸다. 주례자도 사회자도 그 점을 충분히 감안하여, 하객의 심리를 잘 파악하여야 하는 판이다.

서양 같으면 의당 신부님이나 목사님이 주례를 맡게 된다. 기독교 윤리로 말하자면, 혼례는 인간이 행하는 의식이지만 신이 주관하는 인륜의 대사이기 때문이다. 형식논리에서 보면, 결혼은 두 남녀가 하나로 화합하는 인간의 완성을 위한 의식이요 새 가정의 탄생이다. 와일더Thornton Wilder의 『우리 읍네』에서 결혼식 주례를 맡은 목사는, 결혼식의 주인공은 신랑과 신부가 아니라 자연Nature임을 강조한다. 주례목사는 "자연은 양quantity에도 관심이 있지만 질quality에도 관심이 있으며, 수백만의 조상들이 하객의 자격으로 식장에 참석하고 있다." 고 설파한다. 이 말은 결혼에 의한 새 생명의 탄생과 중단 없는 인류사의 발전을 의미하며, 인류의 연속성을 상징하는 뜻일 것이다. 결혼식은 인간의 가장 복되고 즐거운 축제인 동시에 가장 숭엄하고 진지한 우주론적 의식인 것이다.

셰익스피어의 유명한 말기 작품 『폭풍』*The Tempest*에서, 공주 미란다Miranda와 왕자 퍼디넌드Ferdinand의 결혼식에는 하늘로부터 결혼의 여신 주노Juno가 내려오고 농토 및 곡식의 여신인 케레스Ceres와 무지개의 여신 이리스Iris, 그리고 깜찍한 요정들이 농부들과 아우러져 현란한 춤을 춘다. 한 쌍의 신혼부부를 위하여 평화로운 녹색의 초원에서 7색 영롱한 무지개의 조명을 받으며, 하늘과 땅, 자연과 인간, 신과 요정이 융합하여 일대 조화를 이룬다. 온 천하가 일체감을 보여주는 장관이다. 우주만상은 역시 서로 얽힌 커다란 연결고리 또는 사슬The Great Chain of Beings인 것이다. 미란다와 퍼디넌드의 결혼식은 현실적 세계와 초현실의 세계가 교감하는 혼례식이다. 와일더의 결혼관은 셰익스피어의 결혼관과 일치하는 면이 없지 않다. 문학과 현실을 동일시 할 수야 없겠지만, 철학과 분위기의 면에서 우리나라 결혼 문화와는 너무 거리가 멀다. 결혼식에 대한 우리의 의식은 결혼식을 하나의 통과의례 정도로 생각하는 수준을 넘지 못하는 게 사실이다. 우리도 의미 있고 훌륭한 결혼식을 연출하기 위해서는, 신랑과 신부는 물론 사회자와 주례자 그리고 하객이 협동하여 축복과 존엄성을 들어내는 의식으로 좀더 높이 승화시킬 필요가 있다.

나에게 주례를 부탁하였던 소위 예비신랑들 중에는 돌출적인(?) 친구가 하나 있었다. 물론 그는 나의 제자이다. 다만 그는 영문학을 전공하지 않았기 때문에, 나의 강의를 제대로 들은 경험이 없었을 뿐이다. 그는 총학생회 회장이었다. 당시 학생운동의 투쟁 목표는 이념 문제와 깊이 관련되어 있었다. 그 무렵에는 분홍색 진달래꽃 바탕위에 분단선 없는 한반도 지도를 그려놓고, 그 아래에 "조선은 하나다." 라고 쓴 선전물이 거의 모든 대학 캠퍼스의 이곳저곳에서 눈에 띄었었다. 진달래는 북한의 국화라는 점에서, 이 선전물이 무엇을 의미하는 가는 너무나 명백하다. 이런 시점에서, 어느 날 그 학생회장에게 위험천만한 대형 사고가 발생할 뻔하였다. 한미합동 군사훈련"Team Spirit"의 와중에, 미군 탱크 한 대가 우리대학 캠퍼스의 외각에 배치되어 이동명령을 기다리고 있었다. 이 친구는 미군들이 남의 캠퍼스를 침범하였다하여 곡괭이를 들고 나와 식식거리며 탱크를 찍으려 했다. 이를 저지하려는 미군 병사들은 그에게 총을 겨누며 대치하였다. 아슬아슬한 순간이었다. 한 신학 교수가 마침 그 곳에 당도하였다. 그는 간신히 학생을 회유시키고 중재하여 겨우 위기를 모면할 수 있었다. 아직 분이 풀리지 않은 이 학생회장은 캠퍼스 내부에 들어와 미군의 탱크 대신에 십 수년이 넘은 나무들을 닥치는 대로 찍어 버렸다. 사실, 이 나무들은 내가 총무처장직을 맡고 있을 때 한 독지가로부터 기증 받은 것들이었다. 40그루가 넘는 이 수목들은 목 백합들로서, 작은 숲을 이루고 있었다. 기증자가 친히 "월괘림月掛林: 달이 걸려 있는 숲"이라 새긴 석패까지 묻어 준 정성어린 기증품이었다. 내가 이 예비신랑에 대하여 전해 들어 알고 있는 정보는 이것이 거의 전부다. 한 가지 더 첨가할 것이 있다면, 나와 직접 관련이 있는 문제다. 그는 영문학을 전공하지 않은 과학도(물리학 전공)인데, 나의 강의(영문학)를 두 과목이나 신청하였다. 그런데 첫 시간에 딱 한 번 얼굴을 내밀고는 한 학기 내내 내리 결석이었다. 나는 학우들을 통하여 몇 차례에 걸쳐 결석 일수가 1/3 이상이면 F학점이라고 경고하였다. 그는 아무 반응이 없었고, 나는 경고한 대로 두 과목 모두 F학점을 주었다. 그리고는 서로 만난 일이 전혀 없었다.

그가 졸업을 하고 몇 년이 흘렀는지 잘 모르겠다. 헌데, 그가 난데없이 나의 연구실을 찾았다. 물론 사전의 약속도 없었다. 그는 연구실에 들어와 인사를 정중히 하고는, 그 뒤로 한 시간이 넘었는데도 아무 말이 없었다. 얼마가 지난 후에, 할 수 없이 내가 입을 열었다. "무슨 일로 이렇게 왔는가?" 그는 한참을 망설이더니 부탁이 있어서 왔다고 말했다. 무슨 부탁이냐고 물었더니, 결혼식 주례를 좀 서달라는 것이다. 나는 당혹스러웠다. "자네 학과의 학과장님도 계시고, 자네가 세례를 받은 목사님(미군 병사와의 대치상황에서 중재해 주었던 바로 그 신학 교수가 후에 그에게 세례를 주었다는 말을 들었다.)이 계시지 않는가? 자네에 대하여 잘 아시는 분이 주례를 서야 되는 것이네. 나는 이름 석자밖에는 자네에 대하여 아는 것이 거의 없는데 어떻게 자네의 결혼식에 주례를 맡을 수 있단 말인가. 나의 상식으로는 도저히 있을 수 없는 일이니 다른 분에게 부탁을 드리게." 아무리 설득을 하려 하였으나, 그는 한결 같이 "저는 오래 전부터 선생님을 주례로 모시기로 결심하였어요."라는 말로 일관하였다. 부탁을 들어주지 않으면 자리를 뜨지 않겠다고 억지를 부렸다. 나는 하는 수 없이 주례청탁을 받아드리기로 하였다. 그는 벌떡 일어나서 고맙다면서 몇 번이나 절을 하였다.

초청장을 읽어보니 결혼 날짜가 5일밖에 안 남았다. "이 사람아, 고작 5일을 앞두고 주례 부탁을 하는 사람이 어디 있어?" "죄송합니다. 차마 말씀을 드리기가 어려워 하루하루 미루다가 그만ㅡ." 나는 모든 것을 체념하고 예비신랑의 인적 사항과 가족사항을 물었다. 그는 약혼녀와 함께 오겠다고 말하고는 떠나버렸다. 그 후로는 전혀 무소식이었다. 우리는 그러한 상태로 결혼식장에서 다시 만났다. 결혼식장은 야외 식장으로 넓고 쾌적한 곳이었다. 그러나 주례로서 사전에 아는 것이 없으니 무슨 말을 어떻게 해야 하겠는가? 답답한 노릇이었다. 그저 엄벙한 말로 주례사를 대충 마칠 수밖에. 신랑은 키가 180센티가 넘고 호리호리한 미남이며, 신부 또한 날씬한 미모의 여성이다. 신랑의 아버님이 모 고등학교 교장으로 재직하시다 최근에 정년을 하셨다는 사실도, 신랑과 신부의 가족들 모두가 기품당당하고 외모가 의젓한 분들이라는 사실도 결혼식이 끝난 후에야 알았다. 내가 어찌된 영문으로 그 결혼식의 주례를 서야 했는지 지금도 나는 제대로 아는 게 없다. 그러나 분명한 것은 신랑신부와 양가 가족들 모두가 결혼식을 단순한 통과 의례쯤으로 인식하고 있다는 사실이다. 알고 보니 양가 모두 지식계층의 중산층 가정인데도 말이다.

우리의 결혼 문화 속에서는, 하객들이나 주례자 모두가 주례사의 내용보다는 그 소요시간에 신경이 더 간다. 하객들의 마음이 워낙 바삐 움직이다보니 주례자가 하객의 취향에 따라가지 않을 수 없다. 혼례의 성격에 따라 다르겠지만, 하객들은 혼주하고 인사를 나눈 다음 곧바로 피로연으로 직행을 하거나, 식장을 빠져나가는 경우가 많다. 일부 성의 있는 하객들만이 식장의 좌석을 지키기가 일쑤인데, 이 하객들도 주례사가 5분 이상만 시간을 끌면 따분해 하기는 마찬가지다. 결혼식 자체에는 그다지 큰 비중을 두지 않기 때문이다. 나는 어떻게 하다 보니, 한 초등학교 동창의 자녀 삼남매 모두의 결혼식에서 주례를 보게 되었었다. 장남의 결혼식을 마친 뒤, 며칠 후에 나는 혼주를 만났다. 친구의 말에 의하면, 명 주례를 모셨다고 하객들이 난리였다는 것이다. "역시 일류대학 교수는 달라. 5분도 채 안 되어 주례사를 딱 끝내더라니까." 주례사의 내용에 관해서는 일언반구도 없었다. 나는 오직 4분 여 만에 끝낸 주례사 덕분에, 남은 두 자녀의 결혼식에서도 명 주례자(?)의 위용을 떨치게 되었던 것이다.

30년 가깝게 주례를 보면서 내가 가장 안타깝게 생각한 것은, 거의 모든 결혼식에서 신랑과 신부가 각기 따로 식장에 등장한다는 점이다. 신랑이 먼저 당당하게 등장하여 폼(?)을 잡고 서 있고, 이어서 신부의 아버지가 딸을 데리고 들어와 신랑에게 인계하는 장면 말이다. 도대체 무엇을 인계하자는 것인가? 딸에 대한 앞으로의 보호를 부탁하는 것인지 아니면 딸의 장래를 보장해 달라는 것인지 도무지 알 수 없는 일이다. 남녀는 평등하다. 서로 상대방의 존엄성과 정체성을 인정하는 인격체의 만남이 부부관계이다. 대등한 입장에서 서로를 사랑하고 협력하며 살아가면 되는 것이다. 옛날 서양에서는 결혼 지참금을 잔뜩 묶어 딸을 신랑에게 맡기는 풍속이 있었다. 지금 세상에 지참금 운운은 어불성설이지만, 아버지가 딸을 신랑에게 인계하는 장면은 마치 과거 "지참금 증정식"의 잔재 같은 느낌이 든다. 여성의 입장에서 보면 굴욕적인 일이 아닐 수 없다.

셰익스피어는 이미 400여 년 전에 아버지가 딸을 인계하는 결혼 풍습을 신랄하게 풍자하였다. 『뜻대로 하세요』*As You Like It*에서, 신랑Touchstone은 신부Audrey를 신랑에게 데리고 가 인계해줄 사람이 없어서 정식 결혼을 못 하겠다고 말한다. 시대상時代相을 비평하던 제이크스Jaques는 그 비인도적인 폐습을 강력히 비난하면서, "내가 데리고 들어갈게. 내가 데려다 줄 테니 염려하지 마.."라고 말한다. 그의 논지는 어차피 아무 의미도 없는 악습에 불과한 것인데, 신부의 아버지가 데려다 주면 어떻고 자기처럼 오다가다 만난 사람이 데려다 주면 어떠냐는 것이다. 『자에는 자로』*Measure for Measure*에서, 대리 집정자 안젤로Angelo는 약혼녀 마리아나가 결혼 지참금에 대한 약속을 이행하지 않았다하여 일방적으로 파혼해버린다. 사실은 지참금을 싣고 가던 배다 난파당하여 약속을 이행하지 못했던 것이다. 안젤로의 악독하고 몰인정한 처사를 알게 된 공작 빈센시오Vincentio는 여죄를 물어 그에게 사형선고를 내린다. 공작은 참회하는 안젤로의 탄원을 받아드려, 약혼녀와 결혼하라는 엄명과 함께 죄과를 사면한다. 셰익스피어는 남녀의 평등권과 결혼의 고결한 순수성을 관객에게 일깨워주고 있는 것이다.

근자에 와서 우리나라에도 여권운동가feminist들이 부쩍 늘어나고 있다. 인문사회 계통의 학술대회들에 나가보면 여권문제와 관련되지 않은 주제 발표가 거의 없을 정도이다. 여권에 대한 사회적 인식도 크게 상승되었다. 국회의원 출마공천(전국구)에서 몇 퍼센트 이상 반영이 되고, 대통령이 몇 명의 장관을 여성으로 임명하겠노라고 약속까지 하는 상황이다. 사회의 일각에서는 남성에 대한 역차별론이 제기되기도 한다. 이러한 상황에서, 시대정신에도 뒤떨어지고 여성의 인격적 존엄성을 폄하하는 서양의 결혼폐습을 우리가 그대로 모방해야 하는 이유가 어디에 있는지 이해할 수 없다. 본거지인 서양에서조차도 악습으로 지탄하여 폐기해버린 구시대의 잔재를 왜 우리의 여권女權 운동가들은 간과하고 있는지 알 수 없는 일이다. 신부와 신랑이 정겨운 모습으로 손을 맞잡고, 서로 당당하게 입장하면 얼마나 멋있고 아름다워 보일까? 머지않아 그리 될 것으로 믿어 의심하지 않는다. 어차피 버려야할 것이면, 빨리 버리는 것이 좋다.

사랑과 열정

거의 모든 사물에는 사전적 의미denotation와 함축적 의미connotation가 있기 마련이다. 전자는 객관적 인식에 의한 해석이요, 후자는 주관적 체험에 의한 해석이다. 함축적 의미 속에는 아무래도 정서적 측면이 크게 작용하게 된다. 인간 생활에서, "사랑"이라는 어휘만큼 함축적 의미가 많은 경우도 드물 것이다. 사랑은 대부분 실존적 체험을 통하여 표현되기 때문이다. 사람은 누구나 자기만이 처한 특수한 환경과 상황이 있는 것이다. 사랑은 "받는 것이 아니라 주는 것"이라든가, 사랑은 "기적을 낳는다."라든가, 사랑을 하면 "예뻐진다."라든가, 사랑은 "눈물의 씨앗"이라든가 그 표현들을 일일이 다 적기로 말하면 한도 없고 끝도 없다. 그 테두리를 정하기에도 벅찬 일이다. 사랑이 이처럼 주관적 체험에 의하여 정의된다 할지라도,

그 정의가 양식good sense과 상식common sense의 한계를 넘어서면 폭넓은 인식의 공감대가 형성되기 어렵다. 그럼에도 불구하고 사도 바울Paul과 문호 셰익스피어는 각기 종교적 차원과 문학적 차원에서 만인의 공감을 끌어낼 수 있도록 사랑을 정의하여 놓았다. 다행한 일이다. 결혼식이 굳이 기독교적 형식이 아닌 경우에도, 주례자가 사랑을 논할 때면 으레 바울 사도가 술회한 사랑의 정의를 인용하는 경우가 많다.

"사랑은 오래 참고, 사랑은 온유하며, 투기하는 자가 되지 아니하며, 사랑은 자랑하지 아니하며, 교만하지 아니하며,"로 이어지는 『신약성서』, "고린도 전서" 13장 4-8절에서 바울이 정의하는 사랑은 사색적 개념이 아니라 행동적 규범이란 점에서 특징이 있다. 바울은 실천이 없는 이념적 사랑은 사랑의 범주에서 제외하며, 오직 실천이 따르는 사랑caritatis만이 진정한 사랑으로 인정한다. 사도 바울은 사랑의 실천을 강조는 동시에, 사랑과 열정을 구별하여 놓았다. 많은 사람들은 이 두 개념을 동일 개념으로 파악하거나 유사 개념으로 인식하는 경우가 적지 않다. "사랑이 식었다"느니, "사랑은 국경이 없다"느니, "사랑은 눈이 멀었다"는 등등의 말을 우리는 자주 듣게 된다. 그러나 사랑은 식는 것도 아니며, 전후좌우를 구분 못하는 맹목도 아니다. 사랑이 식은 것처럼 보인다면 사랑에 수반되는 열정이 식은 것이다. 사랑이 맹목처럼 보인다면 이 역시 사랑에 수반되는 열정이 맹목인 것이다. 사랑은 "오래 참고 투기하지 아니하며 불의를 행하지 않는" 분별력을 가지고 있다. 바울 사도는 이 사실을 분명히 밝히기 위하여 사랑에 대하여 논하기 직전에 열정에 대하여 언급한다.

바울 사도는 "고린도 전서" 13장 3절에서 "내가 내게 있는 모든 것으로 구제하고 또 내 몸을 불사르게 내어 줄지라도 사랑이 없으면 내게 아무런 유익이 없느니라."라고 말한다. 모든 소유물과 심지어 자신의 육신까지도 바치는 뜨거운 열정이 있어도 사랑이 없는 행위는 무익하다는 것이다. 그는 사랑과 열정을 분명히 구별하고 있다. 옥스퍼드 사전에 의하면, 열정은 사랑, 증오, 분노, 욕망, 질투, 복수 등에 나타나는 강렬한 감정이라 정의되어 있다. "강렬한 감정"은 욕망과 질투와 증오 등 부정적인 사념뿐만 아니라 사랑에도 수반되기 때문에, 사랑과 열정을 착각할 수 있게 된다.

월드컵 경기 때의 일이다. 우리가 잘 아는 대로 "붉은 악마들"의 애국심은 대단하였다. 세계가 깜짝 놀랐다. 그러나 그 와중에서 씁쓸한 이야기도 없지 않았다. 모 방송사가 라디오를 통하여 방송한 내용이다. 애국심에 불탄 일부 "붉은 악마들" 수백 명이 바로 다음 날 우리나라 팀과 대전할 포르투갈 팀 선수들이 묵고 있는 호텔 주위를 점령하고 밤이 새도록 꽹과리와 북을 처대는 바람에 선수들이 잠을 잘 수 없었다는 것이다. 포르투갈 선수들은 이 폭력적인 안면방해에 대하여 호텔 측에 강력히 항의하였고, 호텔 측에서는 "붉은 악마들"에게 자제를 호소하였으나 그 애국심(?)의 기세에 눌려 더 이상 어쩔 도리가 없었다는 것이다. 이러한 행위를 과연 사랑(애국심)이라 할 수 있을까? 이러한 행위는 아무래도 부정적인 열정의 소산일 것이다. 사랑은 오래 참고 투기하지 아니하며 불의를 행치 않는 것이라 했다.

셰익스피어는 그의 낭만희극 『한여름 밤의 꿈』에서 해학과 풍자를 통하여 사랑과 열정을 진지하게 논의한다. 이 극에는 두 쌍의 연인들이 등장한다. 열정에 의하여 맺어진 연인들이다. 한 쌍은 허미아Hermia와 라이샌더Lysander이고, 다른 한 쌍은 데메트리우스Demetrius

와 헬레나Helena이다. 허미아는 귀족가문 출신의 규수이고 라이샌더는 평민 출신의 청년이다. 반대로 데메트리우스는 귀족가문의 청년이며 헬레나는 평민출신의 규수이다. 당시의 결혼 관습은 신분이 다른 결혼을 용납하지 않았다. 이 젊은이들은 사회적 관습은 무시하고, 자신들의 "강렬한 감정"만을 내세워 사랑(?)을 구가한 것이다. 아테네의 재상宰相인 허미아의 아버지는 이미 헬레나와 약혼한 상태에 있는 데메트리우스를 자신의 딸과 결혼시키고자 한다. 데메트리우스 또한 가문에 끌리어 허미아를 열렬히 사랑한다(?). 그러나 허미아는 아버지의 말에 불복한다. 이들 사이에 나타난 사랑의 구도는 허미아를 정점으로 라이샌더와 데메트리우스를 잇는 삼각관계로 변했고, 헬레나는 외톨이가 되어 약혼자로부터 온갖 구박을 당한다. 명예, 허세, 야욕, 증오 등으로 나타나는 열정 때문이었다.

허미아의 아버지는 자기의 말에 불복한 딸에게 분노를 느껴, 자신의 딸을 아테네의 국법에 따라 극형에 처하든지 수녀원에 유폐시켜 달라고 청원한다. 허미아와 라이샌더는 아테네의 법망을 피하여 변방의 숲으로 피신한다. 연인들의 활동 무대가 숲 속으로 바뀌었다. 숲 속 요정의 나라 왕, 오베론은 학대를 당하는 헬레나가 가엾어서, 팬지의 꽃 즙을 마력의 효험으로 사용하여 이 연인들의 사랑을 원상으로 환원하고자 한다. 그러나 사동 퍽Puck의 실수로 사랑의 구도를 오히려 엉뚱하게 바꾸어 놓는다. 라이샌더는 헬레나를 사랑하고, 헤레나는 데메트리우스를 사랑하며, 데메트리우스는 허미아를 사랑하고, 허미아는 라이샌더를 사랑한다. 네 사람 모두 일방적인 사랑(짝사랑)으로 나타난다. 남녀간의 사랑은 그 행방이 상호적이어야 하는데, 순환구도가 괴상망측한 사랑이 되고 말았다. 열정을 상징하는 팬지의 꽃 즙 때문이었다.

팬지는 열정이 한으로 뭉쳐 가슴에 맺힌 꽃이다. 영국 튜더Tudor 왕조에, 여왕Elizabeth I을 연모하는 수많은 귀족들이 여왕의 가슴을 향하여 큐피드의 화살을 계속 쏘아댔다. 그러나 여왕의 방탄조끼를 뚫지 못하여 모두 주변으로 흩어져 떨어졌다. 그들 중의 한 화살이 한 송이의 꽃에 꽂혔다. 바로 팬지꽃이다. 팬지의 검붉은 반점은 열정의 한이 맺힌 피멍이다. 오베론은 다시 판지의 꽃 즙을 사용하여 사랑의 구도를 바꾸어 놓는다. 이번에는 헤레나를 정점으로 하여 라이샌더와 데메트리우스를 잇는 삼각관계로 변한다. 그리고 허미아가 외톨이가 되어 라이샌더로부터 혹심한 구박을 받는다. 완전한 역 삼각이 된 것이다. 두 규수 간에는 질투의 싸움이 격렬하고, 두 청년 사이에는 실속 없는 결투로 양자 모두 기진맥진한다. 네 단계에 이르는 이 경망스러운 변화들이 모두 사랑을 가장한 열정에 의하여 나타난 현상이다. 사랑은 "오래 참되" 열정은 변덕과 혼란과 비극만 낳을 뿐이다. 헬레나는 개탄한다. "요즘 사랑은 눈으로 보지 않고, 마음으로 본다." 눈은 바른 시각 곧 이성적 판단을 의미하고, 마음은 감성 곧 열정을 지칭할 것이다. 두 쌍의 연인들은 무더운 여름밤의 악몽에 시달리고 있었던 것이다.

셰익스피어는 『윈저의 명랑한 아낙들』*The Merry Wives of Windsor*에서 인간의 욕정과 질투의 두 열정을 풍자한다. 유럽의 중세 말기는 봉건주의가 쇠락하고 중상주의가 발흥하는 시기이었다. 봉건주의의 붕괴는 기사knight의 운명에 커다란 타격을 가하였다. 용도폐기의 처절한 입장에 놓인 기사들은 지방들을 전전하며 소란을 피웠다. 한동안 심각한 사회문제가 되었던 것이다. 기사들은 퇴색한 명예의 여력을 이용하여 여염집의 유부녀를 유혹하고 사통邪通을 범할 뿐만 아니라, 사련邪戀을 통하여 재물을 갈취하기도 하였다. 새로운 사회질서와 가치체계가 과도기를 거치는 일대의 혼란상을 드러냈다.

퇴출된 기사 폴스타프Falstaff는 중산층 가정의 페이지부인과 포드부인에게 동일한 내용의 연애편지를 쓴다. "제가 어떤 연유로 부인을 사랑하게 되었는지는 굳이 묻지 말아주세요. 다 공감이 갈 터이니까요. – 나는 밤이나 낮이나, 언제나 어디서나, 그대를 위해서라면 충절을 다하여 싸우겠습니다. 당신의 진실한 기사." 연문의 내용은 궁중풍의 사랑을 닮았다. 궁중풍의 사랑courtly love은 12세기 불란서의 로망romans이 그 기원이다. 기사는 제후와 그의 숙녀를 목숨을 바쳐 보호하는 의무를 맹서한다. 그러나 남녀간의 심리는 묘한 것이어서 함께 있는 시간이 많다보면, 전이현상transition이 일어난다. 제후와 숙녀와 기사 사이에 3각의 애정관계가 발전한다. 숙녀와 기사 사이에 사련이 일어나는 것이다. 열정 때문이다. 궁중풍의 사랑에서 제 일의 신조는 기사가 목숨을 걸고 비밀을 지키는 일이다. 숙녀의 명예를 보호하기 위해서다. 궁중풍의 사랑을 노래하는 소넷(14행 시)에서는, 역설적으로 여자(숙녀)는 잔인하리만치 남자의 구애를 박대한다. 궁중풍의 사랑에 나타난 부정적인 사랑을 환유로 풍자하는 것이다. 괴테J. W. Goethe의 『젊은 베르테르의 슬픔』에서처럼, 애정소설에서 3각관계의 기법은 궁중풍의 사랑에서 나온 패러다임이다.

망상적인 열정에 빠진 기사, 폴스타프는 지혜 있는 페이지부인과 포드부인의 기지로 엄청난 수모와 봉변을 당한다. 포드부인은 남편이 돌아올 시간대에 폴타프를 자기 집으로 유인하여 기사의 욕정과 남편의 질투가 막다드리도록 시간 계획을 짠다. 남편 포드Ford는 질투가 심하여 브룩이라는 이름으로 가장을 하여 포드부인의 소행을 염탐하는 중에, 아내와의 데이트 계획을 소상하게 듣는다. 포드부인은 이 사실을 교묘히 이용하여 기사와 남편 모두를 곤혹스럽게 만든다. 폴스타프는 데이트도 못한 채, 냄새나는 세탁물 속에 숨어서 가까스로 피신하여 하지 템스강의 흙탕물에 투척된다. 그는 오물로 취급을 받은 것이다. 그래도 정을 못 다신 기사는 다시 데이트를 시도하다, 무녀의 복장으로 가장하여 뭇매를 맞고 줄행랑을 놓은 끝에 간신히 위기를 모면한다. 그는 마녀의 취급을 받고 있는 것이다. 기사의 열정은 거기서 끝나지 않는다. 세 번째로 데이트를 시도 하다가, 깊은 밤 산 속에서 뭇사람들로부터 꼬집히고 수염을 그을린다. 그는 속죄제의 희생제물 취급을 받은 것이다. 온갖 오욕과 고통을 다 겪는다. 이 모두가 사랑을 가장한 열정 곧 욕정 때문이었다.

포드의 질투는 도가 심하여 병증의 단계에 이르렀다. 그는 폴스타프로부터 받은 정보에 따라, 마을 친구들을 다 몰고 와서 아내의 부정을 파헤치려 하지만 두 부인의 기지로 인하여 번번이 근거 없는 질투로 판명된다. 마을 친구들은 포드의 질투를 발작적인 의처증으로 진단하고 기도하라고 권고한다. "포드씨, 기도해야 되겠어요. 망상을 따라서는 안돼요. 이것은 무서운 질투에요!" 포드부인은 실토한다. "나는 남편을 속인 일이 더 재미있는 것인지. 죤 경(폴스타프)을 속인 일이 더 재미있는 것인지 모르겠어." 윈저의 두 아낙은 재치 있는 속임수로 남정네의 치욕적인 두 열정, 곧 욕정과 질투를 깨끗하게 치유한다.

오셀로Othello는 자신이 고백한 대로 데스데모나Desdemona를 "현명하게" 사랑한 것이 아니라 "너무 강렬하게" 사랑했다. 사랑의 정의와 속성을 철저히 파악하고, 실천하는 진정한 사랑이 아니라 열정에 사로잡힌 사랑의 시늉에 불과했다. 그 점에 있어서는 데스데모나의 경우도 마찬가지다. 그녀는 오셀로의 무용담에 매료되어 오셀로를 동정하게 되었고, 동정의 열정에 사로잡혀 부자(녀)간의 사랑 곧 천륜을 끊고 오셀로를 생의 반려자로 택한 것이다. 애초부터 이들의 사랑은 두 사람간의 영혼적인 친화력에 의하여 맺어진 진정한 사랑이 아니었다. 한 쪽은 감상에 호소하고, 다른 한 쪽은 동정에 호소하는 열정의 관계였다. 본인들은 사랑으로 착각하고 있지만 열정의 관계에 불과하기 때문에, 손수건 하나를 사이에 두고 한 쪽은 질투에 말려들고 또 한 쪽은 자존심에 말려들었다. 질투와 자존심(특히 여성의 자존심)은 파국을 불러 올 수 있는 "강력한 감정"인 것이다. 사도 바울이 열정과 사랑을 구별한 것은, 사랑의 의미를 극명하게 밝히고자한 혜안이었던 것이다.

우리 아들들이 꼬마였던 젊을 때의 일이다. 60년대 후반이었다. 식구도 단출한데 빈방을 놀리면 무어하느냐고 아내는 방 하나를 전세로 내놓았다. 세 들어 온 젊은 부부는 아이가 없는 것으로 보아 신혼으로 보였다. 예의 바른 사람들이었다. 그런데 어느 날 아침에 보니, 부인이 한 팔을 온통 붕대로 감고 끈으로 목에 걸었다. 간밤에 싸우는 소리도 없었다. 우리는 그저 다친 줄로만 알았다. 그런 일이 있은 후 약 2개월쯤 지났을 것이다. 이번에는 부인이 아예 병원에 입원을 하였다는 것이다. 팔다리의 골절도 골절이지만, 얼굴에 상처가 많아 그 얼굴로는 도저히 밖에 나올 수 없는 상태라는 것이다. 그런데도 우리는 부부간의 폭행 사실을 전혀 눈치를 채지 못 하였다. 여자분이 너무 얌전하여 그 고통을 다 참고 일체 소리를 내지 않았던 것이다.

사정을 알고 보니 남편은 질투가 심하여 자기의 처로 하여금 다른 남자가 무엇을 물어 와도 대답을 해서도 절대로 안 되고 처다 봐도 안 된다는 것이다. 우리 처가 문병을 가보니, 마침 남편이 아내 옆에 앉아 눈물을 흘리며 무엇인가 호소를 하고 있었다 한다. "여보, 미안해. 내가 당신을 너무 사랑하는 가 봐. 다른 남자가 당신을 쳐다보기만 해도, 나는 가슴이 터질 것만 같고 눈알이 금방 빠져나올 것만 같아. 여보, 미안해. 나 당신 정말 사랑해. 내 마음 이해해야 해, 여보." 천만에. 이 남자는 아내를 결코 사랑하고 있지 않다. 그는 병적으로 강한 열정에 사로잡혀 있는 것이다. 이 남자는 얼마든지 제2의 오셀로가 될 수 있는 사람이었다. 안타깝지만 우리는 그들에게 전세금을 돌려주었다.

바울의 열정 논은 열정 그 자체를 모두 부정하는 것이 결코 아니다. 그는 열정이 사랑과 대치되는 경우를 경계하고 있을 뿐이다. 그가 "산을 옮길만한 열정(믿음)이 있어도 사랑이 없으면 유익이 없다."라고 말하였을 때, 그의 문맥적 의미는 사랑을 왜곡해서는 안 된다는 말을 강변하고 있는 것이다. 우리의 주변에는 사랑과 모순되는 열정이 많다. 탐욕, 증오. 질투, 불의, 정욕, 오만, 비방, 복수, 언어폭력, 적개심 등 그 범주도 다양하다. 이러한 열정들은 사랑을 파괴하고 우리를 불행하게 만드는 감정들이다. 우리가 흔히 듣게 되는 "사랑싸움"이니, "사랑하니까 질투하고, 사랑하니까 때렸다"느니 하는 말들은 기껏해야 애교 있는(?) 괴변에 불과하다. 사랑은 다투지 않는다. "사랑이 담긴" 열정은 놀라운 힘을 지니고 있다. 진정한 사랑을 위해서라면, 육신까지도 기꺼이 불사르는 희생을 낳을 수 있다. 예수 그리스도의 죽음이 바로 그러한 희생제물이다. 죽음으로까지 나타내는 예수 그리스도의 열정을, 영어로는 “The Passion(예수의 수난)”이라 부른다. 인류를 위한 그의 죽음은 숭고한 열정이며, 위대한 수난인 것이다. 예수의 열정은 인류를 구원하는 놀라운 사역을 감당하였다.

사랑과 정의

사랑과 정의正義는 인류가 지향하는 가장 큰 덕목들이다. 그러나 이들은 서로 양립할 수 없는 모순을 내포하고 있다. 사랑은 인간사회의 과오와 부당함을 보고도 그저 "오래 참고" 관대하게 용서하는 정신이다. 기독교는 인간을 사랑하되 원수까지 사랑하라 하였고, 죄과를 용서하되 "일곱 번의 일흔 배"까지도 용서하라고 가르친다. 기독교에 있어, 사랑의 표상은 십자가이다. 예수 그리스도는 인간의 죄를 구속하기 위하여 십자가에 매달려 참혹한 죽음까지 겪어야했다. 사랑은 판단을 지양하고 오직 관용으로 일관하여 일체의 시비를 문제삼지 말아야 한다. 이에 반하여 정의는 가치의 형평을 실현하는 행동규범이다. 정의는 죄과의 경중을 철저히 규명하여, 응분의 대가를 받도록 해야 한다. "눈에는 눈, 이에는 이"라는 모세의 율법은 가장 원초적인 정의 개념에서 나온 계율이라 할 수 있다. 법원건물에는 대체로 날카로운 칼날과 천평天枰: 앉은뱅이저울의 형상이 부착돼있기 마련인데, 이들은 형평을 상징하는 조형물인 것이다. 양쪽을 천평으로 달아서 티끌만큼이라도 차이가 나타나면 예리한 칼날로 무거운 쪽을 잘라내어 가벼운 쪽에 올려놓아야 형평을 이룰 수 있다. 정의는 한 치의 오차도 허용하지 않는다. 정의는 정확한 판단을 필요로 하는 준엄한 판결이다.

이 두 개념은 상충되고 모순이 되고 있지만, 그렇다고 어느 하나만을 취하고 다른 하나를 버릴 수는 없는 일이다. 우리가 살아가는데 있어, 양자 모두 없어서는 안 될 귀중한 덕목들이기 때문이다. 우리가 이미 잘 알고 있는 내용이지만, 황희1363-1452 정승의 일화는 생각할수록 음미할만한 여운을 남긴다.—두 하녀가 그칠 줄 모르고 말다툼을 계속하였다. 황 정승은 두 하녀를 한자리에 불러 놓고, 싸우는 이유를 물었다. 한 하녀의 말을 듣고 난 황 정승은 "들어보니, 네 말이 옳구나."라고 말하였다. 그는 다른 하녀에게도 똑같이 물었다. 그 하녀의 말을 듣고 난 황 정승은 "듣고 보니, 네 말이 옳구나."라고 이 번에도 역시 그렇게 말하였다. 옆에서 남편의 말을 듣고 있던 부인이 너무 어이가 없어 한 마디 했다. "대감께서는 누가 옳고 누가 그르다고 분명히 말씀을 해 주셔야지 둘 다 옳다고 하면 어떻게 돼요?" 부인의 말을 듣고 난 황 정승은 "듣고 보니, 당신 말도 옳소이다."라 했다 한다.—황희 정승은 윤리 기준의 절대성에 대하여 강력한 회의를 피력하고 있는 것이다. 인간은 처한 상황이 각기 다를 수 있는데 한 가지 기준을 천편일률적으로 적용한다는 것은 언어도단이라는 말이다. 황희 정승은 20세기에 와서 플레쳐Joseph Fletcher가 주장한 상황윤리학을 이미 숙고하고 있었던 것으로 보인다. 판단의 기준들을 인간이 처한 각기 다른 상황을 우선적으로 고려하여 적용하자는 이론이다.

소년시절에 들었던 박문수朴文秀 어사의 일화가 생각난다. 어사가 문경 새재鳥嶺를 넘고 있었는데 고개가 너무 험한데다 시장기까지 겹쳐서 도중에 그만 허기가 저서 쓸어졌던 모양이다. 때는 봄철이라 적지 않은 젊은 아낙네들이 함께 몰려 산중에 들어와 각기 이곳저곳에 흩어져 산나물을 뜯고 있었다. 그런데 가파른 고개 길가에 한 남정네 과객이 쓰러져 무엇인가를 중얼거리고 있는 모습이 한 아낙의 눈에 띄었다. 조심스레 다가가 보니 예사사람 같지 않은 한 젊은이가 들릴 듯 말 듯한 소리로 “물, 물, 물 좀” 하며 괴로워하더란 것이다. 마음씨 좋은 그 아낙은 안타까운 마음으로 주위를 살펴보니 다행인지 불행인지 옆에 보는 사람이 없었다. 그녀는 자신의 젖이 흘러내리는 것을 확인하고, 한참을 망설이다가 용기를 내어 자신의 유방을 꺼내 과객에게 물렸다. 그 아낙의 인간애와 용기 덕분에 박문수 어사는 다행히 생명을 구했다.

그러나 그 아낙에게는 큰 환난이 닥쳤다. 같이 산채를 뜯으러 왔던 한 여인이 멀리서 그 광경을 보고 있었다. 그녀는 놀라서 눈이 휘둥글어졌다. 그녀는 다리야 날 살려라 하고 급히 내려가 그 아낙의 시어머니에게 이 사실을 알린 것이다. “큰 일 났어요! 당신네 며느리가 지금 어떤 남정네에게 젖을 빨리고 있어요. 어서 가보세요!!” 과연 큰일은 난 것이다. 여염집 아내가 외간 남자에게 젖을 빨리다니. 일반 상식으로는 도저히 있을 수 없는 일이 일어난 것이다. 이 여인에게 어떠한 윤리적 판단을 내려야 할 것인가? 음란한 여자일까? 아니면 한 생명을 살려낸 용감한 여성일까? 그녀가 만일 모른 체하고 돌아섰더라면, 죽음을 방조한 죄인으로 몰리지는 않았을까? 당시 그녀가 처했던 특수한 상황을 고려하지 않거나, 고려하지 못할 사회적 여건이라면 그녀는 분명히 음녀일 수밖에 없다. 사랑과 정의가 상충된다고 하지만, 정의의 기초 저변에 사랑이 깔려 있지 않았을 때 과연 정의가 폭넓은 형평의 구실을 다 감당할 수 있을까? 필시 이러한 고민에서 상황 윤리학이 대두된 것이리라.

1980년대 중반으로 기억된다. 학생운동의 투쟁목표가 이념적으로 강렬해지면서 행동도 전보다 맹렬해지기 시작한 때였다. 우리 영어영문학과 학생이 문리대 학생회장에 당선되어, 우리학과 교수님들이 학생지도에 수고가 많았다. 거의 3개월 동안, 일주일 내내 데모가 지속되었던 것으로 기억된다. 학생회장이 데모를 총괄하여 지휘하겠지만, 데모대를 현장에서 직접 이끌어 가는 선봉대 학생이 있었다. 그 학생 또한 영어영문학과 학생이었다. 주초와 주말을 제외하고는 거의 매일 데모가 있었다. 데모대는 매일 오전 10시쯤이 되면 농악대를 앞세워 강의 동마다 한 바퀴씩 돌고, 마지막으로 기숙사를 돌면 학생수가 눈덩이처럼 불어나면서 몇 백 명이 모인다. 그러니 강의가 제대로 될 리가 없다. 만약에 거리로 나가 경찰과 대치라도 하게 되면, 최루탄이 터지고 투석전이 벌어진다. 불상사가 나지 않을까 염려되어 교수가 나가보지 않을 수 없었다. 그런데 소위 행동대 리더가 등록을 거부하여 제적의 위기에 몰렸다. 나는 학부형에게 등록의 최종 시한을 알려드렸다. 학생 부친의 말에 의하면 공납금은 벌써 타갔다는 것이다. 선봉대 학생은 교수가 다시 보증을 서고, 등록 시한을 일개월간 다시 연장 받았다. 학생은 집에 잘 들어가지 않으니까 부친이 다시 등록금을 마련하여 직접 학교로 나 오셨다.

이 학부형은 학교 캠퍼스에 와서 아들이 데모하는 모습을 직접 목격하고 안절부절 어쩔 줄을 몰라 하였다. 앞장선 학생은 외쳐댔다. "나는 권력의 주구走狗들로부터 학문을 배울 수 없어 등록을 거부하고 있습니다. 여러분! 비겁한 교수들은 주구노릇을 고만두고, 당장 교수직에서 물러나야 한다.—" 이 소리를 듣고 있던 학생의 부친은 아들에게 달려가 아들을 끌어내려 하였다. 그러나 아들은 사정없이 아버지를 밀치고 말았다. 아버지는 땅바닥에 쓰러졌다. 그는 쓰러진 아버지를 일으키기는커녕 쳐다보지도 않았다. 참혹한 상황이었다. 학생들은 사회의 정의를 외치고 있다고 하지만, 자신의 아버지에게 패륜을 행하고 선생을 주구로 모는 마당에 무슨 정의가 실현되겠는가? 세상은 가치의 혼란이며, 영혼의 공백이었다. 나는 그 학생에게 달려가 야단을 쳤다. 그리고 몇 명의 학생들과 함께 학생의 아버지를 연구실로 모셨다. 학생의 부친은 크게 분노하셨다. 그리고 나에게 사과하며 "저런 놈을 가르쳐서 무얼 하겠습니까? 저는 등록을 안 하고 그냥 돌아가겠습니다. 제발 자식놈을 제적시켜 주십시오."라고 간청하였다. 부친의 모습은 비장하고 허탈하였다. 나는 위로의 말씀을 드리며, 정문까지 배웅을 해드렸다.

내가 배웅을 마치고, 캠퍼스에 다시 나타날 때였다. 수십 명의 학생들이 나에게 쏜살같이 달려들더니, 순식간에 나를 에워싼 것이었다. 얼굴을 빨갛게 붉힌 학생들은 금방이라도 나를 짓밟을 기세였다. 나는 속으로는 크게 당황하였지만, 이럴 때일수록 기개를 잃으면 안 된다고 어금니를 꽉 물었다. 나는 두 팔을 옆구리에 딱 붙이고 몸을 뒤로 젖히며 소리쳤다. "왜들 이러는 거야! 어쩌자는 거야 지금?

이런 무례한 짓이 어디 있나!!" 나는 눈을 크게 부릅뜨고 학생들 하나하나를 훑어봤다. 한 학생이 외쳤다. "왜 학생을 때렸습니까? 이유 없이 학생을 그렇게 구타해도 되는 겁니까!!!" "내가 학생을 때려? 어느 놈이 그따위 소리를 해? 너희들 중에 본 사람 있어? 있으면 나와 봐!" 학생들도 물러서지 않았다. 그들 중에 어느 학생 하나라도 나를 폭행하기 시작하면 금방 집단행동을 취할 태세로 나를 째려보고 있었다. 나도 그들을 하나하나 훑어보았다. 우리 영어영문과 학생은 단 한명도 보이지 않았다. 위기 촉발이었다. 바로 그때였다. 체구가 듬직한 학생 하나가 나에게 다가오더니, 무조건 나를 꽉 감싸고 학생들 틈새를 뚫고 빠져나온 것이다. 고마운 학생이었다. 이 학생의 말에 의하면, 학생회장이 전체학생들 앞에서, 황 교수가 선봉대 학생을 구타하였다고 외쳐댔다는 것이다. 학생회장은 우리 영어영문학과 학생이 아닌가? 참으로 부끄러운 일이 아닐 수 없었다. 그것은 완전한 모함이었다.

여러 면에서 충격이 컸지만, 나의 신체적 위기는 그렇게 넘어 갔다. 그런데, 거짓으로 모함을 한 학생회장의 문제가 교수들 간에 논란이 되었다. 그 때까지만 해도, 학생들이 데모를 하면 교수들은 학생의 보호와 지도 차원에서 사제간에 동행을 하였었다. 경찰과 대치하면 충돌을 완화하기 위하여 중간에 끼어 서서 경찰들에게 부탁도 하고, 학생들을 타이르기도 하였다. 그러나 완충역할은 사실 위험천만한 일대 모험이었다. 돌이 날아들고 최루탄이 터지면 연기에 앞은 캄캄하고 매운 연기에 꼭 질식할 것만 같았다. 두 눈을 수건으로 가린 채 수도 없이 돌팔매를 맞으며 간신히 기어 나온 아슬아슬한 경험이 나에게도 몇 번 있었다. 만약 그 때에 머리의 뒤통수 등 위험한

급소에 돌이라도 맞았더라면, 지금 이러한 회상도 못 했을 것이다. 당시의 교수들 처지가 그러했다. 그런 교수들을 학생들은 "권력의 주구"로 매도하였던 것이다.

학생회장은 개인적으로 학점관리가 허술하였고, 근태실적도 엉망이어서 학사관리상 중징계를 면하기 어려운 처지가 되었다. 나는 고민하였다. 교육에서 어디까지가 사랑이고 어디까지가 정의(형평)인지? 학생의 신상에 관한 통보를 받고, 학생회장의 부친이 학교에 오셨다. "고추 농사를 하여 겨우 입에 풀칠을 하면서도, 학자금만은 제때에 마련해 주었는데 이게 웬 날벼락"이냐고 학생의 부친은 울먹였다. 나는 해당학생의 학과장으로서. 고민에 고민을 거듭하였다. 우리는 흔히 "사랑의 매"라는 말을 곧잘 쓴다. 사랑하니까 매질도 하고 질책도 하고 비평도 하는 사랑의 벌(정의)을 뜻하는 말이다. 일종의 모순어법oxymoron이다. 실제로는 사용되지 않지만, 같은 논리로 "매의 사랑"이라는 말도 성립할 것이다. "벌"로 주는 "사랑"이야말로 양심의 가책을 끌어낼 수 있을 터이니 말이다. 우리는 강력한 양심의 가책이 자살로까지 유도하는 경우를 때때로 보게 된다. 사랑과 정의는 모순성을 극복하고 서로 조화를 이룰 때에만 진정한 의미의 덕목이 될 수 있을 것이다.

다행히도 문제가 되었던 문리대 학생회장은 우여곡절 끝에 간신히 제적은 면할 수 있게 되었다. 나의 마음은 홀가분했다. 나는 그 때 그 두 학생이 지금은 무엇을 하며 어떻게 지내고 있는지 유난히 궁금하다. 그들의 학창생활이 순탄하지 않았기 때문일 것이다. 부친들께서는 건강하신지. 아들의 실망스런 행동을 보고 몹시 서글퍼하시던 두 아버지의 모습들이 간간이 떠오른다. 자식을 둔 노년들의 동병상련인가? 언젠가 들은 풍문에 의하면, 문리대 학생회장을 지냈던 학생은 졸업을 한 뒤 정치 초년생으로 입문하여 사회공부를 하는 모양이었다. 모 영향력 있는 인사의 가방도 들고 다닌다는 말도 들은 것 같다. 고은 정, 미운 정 다 들었던 제자들이기에 지난날의 시시비비를 모두 접고, 오직 그들의 보람 있는 성공만을 고대할 뿐이다.

중세의 십자군 전쟁1095-1291은 이슬람교도의 수중에 들어가 있던 그리스도교의 성지 팔레스티나와 이스라엘을 탈환하려는 목적으로 시작된 종교전쟁이었다. 그리스도교 병사들의 가슴과 팔에 십자가를 부착하였기 때문에 붙여진 이름이다. 십자가는 일종의 신앙적 방패였다. 그러나 무려 7차례에 걸친 장기간의 침략전투에서 십자군은 완패하였다. 그리스도교에게는 일대 오욕의 역사가 아닐 수 없다. 십자군이 패배로 끝난 이유는 여러 가지로 설명할 수 있겠지만, 그 중에서 가장 근본적인 원인은 종교전쟁을 무력으로 치렀던 전략상의 문제라고 할 수 있다. 십자군은 자신들의 교리를 앞세우고 적진에 침입하여 어린이, 노인, 부녀자 할 것 없이 닥치는 대로 이슬람교도를 살육하였다. 십자군은 초기에 비교적 관대하였던 이슬람교도들을 강퍅하게 만들었고, 그들에게 성전의식聖戰意識을 고취시켰다. 십자군은 매번 초전에는 승리하다가 반격을 받아 패전으로 끝났다. 이슬람교도의 성전의식이 반사적으로 날이 갈수록 더욱 혹독하고 격렬해 졌던 당시의 상황을 충분히 짐작할 수 있다.

종교전쟁에서 주장하는 정의의 논리는 자기의 교회는 항상 의롭고 신성하며, 상대방의 교회는 사단satan이며 미신이라는 것이다. 십자군은 자신들의 종교적 정의를 침공의 무기로 사용하고, 신이 자신들을 보호한다는 신념으로 사랑을 방패로 사용하였다. 그 것이 문제이었다. 이슬람교도를 정복하기 위해서는 오히려 사랑을 무기로 사용하고 정의를 방패로 삼았어야 했다. 사랑은 외향적인 것이어서, 상대에게 베풀면 베풀수록 위력이 솟아나는 법이다. 당시의 이슬람교도들은 관대한 신앙관을 가지고 있었던 것으로 역사는 기록한다. 그들을 정복하기 위해서는 물리적 폭력이 아닌 사랑을 "원자탄"처럼 퍼부어 지역 사람들의 마음을 사로잡았더라면, 그리스도교의 성지회복은 물론 오늘날 세계의 종교분포도가 크게 달라졌을지도 모른다. 사랑은 제한 없이 쏟아 놓을 때 핵폭발을 일으킨다. 창(사랑)이 강하면 방패(종교적 정의)는 스스로 견고해지기 마련이다. 이러한 이치로 모순 속에서 친화력을 얻게 되는 것이다. 개명천지인 요즘에도, 많은 종교적 공동체가 사랑과 자비를 앞세우면서도 걸핏하면 폭력을 사용하려드는 것은 사랑과 정의가 조화를 잃고 어느 한 쪽으로 기울어져 있기 때문이리라. 유감스러운 일이 아닐 수 없다.

우리가 흔히 사랑은 눈이 멀었다고 말한다. 사실 로마의 신화에 나오는 사랑의 신, 큐피드Cupid는 맹목이다. 이 말은 종종, 사랑이 열정에 눈이 가리면 분별력을 잃는다는 뜻으로 해석된다. 특히 애정에 현혹되어 사리분별을 잘못하는 사람을 두고, 사람들은 "눈에 콩깍지가 끼었나?"라고 채근한다. 이러한 해석은 주로 열정과 관계되는 문맥이다. 다른 해석도 얼마든지 가능하다. 사랑이 맹목이라는 은유에는 보다 깊은 의미가 담겨 있다. 사랑의 눈으로 보면 웬만한 과오쯤은 눈감아준다는 뜻이다. 정의의 시각에서 보면 몽둥이로 보일 만큼 커다란 과실도, 사랑하는 사람의 눈에는 실바늘보다 작게 보이는 법이다. 결정적인 실수가 아닌 다음에야 그냥 덮고 넘어가는 것이다. 신혼기간에는 말이 없던 남편이, 혹은 아내가 이러쿵 저러쿵 말이 많아지기 시작하면, 남편 또는 아내의 사랑에 벌써 이상신호가 작동하기 시작한 것이다. 사랑에 이상이 생기면, 상대방의 작은 과오도 크게만 보이기 마련이다.

지행일치

지식의 범주는 광범하다. 분야별로도 다양할 뿐만 아니라 수준에서도, 일반적인 식견에서 전문적인 학식에 이르기까지 천차만별이다. 지식의 이러한 속성상 모든 지식을 일괄하여 말하기는 어렵지만, 원칙적으로 모든 지식은 실천적인 행위로 나타나야한다. 물론 실행이 어려운 분야가 없지 않다. 실행이 어려운 분야라 할지라도 간접적인 영향을 통하여 얼마든지 사회생활에 공헌할 수 있는 것이다. 행위를 떠난 지식은 공론에 불과하다. 권위주의에 항거했던 어느 전직 대통령은 "행동 없는 양심은 이미 양심이 아니다."고 성토한 바 있고, 예수 그리스도의 아우 야고보Jacob는 "행함이 없는 믿음은 그 자체가 죽은 것이라." 했다. 양심과 믿음은 실천이 강조되는 지식의 개념들이다.

지행일치知行一致를 강조하는 학자는 중국 명나라의 유학자 왕양명王陽明이다. 그의 『지행합일설』知行合一說은 지식의 실천을 강조하는 내용뿐만이 아니라, 자신의 "심즉리"心卽理 논리를 주장하는 일종의 실천 윤리학이다. 사람의 마음에는 본래 이성과 양식good sense이 존재하므로 굳이 외부로부터 배운 지식이 없어도 스스로 선악을 판단하여 행동으로 옮긴다는 사상이다. 인간의 본심에는 원래 선악이 없는데, 의義: 뜻가 작용하여 선악을 품게 된다. 그러나 타고 난 양지良知로 선악을 판단하여 선을 행하고 악을 버리게 되는 것이다. 그런데 지와 행 사이에 "사욕"私慾이 끼어 들어 지의 실행을 방해한다. 인간은 사욕을 버리고, 지를 실행함으로써 본래의 마음으로 돌아가야 한다. 그러한 경지가 격물格物이다. 왕양명은 지의 실행을 진지眞知라 불렀다. 대충 이러한 내용이 지행합일설의 골자이다.

왕양명의 지행합일설은 중국 송나라의 주자朱子 등이 주장한 선지후행설先知後行說을 반박하는 학설이다. 주자와 육상산陸象山 등은 먼저 규범을 알아야 행동을 취할 수 있다고 주장한다. 이들은 인간의 내면에 작용하는 양식과 상식에 대하여 등한시하고 있었던 것 같다. 왕양명의 "지행합일설"은 아리스토텔레스Aristotle의 『중용 윤리학』*Nicomachean Ethics*과 상통하는 면이 있다. 아리스토텔레스는 그의 유명한 아테네 철학원Lyceum 윤리학 강의를 통하여 인간의 본성에 나타난 현실성을 설파하고, 일상의 행동으로 이성적 질서를 실천하는 중용中庸에 대하여 역설하였다.

우리나라는 세계에서 두 번째로 교육열이 높다한다. 유대 민족을 제외하고는 단연 압도적이라는 것이 정평이다. 교육에 투자도 많이 하고 열의도 가히 극성스러울 정도다. 이러한 극성스런 학부모들 때문에 부동산 가격의 편차가 심하고 국가의 정책시행에도 막대한 영향을 준다고 한다. "과외 공화국"이 되다보니 사교육비 관계로 "기러기 아빠"라는 신조어가 생기더니, 파출부는 옛말이고 몸을 팔아서까지 과외비를 마련하는 어머니가 있다는 말조차 나돈다. 이 끔직한 말들을 어느 나라 사람들이 믿겠는가? 아무쪼록 사실이 아니기를 바랄 뿐이다.

도대체 무엇 때문에 이 야단들일까? 자녀 교육이 중요하다 해도 이산 가정이 생기고 가정에 씻기 어려운 윤리 문제가 발생하는데도 좋단 말인가. 교육에 대하여 제일 관심이 높다는 유대민족은 우리와 같이 소란스럽지 않다고 들었다. 그들은 『탈무드』*Talmud*를 민족교육의 교재로 사용하여 소란스럽지 않으면서도 진지하게 교육을 시키고 있다 한다. 2천 년이 넘도록 국가도 없이 세계 도처에 흩어져 살아오면서 때로는 광란한 독재자들로부터 모진 수난을 받아 왔지만, 민족의 정기를 고양시키고 민족의 능력을 결집시킬 수 있었던 것은 교육의 힘 때문이었다. 유대민족은 학계, 재계, 정계 등 어느 분야에서도 발군의 실력을 과시하고 있다. 30%에 접근하는 노벨상 수상자의 비율만 봐도 그들의 우수성은 입증되고 남는다. 탈무드는 신앙, 전통, 법률, 생활윤리 등 광범위하지만, 특히 생활윤리에 역점을 둔다고 한다. 일상에 나타난 윤리가 인간가치의 기본이 되기 때문이다. 그러나 유대민족의 위대성은 교육 자체가 아니라 지행일치를 실현하는 "진지"를 성취하는 데에 있다할 것이다.

우리의 사정은 어떠한가? 정계에는 무슨 바람이 그렇게도 많은가? 안풍, 세풍, 북풍, 병풍 등 이루 다 기억할 수가 없고, 차떼기, 시침이 떼기 등 "떼기" 돌림도 많기도 하다. 이런 현상들이 모두 무지

해서 일어난 일들인가? 천만에. 알아도 너무 잘 알아서 일어난 사건들이다. 사심이 끼어 들어서 지행知行을 분리시키고 있는 것이다. 실제로 정말 몰라서 창피를 당하는 경우도 없지 않다. 교육계의 경우가 그렇다. 국제 학술대회에 나가면, 번번이 꼴지가 아니면 꼴지에 가까운 성적을 가지고 돌아온다. 극성스러운 우리의 교육열은 다 어디에 사장되고 이러한 비참한 결과만 낳는 건지 그저 어안이 벙벙할 뿐이다. 우리는 사심을 버려야 한다. 이성과 양식에 따라 행동하면 원망을 살 일도 없고 창피를 당할 일도 없다. 하늘이 부여한 양지를 따르지 않으면서 높이 배우고 많이 배운들 무슨 소용이 있으며, "참교육"을 하늘 높이 외친들 무슨 의미가 있겠는가? 일상 속의 평탄한 행동이 생활의 준거가 되고 가치체계의 기조가 되어야 하는 것이다.

지하철 객실의 노약자 석은 객차와 객차간의 연결부분 가까이에 설치되어 있다. 노약자석에 앉아 있으면, 많은 승객들이 객차와 객차를 옮겨 다니는 모습을 보게 된다. 그런데 그 많은 승객들 중에 객차의 연결 문을 닫고 다니는 사람은 거의 없다. 나는 하는 수가 없어 직접 내가 일어나서 닫는다. 일어났다 앉았다, 일어났다 앉았다 단진동 운동이 끝없이 반복된다. 힘도 들지만, 낫살이나 먹은 노구의 체면에 꼴이 아니다. 자기 집에서 방문을 그렇게 열어 놓고 다니는 사람은 없을 것이며, 학교에서 교실 문을 그렇게 열어 놓고 다니는 학생도 없을 것이다. 문이란 필요할 때에 열고, 용도가 끝나면 닫는다는 사실을 모를 사람이 어디에 있겠는가? 그런데 도무지 닫는 것을 못 봤다. 객차의 연결 문을 닫지 않으면 온溫 난방 효과도 감소될 뿐만 아니라, 차가 달릴 때에는 철도에서 오염된 공기가 폭풍처럼 객실로 들어오게 된다. 유아나 노인들 중에는 천식환자가 많다. 오염된 공기는 천식환자에게 치명적일 경우도 있다. 나는 요즘 노약자석에 가면 자리에 앉는 것이 아니라 아예 문 옆에 서서 문 당번을 스는 때가 많다. 일종의 체념이다. 하기야 그것도 천식환자들에 대한 작은 봉사라 생각하면 체념치고는 제법 행복한 체념이 된다.

우리 부부는 시간이 나면 산에 올라간다. 산이라고 해야 북한산 아니면 관악산 둘 중에 하나다. 코스도 이미 정해져 있어, 우리가 다니는 등산로는 머리 속에 훤히 그려져 있다. 매번 가는 길을 반복하여 가다보면 새로운 맛도 없어지고 지루하지 않느냐고 말할 사람이 있을지 모르지만, 우리 부부는 같은 길을 다닐수록 정이 들어 좋고 이미 익숙해진 곳에서 또 다른 “새로움”을 발견하여 즐겁다. 우리는 북한산의 경우 북악산 매표소를 출발하여 형제 봉에 이르기 직전에 위치한 대흥사 뒤편에, 깎아 세운 듯한 바위 위에 올라 꽤 오랜 시간을 머물곤 한다. 이 바위는 아래에서 바라보면 위험한 절벽이지만, 정작 바위 위에 올라가 보면 삼간짜리 집이라 불러도 좋을 만큼 평평한 돌 장판(바위)이 깔려 있다. 서울 시내가 한 눈에 다 들어 올만큼 전망이 뛰어난데다, 소나무와 굴참나무 등 정원수(?)가 울창하게 양옆과 후면에 병풍처럼 둘려있다. 완전한 녹음 속에 들어 있는 주택이다. 어디에 내어놓아도 가히 일등 가는 전원주택이라 할만하다. 우리 부부는 이 곳을 애칭으로 아예 “북한산 집”이라 부른다.

우리 부부는 집에서 맷방석 돌 침대를 사용하는데, “북한산 집”에는 그 돌 침대 못지 않은 평평한 침대 방이 하나 있다. 옆방에는 여기저기에 소 가구를 늘어놓은 듯이 크고 작은 돌들이 오밀조밀하게 놓여있다. 아담한 거실이 침실 옆에 꾸며져 있는 것이다. 거실에는 편안히 앉아 독서할 수 있는 의자(쉼 돌)도 두세 개가 있고, 자연의 영혼과 교감도 할 수 있는 사색대思索臺도 마련되어 있다. 거실 우편에는, 좋은 전망 속에 소나무 파라솔을 멋지게 받쳐 놓고 음식을 즐길 수 있는 식당이 위치한다. 우리에게는 참으로 만족스러운 주택(?)이다.

그런데 단 한 가지 안타까운 일이 있다. "북한산 집"을 일년 내내 아무런 문단속 없이 완전 개방을 해 놓다 보니까 이 사람 저 사람 돌려가며 쉬었다 가기 마련인데, 실컷 이용만 하고 몸만 떠날 뿐 청소하고 떠나는 사람이 거의 없다. 맥주병, 쥬스 캔, 과일 껍질, 먹다 남은 음식 찌꺼기, 담배꽁초와 쓰고 버린 휴지뭉치며, 검고 흰 갖가지 비닐봉지며, 그야말로 오만가지 쓰레기를 그대로 늘어놓고 떠나간다. 그런 것쯤은 오히려 약과다. 쓰레기를 고약한 곳에 집어넣는 경우가 많다. 심지어 돌 밑, 바위 틈, 손이 닿지 않은 높은 곳, 나무나 바위 아래 으슥하고 복잡한 곳에까지 마구 던져 넣는다. 일말의 남아있는 마지막 양심의 작용 때문에 그처럼 가려진 곳에 숨겨 넣는 것인지, 아니면 일부러 남에게 골탕을 먹이려는 심술궂은 장난기 때문인지 그 심사를 도무지 알 수가 없다. 그대로 놓아두면 주변모양도 흉할 뿐더러 악취가 진동하기 때문에 도저히 그냥 두고 볼 수 없는 일이다. 온갖 아슬아슬한 곡예를 다 부려가며 쓰레기를 가까스로 건어내다 보면 화가 치미는 경우가 적지 않다. 부득이(?) 쓰레기를 그대로 두고 가야할 입장이었다면 떳떳이 그 자리에 놓고 나갈 것이지. 그래야 후에, 원망을 덜 받을 게 아니겠는가? 다음 번에는 무슨 면목으로 다시 찾아오려고 그렇게 안면을 몰수하는지 도무지 이해가 안 간다.

나는 "북한산 집" 청결 문제에 대해서도 체념한지 이미 오래다.

오만한 소리로 들릴지 모르지만 우리 부부가 소유주라는 강한 주인 의식을 가지고, 우리가 청소하고 가꾸면 된다는 생각이 이미 굳어있었기 때문이다. 그런데 우리 집 그 사람은 아직도 체념철학이 부족한가보다. 관악산을 오를 때나 북한산을 오를 때나 쓰레기가 널려 있는 현장을 보게 되면, 꼭 한마디씩 내어 뱉고 지나는 버릇이 지금까지도(?) 남아 있다. "자기의 쓰레기는 자기가 가지고 돌아가면 될 텐데!" 나는 이제, "노년에 마음 편히 살려면 삶의 현장에서 더러는 못 볼 일을 보고 들어도, 그저 못 보고 못 들은 척 그냥 조용히 지나칠 줄도 알아야 한다."라고 권고해 왔었다. 그러나 이제는 전날의 그러한 열정마저도 다 날려버렸다. 묵묵히 그녀의 뒤만 따라간다. 나부터 역시 아내의 말을 못 들은 척 하는 것이다. 무관심하다고 비난을 받아야 마땅할지, 제법 도가 텄다고 칭찬을 받아야 마땅할지 그것까지는 아랑곳할 것 없다. 사실 요즘 세상에서는, 그것도 내가 알 바 아니다.

서울 월드컵 때 생각이 난다. 우리나라에게 패배한 이태리의 한 언론사가 "한국은 쓰레기를 아무데나 버리는 나라" 라고 악의에 찬 기사를 썼다. 경기에서 졌으면 깨끗이 지는 것이지, 참으로 지저분하고 어처구니없는 투정이었다. "도대체 축구경기가 쓰레기하고 무슨 관련이 있다는 거야?" 우리는 정신 나간 그들을 그렇게 반박하고 경멸했었다. 그러나 곰곰이 생각해보면 뒷맛이 개운치는 않다. "세계 4강"의 위업을 달성해 놓고도, 우리는 그 작은 방심 때문에 "한국은 아직도 문화 후진국이다."라는 치욕적인 딱지를 떼지 못 한다는 말인가? 나는 은근히 울화가 끓어올랐다. 각기 자기의 쓰레기를 매표소까지만 들고 가면 거기에 쓰레기통이 마련되어 있는데—. 산이 좋아 산을 찾은 사람들이, 자연을 사랑하자고 그렇게 외쳐대는 환경론자들이, “대－한민국”을 목이 터지도록 그렇게 부르짖는 애국자들이－. 우리가 그렇게도 자존심이 없다는 말인가? 생각하면 생각할수록 실소를 금할 수가 없었다.

우리를 안타깝게 만든 것은, 맑고 청초한 젊은이의 전당이라 불리는 대학 캠퍼스에조차도 담배꽁초나 휴지 등이 너무 어지럽게 흩어져 있다는 것이다. 나 하나쯤이야 하고, 저마다 휴지통을 찾는 수고를 아낀 탓이다. 학생들이 자기 행동의 옳고 그름을 과연 몰라서 그와 같은 행동거지를 취하는 것일까? 교양과 학문을 연마하는 대학생들이 그만한 양식과 상식이 없다는 말인가? 결코 그것은 아니다. 대학생은 차치하고, 우리나라 일반 국민의 지식수준은 생각보다 월등히 높다. 이해관계에 얽힌 개개인의 권리주장과 그 논리전개를 들어보라. 우리 중에 몰라서 공중도덕을 못 지키는 사람은 단 한 사람도 없다. 지하철 객실의 연결 문을 닫지 않는 것도, 산이나 바닷가에 오물을 마구 버리는 것도, 낚시꾼들이 강이나 바다를 측간廁間처럼 오염시키는 것도, 귀성길 고속도로를 쓰레기장으로 만드는 것도, 일부 정치인들이 조국의 법질서를 초개처럼 짓밟는 것도, 일부 경영인들이 경제윤리를 유린하는 것도, 일부 시민단체들이 탈법행위를 서슴없이 자행하는 것도, 일부 교육자들이 “참교육”을 내세우면서 애매모호한 태도를 취하는 것도, 일부 불교 지도자들이 편을 갈라 폭력을 휘두르는 것도, 일부 교회 성직자들이 이 핑계 저 핑계로 “가이사Caesar의 것을 가이사”에게 돌려주지 않는 것도, 모두 몰라서 범한 실수가 결코 아니다.

너도 나도 우리 모두가 “사심” 때문에 지행합일을 이루지 못하고, “진지”를 달성하지 못하는 탓이다. 우리는 먼저 우리 자신으로부터, 그리고 타인으로부터 더 이상의 수모를 당해서는 안 된다. 같은 경멸과 수모를 계속 당하면서도, 자존심의 손상을 자각하지 못하면 우리 자신이 너무나 처량해진다. 수치를 모른다면, 그것은 곧 타락이다. 우리 모두 자존심을 가꾸자. 우리의 존엄성을 우리 스스로 챙기자. 우리의 역사를 둘러 보라. 이제는 변할 때도 되었다. 몰라서 못하는 것은 단 한 가지도 없다.

법치국가

한 동안 까맣게 잊고 있었던 표어 하나가 갑자기 기억에 떠올랐다. “법 위에 사람 없고, 법 아래 사람 없다.” 이 표어의 출처가 어디이며, 언제부터 나돌았는지는 확실한 기억이 없다. 나의 기억이 정확한지는 알 수 없으나, 아마도 1980년대까지는 그런 표어가 나돌았던 것 같다. 인간은 누구나 법 앞에 평등하다는 평등권을 제고하고, 준법정신을 고양시키기 위하여 마련한 표어가 아니었나 생각된다. 법치국가란 국가 권력의 전횡을 막기 위하여, 입법, 행정, 사법 등 삼권을 분리하여 국회가 정한 국법에 따라 나랏일을 행사하는 국가를 말한다. 어느 경우에도 독재를 허용치 않겠다는 강한 의지가 담긴 국가의 체제이다. 20여 년 간 잊혀졌던 표어가 왜 갑자기 머리에 떠올랐을까? 인간의 일상적인 사고는 시대적 관심과 무관하지 않는 법이다. 현재의 국정에 대하여 개혁독재니 혁명독재니 하는 평판들이 여기저기에서 나돌고 있는 상황이라서 그 같은 의식이 나도 모르게 떠오르게 되었는지도 모른다. 가장 상식적인 표어가 새삼스럽게 떠오르게 된 것은, 지금의 법치가 순탄하지 않다는 사실을 반증하는 것이다. 작용은 반작용으로 나타난 경우가 많기 때문이다.

하기야 근간에 대통령 탄핵소추 문제로 세상이 떠들썩했고, 국가보안법의 존폐 문제를 놓고 "법리를 따지지 말자"는 대통령의 언급도 있었다. 법치국가에서, 법리를 따지지 말라는 말은 헌법에 위배되는 국기문란의 중대사항이라서 나 같은 소시민의 두뇌 판단으로는 크게 당황스러웠던 모양이다. 아마 그 충격파의 영향으로 오랜 동안 망각되었던 표어가 다시 뇌리에 떠올랐던 것 같다. 노 대통령은 전에도 실정법을 무시한 발언을 감행한 적이 있었다. 17대 국회의원 선거를 앞두고 대통령이 선거운동에 관여한다는 오해를 줄 수 있으니 자제해달라는 중앙선거관리위원회의 경고에 대하여, "법이 잘못된 것"이라는 말로 대응하였던 사례가 있었다. 대통령의 경우뿐만 아니라 일부 시민단체들도 위법에 관한 경고를 몇 차례 받았지만, 중앙선거관리위원회의 경고에 승복하려 하지 않는다는 신문 기사를 읽은 기억이 난다. 우리 모두가 잘 아는 대로, 선거관리위원회는 헌법기관이다. 헌법기관의 경고를 무시하고 탈법과 불법을 자행하는데도, 거기에 대한 적절한 법적 조치가 따르지 않는 다면 법치국가의 위상이 훼손될 수밖에 없다. 국정의 최고 책임자나 시민단체들(일부)의 정치적 영향력을 고려할 때, 작금에 와서 우리나라의 실정법이 크게 도전을 받고 있다는 사실은 부인할 수 없는 현실이 되었다.

나는 법이나 정치에는 문외한이다. 대학에서 교양과목으로 법학개론을 한 학기 수강한 것이 고작이다. 소시민의 소박한 마음으로 오직 조국에 진정한 민주주의가 실현되고 평화와 안정 속에서 경제가 발전되어, 헐벗고 굶주리며 억압받던 슬픈 역사를 영원히 털어 버리기만을 바랄 뿐이다. 그러나 정작 내가 국정에 기여할 수 있는 유일한 길은 그저 선거 때가 되면 투표에 열성을 다하는 일이다. 나는 국가에서 실시하는 선거라면 지금까지 단 한번의 기권도 없었다. 나는 투표를 국민의 권리에 앞서 의무라는 생각을 늘 가지고 있다. 투표에서 기권을 해놓고 이러쿵저러쿵 뒷소리를 하는 것은 무책임하고 비겁한 일이다. 이제 보니 나도 역시 정치에 관심이 전혀 없는 것은 아닌 것 같다. 아리스토텔레스의 주장대로라면, 인간은 원래 정치적 동물이라 했으니 난들 별 수 있겠는가?

대학 1학년 때였다. 1956년 여름으로 기억된다. 당시 민주당의 대통령후보이었던 신익희1892-1956 선생께서 호남 지방 유세차 하경하는 도중에 차내에서 갑자기 뇌일혈을 일으키어 사망하였다. 그 소식이 전해지자 학생들은 누구의 유도도 없었는데 책가방을 강의실에 그대로 남겨둔 채 신익희 선생님의 유해가 도착하는 서울역으로 달려갔다. 신촌에서 서울역까지 직접 가는 버스도 없었고, 설사 있다한들 그 많은 학생들을 한꺼번에 수용할 수도 없었겠지만 무엇보다도 학생들의 마음이 버스를 기다릴 만큼 그렇게 여유가 있지 않았다. 학생들은 때 마침 강하게 내리는 비를 흠뻑 맞으며, 이대 앞, 굴레방다리, 아현동, 만리동, 미근동, 염천교를 지나, 신촌 골에서 서울역까지 단숨에 내달렸던 것이다. "못 살겠다, 갈아보자."던 소망이 한 순간에 무너진 탓이었던가. 왠지 억울했던 그때의 울분이 지금도 기억에서 지워지지 않는다. 너무 막연한 생각이었지만, 그 때부터 나는 민주당에 애착을 갖게 되었다. 우리나라 정당사를 볼 때 정당들이 너무나 이합집산離合集散을 거듭하여 민주당의 정통성을 찾는 데에 약간 혼란스러운 면이 없지 않으나, 지난번 대선에서도 물론 민주당후보에 대한 종래의 호의는 변함이 없었다.

정치에 대한 나의 관심은 처음부터 소박하고 감상적인 것이었다. 한 말로 미온적인 것이었다. 그러나 외유내강外柔內剛이라는 말이 있다. 우리나라의 자유 민주주의와 법치국가 체제에 대한 나의 자부심은 어느 경우에서나 한 치의 양보도 있을 수 없다. 그것은 나의 단호한 신념이다. 지난번 대통령 탄핵소추 문제는 그 처리 과정에 있어 부끄러운 일이었다. 탄핵소추는 막강한 권력의 소유자가 불행히도 재판을 받아야할 처지에 있을 때, 그의 막강한 권력이 재판에 영향을 주지 않도록 하기 위하여 국회가 그 권력을 일시 중단시키는 사태이다. 헌법재판소가 죄형법정주의 원칙에 입각하여, 혐의를 인정하면 권력이 박탈되고 무혐의로 처리되면 복권이 되는 것이다. 이 경우에 국회는 물론 국민 어느 누구도 국민이 선출한 대통령의 권한을 박탈할 수 없으며, 오직 헌법재판소만이 법에 따라 그 일을 결정할 수 있는 것이다. 이 모든 절차의 취지가 어느 권력도 이 중차대한 재판에 영향을 주지 못하도록 하자는 것인데, 지난번의 경우에는 시위군중이 위력을 과시하여 재판에 영향을 주려 했었다. 헌법재판소가 어느 방향으로든 영향을 받았는지 그 여부는 아무도 알 수 없는 일이지만, 헌법재판소가 어떤 판결을 내렸든 그 판정과는 관계없이 떳떳하지 못한 인상을 주었다. 세계화 시대에 살다보니, 세계의 모든 사람들이 지구촌의 일들을 손바닥 보듯이 다 들여다보는 판국이라 남의 눈이 부끄럽기도 하였다. 우리가 법치국가를 표방하고 있기 때문이다.

대체로 정권이 바뀌면, 집권자는 보다 낳은 정치를 펼치려고 온갖 노력을 경주한다. 당연히 강한 의욕이 나타나기 마련이다. 의욕에는 시의에 맞는 통치철학이 따라야 한다. 시의성이 없는 통치철학은 열정의 낭비와 가치의 분란만을 가져온다. 노무현 대통령은 통치철학의 기조로 진보주의를 표방하고, 실행목표로 개혁을 선포하였다. 낡은 사회적 질곡에서 벗어나 미래지향적인 개혁을 추진하겠다는 의지가 강하게 드러나 있었다. 마치 동구의 여러 국가들이 냉전을 풀고 시장경제체제를 도입하여 동서의 협력을 구축하였듯이, 과거의 어두운 면을 슬기롭게 털어버리고 미래지향적인 새로운 도약을 약속하는 소리로 들렸다. 진보적이고 생산적인 실사구시實事求是의 사상에서 나온 통치철학으로 해석되었다. 민주당 대통령후보에게 기대를 걸었던 유권자의 한 사람으로 행복한 심정이었다. 그런데 현실정치의 방향은 예상과 정반대로 나가고 있다.

일반적인 관점에서 보면, 보수와 진보는 상치되는 개념으로 전자는 상대적으로 과거 지향적인 반면에 후자는 역시 상대적으로 미래지향적인 성향을 갖게 된다. 어찌된 일인지 모르겠다. 현 정부의 치정을 보면, 멀리는 동학혁명에서 시작하여 일정시대와 6. 25동란을 거쳐 5. 16 군사 정부에 이르기까지 근대사 정리에 주된 목표를 두는 것 같이 보인다. 과거사 청산의 과정에서 공소시효나 일사부재리의 원칙 등도 무시할 기세다. 위정자는 불법과 탈법도 범법임을 명심하여야 한다. 법을 무시하면서까지 과거사 청산에 몰두한다면, 그것은 분명히 과거 지향적인 보수주의에 속한다. 현 정부가 지목하는 진보주의에 특별한 의미가 은닉되어 있다면, 선명히 국민에게 알려서 일말의 오해나 의혹을 남기지 말아야 한다. 정부의 의도가 무엇이든,

일종의 새로운 우민정치mobocracy를 취택한 비겁한 결과로 나타나서는 안 된다. 그것은 결코 용납될 수 없는 일이다.

영국의 크롬웰Oliver Cromwell은 청교도 형명을 성공적으로 이끌어 호국경Protector의 지위에 올랐고1653, 1657년에는 왕으로까지 추대되었으나 본인이 극구 사양하였다. 그는 개인적으로 청렴결백하여 사욕을 멀리하였으며, 두 차례의 반란을 진압하고 아일랜드 원정을 승리로 이끌었을 뿐만 아니라 침체일로에 있던 국가경제를 번창시키는 등 통치자로서 위용을 과시하였다. 그러나 그는 청교도주의에 입각한 엄격한 규율에 사로잡혀, 과거사 문제 처리에 관대하지 못 하였다. 크롬웰은 1649년에 국왕 찰즈 1세Charles I와 측근 왕당파들을 모조리 체포하여, 외교실패, 경제파탄, 독단세정, 국고탕진 등의 실정失政과 청교도 박해사실들을 낱낱이 추궁하고 그 책임을 물어 가차없이 처형하였다. 그는 절대 다수 의원들의 반대에도 불구하고, 왕정체제를 폐기하고 공화국 체제를 고집하여 무력으로 반대파를 탄압하였다. 그는 구교를 탄압하기 위하여 아일랜드를 원정한 후로 가정의 비극을 맞는다. 사랑하는 딸이 암으로 죽고, 몇 달 안 되어 자신도 말라리아에 걸려 1658년에 사망하였다. 아들은 망명으로 겨우 처형을 면하였다.

크롬웰의 시신은 웨스트민스터Westminster 사원에 암매장되었으나, 왕정이 복고된 후 성난 군중들에 의하여 묘지가 파헤쳐졌다. 그의 시체는 갈기갈기 찢겨 런던의 사형장Tyburn 나무 가지에 걸려 있다가 교수대 아래에 묻혔고, 머리부분은 웨스트민스터 지붕 꼭대기에 걸려 찰스 2세의 집권기간 내내 그대로 놓여 있었다. 사실, 크롬웰은 극단적인 청교도는 아니었다. 그는 오히려 극단적인 청교도 수

평파를 제압하기도 하였다. 그러나 과거사 문제 처리와 시의에 맞지 않는 개혁을 고집하다가 백성의 원성을 크게 사게 되었다. 시의는 민심의 판독인 것이다. 그의 비서였던 밀턴John Milton은 문인을 보호하는 문명국가에서 태어난 덕분에 생명을 부지할 수 있었다. 그는 자신의 문학작품 『투사 삼손』에서, 자기를 맹목의 삼손에 비유하여 자신의 과오를 통회하였다. 회개한 삼손은 두 눈의 사력을 빼앗기게 된 것을 오히려 큰 다행으로 생각하였다. 만약 그에게 시력이 남아 있었더라면, 하늘을 바라볼 때마다 느끼는 자신의 부끄러움을 감당할 수 없었기 때문이었다. 은감불원殷鑑不遠이라는 말이 있다. 은나라의 본보기(거울)가 먼 곳에 있지 않다는 말이다. 바로 전 왕조, 하夏나라의 걸왕桀王이 요녀 말희抹喜에 빠져 주지육림酒池肉林으로 나라를 망친 역사적 교훈을 눈앞에 두고서도 은나라의 주왕紂王이 그 역사적 교훈을 헤아리지 못하고 나라를 망쳤다는 말이다. 크롬웰을 거울로 삼아야 한다. 그러나 모르는 것은 손에 쥐어주어도 모른다 하였으니 답답한 일이다.

영국의 헨리 5세는 봉건군주 체제를 완전히 척결하고, 절대군주 체제를 확립하였다. 그 과정에서 힘들었던 모든 악역은 그의 아버지 헨리 4세가 감당하였다. 헨리 4세는 왕위를 아들에게 물려주면서 외국 원정을 강력히 충고하였다. 백성의 관심과 영주들의 세력을 내정으로부터 외부로 돌려 정적들의 반항음모를 봉쇄하기 위함이었다. 헨리 5세는 무려 350년 전에 체결되었던 소위 샐릭 법the Law Salic과 『구약성서』의 "민수기"에 논거를 두고, 외척으로 고조부가 되는 프랑스 왕 필립 4세의 친고親故를 주장하여 프랑스의 왕위 계승권을 요구하였다. 양국간에 해묵은 과거사의 갈등으로 인하여, 수십 년 간

휴전 중에 있었던 100년 전쟁이 재개되었다. 헨리 5세는 아장꼬르 전투에서 대승하는 전과를 올려 프랑스 공주와 결혼을 하였지만, 전쟁은 재임기간 10년 내내 계속되었고 그는 남 프랑스 반센의 진중에서 35세의 젊은 나이로 병사하는 불행을 맞게 되었다.

그의 아들 헨리 6세는 겨우 생후 9개월에 강포에 쌓인 채 등극하였고, 상황이 상황인지라 부득이 대리정치가 시작되었다. 이 와중에서 권력의 암투는 날로 세와 도를 더하여 급기야 영국 황실의 가장 큰 비극이며 수치였던 30년 간의 장미 전쟁The Wars of the Roses, 곧 란카스터가와 요크가의 피비린내 나는 왕가전쟁이 시작되었다. 헨리 4세가 권유하고, 아들 헨리 5세가 취택하였던 정적들에 대한 억압 전략이 돌이킬 수 없는 무리수가 되어, 영국사에 씻지 못할 오점을 영원히 남기게 된 것이다. 비극의 역사는 되풀이되지 말아야 한다. 그것이 역사의 살아 있는 교훈이다.

소크라테스Socrates는 "악법도 법이다." 라고 말하며, 독배를 들었다는 말이 전해 온다. 이 말이 악용된 사례도 적지 않고, 역이용당하는 경우도 없지 않을 것이다. 소크라테스는 자신의 저서를 남기지 않았기 때문에 제자들의 기록을 통하여 그의 사상을 파악할 수밖에 없다. 그의 가장 뛰어난 제자, 플라톤Platon이 쓴 『소크라테스의 변명』에는 그러한 구절이 없다. 소크라테스는 자신의 생명을 보호하기 위하여 다른 친구들을 고생시킬 수 없고, 법은 질서를 유지시키는 것이므로 법을 피하여 오는 사람을 환영할 곳이 없을 것이며, 배심원들의 권위를 인정하기 위하여 자신의 죽음을 기피할 생각이 없다고 변명하고 있을 뿐이다. 법이라는 기표만 있으면, 무조건 정당하다든가 무조건 절대적인 것이라는 주장은 어느 곳에서도 발견할 수 없다. 오히려 자연법의 당위성과 실정법의 필요성을 조화시킨 뜻으로 파악하는 것이 옳을 것 같다. 정당한 체제에서 정당한 절차를 통하여 제정된 법이라면, 누구나 준수해야한다는 뜻이다.

우리가 자연법과 당위성을 논하고 또 정당한 체제와 정당한 절차를 이야기할 때, 판단의 기준을 특정인이나 특정집단의 임의성에 맡길 수만은 없다. 양식과 상식의 총화가 필요하고, 특수한 상황도 고려하지 않을 수 없다. 국가마다 처한 상황이 다르고, 추구하는 가치가 다르기 때문에 국가와 사회의 일반적인 의중이 중요한 것이다. 특정한 법률에 대한 국민의 관심이 크면 클수록 법리를 따져서 국민의 의견을 수렴하여야 한다. 국가보안법과 같은 중대한 법은 그 존폐나 개정에 있어 어떤 법보다 신중해야 함은 말할 나위도 없다. 국가보안법의 존폐문제에 관하여 "법리를 따지지 말자."는 대통령의 발언은 도저히 납득이 가지 않는다. 결국 법치를 하지 말자는 말인가? 법관 출신의 대통령이기 때문에 법치에 대하여 어느 대통령보다 더욱 신중할 줄 알았는데, 참으로 어불성설이다. 한 문외한의 기우라는 말인가! 속담에 "아는 사람이 무섭다." 했다. 식자의 우환을 실감하게 된다.

중학교 시절에 내가 살았던 곳은 30가구가 채 못 되는 작은 산간 마을이었다. 6. 25동란 중에, 이 작은 마을에서 2명의 젊은이들이 공산당과 인민군에 의하여 총살되는 참극을 경험하게 되었다. 이들은 독실한 기독교 신자들로서 친형제간이었다. 남편은 징용에 끌려가 행방불명이 되었고, 두 아들과 살아왔는데 이들마저 한꺼번에 날려버렸으니 그 노모는 고통을 견디지 못하여 그만 실성해버렸다. 울다가, 웃다가. 덩실덩실 춤을 추며 동네를 돌고 다니는 모습은 참으로 눈물겨운 마을의 비극이었다. 이들은 자기소유의 전답 한 평 없이 근근히 일하여 먹고사는 가정이었다. 교회에 다니는 것이 화근이었다. 우리 마을에는 기독교에 나가는 가정이 넷이었다. 그 중에 우리 가정도 끼이지만, 우리는 나가다 안 나가다 하는 미지근한(?) 신앙의 가정이었다. 나는 성실한 믿음의 형제를 잃은 것이 너무 충격적이어서 한 동안 불면증을 겪어야 했다. 6. 25 당시 지역마다 비슷한 비극을 겪었을 것이다.

밤이면 빨치산들이 설치던, 중학교 2학년 때의 일이었다. 밤늦게 사립문을 제치는 소리가 들렸다. 우리 집은 노동력이 없어서 사립문도 거의 다 부서진 상태로 놓아두었고, 가진 것도 없다보니 문을 닫는다기보다는 그저 밀쳐놓은 형편이었다. 밖에서 호령하는 소리가 들려 깜짝 놀라 방문을 열고 나가니까, 시꺼먼 두 사람이 총부리를 겨누며 따라오라는 수신호를 하였다. 이장네 집을 안내하라는 것이다. 옆에 게시던 우리 어머니는 총을 멘 두 사람에게 연신 허리를 굽히며, “제발 사람만은 다치지 않게 해주세요.”라고 애걸을 하셨다. 나는 그들을 이장님 댁에 안내하고 겁이 나서 황급히 돌아섰다. 그들은 사립문 밖에서 이장이 나오기를 기다리는 동안, 자기들끼리 말을 주고받았다. “저 꼬마를 그냥 보내면 안 되는 데.” “－” 나는 죽을 동 살 동 모르고 마구 달려 겨우 빠져나왔다. 미지근하게나마 교회에 나간 전과(?)가 있는 우리이었기에, 그들의 대화를 듣고 겁이 덜컥 났던 것이다. 이 무렵에는 매일 밤 자정쯤이면, 총소리가 콩 볶듯이 요란하게 들려 왔다. 실제로 교전을 하는 것이었는지 단순히 경고사격이었는지는 모르지만, 숨도 쉬기 거북할 만큼 콩을 볶아댔다. 총소리 중에는 따발총 소리와 아시바 소총(발음이 맞는지는 모르겠다)소리도 끼어서 들렸다. 이 총들은 인민군들이 소지하는 총이다.

밤마다 너무나 무섭다보니까, 구역마다 어느 한 집에 모여 무리지어 자기 시작했다. 처녀들은 남자복장을 하였고 나 같은 어중 띈 총각은 여자복장을 하고, 한 방에서 어른 남자들과 섞어서 한 동안 남녀가 혼숙(?) 아닌 혼숙을 하기도 하였다. 어찌 보면 세상사는 것이 요지경이었다. 이 모두 6. 25 동란의 와중에 일어난 비극의 현상이다. 그런데 요즘 이해되지 않는 언론 기사들이 나의 눈을 어리둥절하게 만든다. 빨치산 대원의 경력을 가진 자가 대한민국의 민주화에 공헌한 애국자로 평가되어 보상까지 받게 되었다는 소식이다. 도저히 믿어지지 않는 소리다. 우리나라 헌법과 관계 법률이 그대로 살아 있는데, 어찌 이렇게 가치판단이 바뀔 수 있다는 말인가? 체제가 바뀌고 법이 바뀌어야 가치판단이 따라 바뀌는 것이 상식이요 논리이거늘, 이 어찌된 일인지 나로서는 도무지 풀 수 없는 불가지론적 신비가 주위에 나돌고 있는 것이다. 혹시 우리나라가 지금 법치에 고장이 생긴 것은 아닌지, 나라의 정체政體에는 탈이 없는 건지 나는 필시 방향감각을 잃은 것만 같다. 이 또한 문외한의 기우란 말인가!!

자연과 질서

나는 요즘 마음의 여행mental journey을 자주 나선다. 나의 여행은 흔히 미시령 정상에서 시작된다. 미시령에서 보는 신록은 엄마 품에 안긴 아기처럼 숨결이 부드럽고, 막 깨어난 병아리처럼 싱그럽고 발랄하다. 신록의 유연하고도 강인한 생명력에 심취하여 묵묵히 서 있노라면, 어디선가 흘러오는 하프의 선율이 나의 떨려오는 영혼을 감싸버린다. 내가 신록 속에 있고 신록이 내 속에 있는 것이다. 무아지경이 바로 이런 것인가? 다음의 목적지는 지리산의 천황봉이다. 줄기차게 뻗어 내린 산자락마다 억세게 쏟아지는 녹음의 폭포cascade of forest가 뒤엉켜 천지가 요란하다. 태산의 울음인가, 우주의 음악인가? 이 숭엄한 화음을 뒤로하고, 나는 내장산 처녀봉에 오른다. 처녀봉에는 뜨거운 불길이 활활 타오른다. 뜨거워서 불이던가, 불이라서 뜨거운가? 처녀의 순정처럼 속으로만 속으로만 뜨겁다가 붉게 타버린 열정의 화신 조국의 단풍이여! 마지막 코스는 금강굴을 찾는 발길이다. 광활한 송림이 머리에 이고 있는 눈꽃의 백색천하!

우리 부부에게는 어느 겨울, 한 콘도에서 설악산의 눈꽃에 완전히 제압 당한 환상적인 체험이 있다. 나의 사랑하는 제자, 한 선생이 마련해준 기회였다. 이른 아침, 커튼을 열던 아내는 비명 같은 탄성을 질렀다. “여보! 저것 좀 봐요!!” 위대한 장관이었다. 시야에 가득 차오는 설경. 우리 두 사람은 얼마동안 말을 잊고 있었다. 두 줄기 눈물만 조용히 내리는 것이었다. 나는 자연의 웅장한 미학에 눈물을 흘리는 증상이 생겼다. 40대 초반에 처음 나타났던 증상이다. 미국의 그랜드 캐년Grand Canyon 대협곡大峽谷을 관광하던 때였다. 위용에 위용이 끝없이 이어지는 장대한 계곡의 위용. 굴곡을 지나며 시시로 물빛깔이 달라지는 코로라도 강The Colorado River의 굽이굽이. 내가 감상적인 것인지, 아니면 나를 울린 신의 솜씨가 얄미운 것인지? 이 증상이 얼마동안 잠잠한 듯 하더니 요사이 다시 돋친 듯 하다. 설악산의 설경을 보지 않고 어떻게 설악雪岳을 논하랴? 그래서 설악인 것을.－이쯤하여, 나는 마음속의 한 해를 또 보내는 것인가?

거의 모든 사물은 시대의 사회적 관심에 따라 그에 대한 이해와 개념이 달리 나타날 수 있다. 탐구심이 왕성하였던 고대희랍 사람들은 자연을 세상 질서의 근원으로 파악하였다. 태양은 날마다 어김없이 떴다 지고, 달은 한 달 간격으로 찼다 기우는 일련의 변화를 반복한다. 봄, 여름, 가을, 겨울 네 계절은 한결같은 순서로 순회하여 한 해를 완성한다. 시간은 흘러가되, 철저한 순환 질서로 경과하는 것이다. 고대희랍 사람들은 천체와 자연의 일관된 운행현상을 관찰하여,

질서의 개념을 얻어내게 되었다. 옛날 사람들은 인간의 생사 질서도 자연에서 도입할 줄 알았다. 아침이면 넓고 깊은 바다 속에서 붉은 태양이 솟아 나왔다가, 저녁이면 다시 바다 속으로 들어가 깊이 잠긴다. 그들은 자연의 순환 현상을 보고, 인간의 영혼도 바다로부터 세상에 나와 육신과 더불어 탄생하여 일생을 살다가 죽으면 육신만 세상에 남고 영혼은 다시 바다로 돌아가는 것으로 믿었을 것이다. 영혼의 순환 유추가 언제 어디에서 하나의 통념으로 굳어져서 전설로 구전되었는지는 아무도 모른다. 고대희랍의 수학자이자 철학자인 피타고라스Pythagoras: 582-500. B.C.가 오랫동안 구전되었던 통설을 집대성하여 영혼윤회설metempsychosis을 주장하였다. 자연의 순환 질서에 자신의 철학을 접목한 학설이라 볼 수 있다. 영혼윤회설은 불교를 비롯하여 많은 종교철학에 적지 않은 영향을 끼친 것으로 보여 진다.

중세의 자연관은 고대와 사뭇 다르다. 중세는 신본주의가 지배하던 시대이었다. 인간Adam이 금단의 과실을 먹은 죄로 낙원을 상실하면서, 인간이 다스리는 자연도 저주를 받았다. 일년 내내 봄과 여름만 있었던 에덴동산의 기후가 네 계절로 바뀌었다. 전락한 인간은 이제 가을과 겨울의 을씨년스럽고 추운 계절을 겪게 된 것이다. 셰익스피어의 『뜻대로 하세요』에서, 아우로부터 왕위를 찬탈당하고 아든 숲으로 추방된 전 공작은 “여기서는 아담의 저주 곧 계절의 변화seasons' difference를 느끼지 않는다.”고 풍자한다. 중세의 질서는 오직 신의 섭리에서 나오는 것이며, 자연은 저주와 경멸의 대상일 뿐이었다. 숲에서는 사자나 곰과 같은 맹수들이 어느 때나 뛰어나와 목자와 양들을 위협하고 위해危害를 입힌다. 자연에서 들려오는 소리는 나무에서 지저귀는 새소리가 되었든 강풍에 스치는 숲 소리가 되었든 모두가 사단의 탄생satan' yule을 축하하는 악마들의 찬양이었다. 자연은 신의 섭리를 거역하는 파괴의 질서로 파악되었던 것이다. 마왕Lucifer은 하늘의 전쟁을 일으켜 천사장 미가엘Michael에게 대항하다 패하여 3분의 1이나 되는 타락한 천사들과 함께 나락으로 추락하였다. 그 악마의 군상들은 파괴의 질서를 숭상하였던 것이다.

르네상스 시대에는 인간의 가치가 재평가를 받는 시기이었다. 인간은 신이 창조한 최고의 걸작이며, 형상과 행위에 있어 천사에 미흡할 바 없고, 이해와 능력에 있어 신에 방불한 만물의 귀감으로 표방되었다. 자연의 위상 또한 크게 달라질 수밖에 없었다. 자연은 인간과 동일 시 되었다. 자연은 인간의 별칭이었다고 할 수 있다. 이 시대 사람들은 문학을 가리키어, "자연을 거울에 비춰보는 일"이라 정의하기도 하였다. 자연은 곧 인간을 지칭한 것이었다. 한 발 더 나아가, 자연의 실체인 전원이나 산야 등 소위 녹색 세계green world는 인간의 분란과 갈등을 해소시켜주는 마력을 지니고 있었다. 인간이 녹색 세계의 품에 안기면, 적개심에 사로잡힌 사람들끼리도 서로 용서하고 화해하여 놀라운 사랑의 대 화합을 이루어 냈다. 녹색 세계는 선한 목자가 순한 양들을 돌보고, 순한 양들이 선한 목자를 따르는 신-인관계가 나타나는 곳이기 때문이다.

『구약성서』 "창세기"에 나오는 두 형제 야곱Jacob과 에서Esau는 형제간의 불화가 극도에 달하자 최후의 일전을 위하여 초원에서 대결한다. 그러나 그 증오의 대결장에는 녹색 세계의 마력이 나타나 두 형제는 서로 뜨거운 눈물로 포옹하고 원한의 앙금을 녹여낸다. 야곱과 에서가 조우하여 화해를 이루었던 자연(초원)은 문예부흥기의 새로워진 사회적 시각에 의하여 재조명된 자연이다. 르네상스 시대의 자연은 인간의 정서적 질서로 파악되었던 것이다.

18-9세기의 자연관은 에머슨Ralph Waldo Emerson의 『자연』*The Nature*에 총괄되어 있다고 볼 수 있다. 에머슨의 자연은 인간의 인식에 따라 형이하학적 수단인 동시에 형이상학적 목적이 된다. 인간이 자연에 접하는 최초의 단계는 생활필수품의 조달이다. 벌목을 통하여 땔감을 마련하고, 경작을 통하여 식량을 얻는다. 그 다음의 단계로 인간은 자연으로부터 미학적 감수성을 얻는다. 자연의 아름다움을 감상하면서 심미안이 열리는 것이다. 감각적 차원의 다음 단계로, 인간은 사물의 현상을 파악하는 오성悟性을 터득하게 된다. 사물에 대한 제한적인 지각의 발달을 얻는 단계이다. 사물에 대한 인식은 무한한 것이다. 인간은 이성理性의 작용을 통하여 인식의 세계를 무한으로 뻗어갈 수 있다. 이성의 단계는 깊고도 넓고 또한 높고도 원대한 무한대의 시공이다.

이성이 무한을 정복하기 위해서는 자연의 정령과 끝없는 교감이 있어야 한다. 인간의 영혼과 자연의 진정한 교감이 이루어지려면, 우리의 영혼이 늘 각성해 있어야 하고 영안이 열려 있어야 한다. 형이하학적 현상을 초월할 수 있어야 하는 것이다. 자연의 정령과 최상의 존재Supreme Being는 언제나 합일 상태에 있다. 인간의 영혼과 자연의 정령이 합일하면, 인간과 자연은 하나oneness가 되고 또 최상의 존재宇宙와 합일하게 된다. 인간이 최상의 존재와 합일하면, 인간은 드디어 초혼over-soul의 단계에 이른다. 초혼에 도달한 인간에는 신성deity이 나타난다. 인간에게 부여된 역량이 신처럼 완벽하게 작용할 수 있게 된다. 에머슨의 자연론은 이신론deism에서 결론한다. 이신론理神論은 동정녀의 잉태와 같은 종교의 신비성을 이성적으로 파악하려는 논리이다. 18-9세기의 자연은 종국적으로 인식론적 질서라 칭해도 될 것 같다.

자연에 대한 시대적 관심을 질서의 측면에서 살펴봤다. 필자가 과연 잘 이해하고 정리하여 전달이 잘 되었는지 모르겠다. 그러나 우리에게 가장 가깝게 닦아온 것은 아무래도 자연의 순환적 질서인 것 같다. 우리 어머니는 올해로 88세로 미수의 노인이시다. 기억력이 심하게 감퇴되었고, 퇴행성 관절염으로 고생을 하셔서 안타까울 때가 많다. 밖에는 출입을 잘 못하시고, 울안의 작은 정원(사실은 너무 좁아서 정원이랄 수도 없는데, 그저 애교로 받아주기 바란다.)의 잔디 위를 운동 삼아 걸으시며, 제철이 오면 어김없이 피어나는 꽃들을 완상玩賞하곤 하신다. 그리고 요즘에는 거의 습관처럼 자주 말씀하신다. "계절은 갔다가도 다시 오고, 꽃은 철따라 다시 피는데 사람은 한번 가면 안 돌아와." 우리 어머니는 이미 철학자가 다 되셨다. 표현이 문제일 뿐이지, 생각만은 피타고라스의 철학적 사념에서 크게 멀지 않다.

필자가 소년시절을 지날 때, 우리 어머니는 우리 집에서 유일한 노동원이셨다. 나는 미흡하기 짝이 없었지만, 맏아들이다 보니 그래도 내가 다소라도 거들어 드려야 했다. 그런데 나 역시 노동일에는 먹통이었다. 무슨 일을 할라치면, 꼭 사고를 낸다. 논두렁을 깎을 때에는 낫으로 손을 베기 일쑤이었고, 밭일을 하면 괭이로 발을 찍는 것이 다반사였다. 그 중에도 제일 힘이 든 것은 지게 지는 일이었다. 지게가 몸에 딱 붙어야 하는 것인데 지게 따로 몸 따로 각기 놀고 있으니, 걸핏하면 뒤로 넘어지고 걸핏하면 앞으로 엎어진다. 그것도 그럴 것이, 아예 내 몸에 맞는 지게를 사주면 조금은 낳겠는데 오늘은

이 집에서 내일은 저 집에서 빌려다 쓰는 판이니 내 몸에 맞을 리가 없다. 가뜩이나 나는 키가 작은 사람인데 큰 지게를 지다 보면, 돌부리에도 걸리고 풀뿌리에도 걸려 넘어진다. 양쪽 무릎은 다 벗어지고 신발짝도 달아난 경우가 많았다. 날은 어둡고 속수무책인 경우가 많았었다. 나에게는 지게질이 참으로 힘이 들었다. 이 하찮은 지게 짐도 지기가 그렇게 힘이 드는데, 국가의 짐이야 오죽이나 힘이 들까? 언젠가 노무현 대통령이 "대통령직 못 해 먹겠다."고 말한 기억이 난다. 나는 그 말에 이해가 간다. 지게질이 몸에 배어 있지 않으면, 억지로는 안 되듯이 정치도 아마 그럴 것이다.

초등학교 시절 어느 가을날이었다. 어머니는 하필이면 월요일에 콩밭을 뇌로 가자는 것이었다. 나는 사정을 말씀드려, 간신히 삼 일간을 미루었다. 우리 학교 상무 선생님은 목요일에는 예외 없이 수업료 미납자를 검사하여 집으로 내 쫓으셨다. 어차피 목요일에는 수업을 못하게 될 판이니, 그 날에 콩을 뇌자고 주장하였던 것이다. 집에서 8킬로 이상 떨어진 콩밭(다래 골 밭)에 가보니, 팥은 너무나 많이 튀어 있었고, 콩도 역시 튀어있는 깍지가 꽤 있었다. 나는 어머니로부터 야단을 많이 들었다. 이미 때를 놓쳤으니, 이를 어찌하랴? 조심조심 콩을 뇌어 일부는 어머니가 머리에 이시고, 나머지는 내가 지게로 졌다. 그 날이라고 무사할 리가 있었겠는가. 집으로 오는 길에 무려 세 번이나 넘어졌다. 한 번은 짐이 완전히 쏟아져 엉망이 되기도 하였다. 몇 일 후에 타작을 해보니 그 소출이, 내가 지게에 지고 온 콩은 어머니가 머리에 이어 나른 콩에 삼분의 일밖에 안되었다. 내가 지게를 가지고 하도 요란을 치는 바람에 알맹이가 모두 길바닥에 떨어지고 남은 것이 거의 없었던 것이다. 나 같은 서투른 지게꾼이 무슨 살림을 하겠나 싶었다. 살림이 거덜날 수밖에. 삼전사기三顚四起하여 대권을 잡는 데 성공한 어느 전직 대통령은 자신을 가리키어 준비된 대통령 후보라고 선전을 하였었다. 내가 경험한 서투른 지게질을 두고 판단해 보더라도, 대통령만은 꼭 준비된 후보가 당선되어야 할 것 같다.

요즘 우리나라는 그다지 시급하지도 않고 바람직하지도 않는 일로 열정을 쏟아, 나라 전체가 과열되어 있는 것 같다. 단견인지는 몰라도, 수도이전이니, 자주국방이니, 국가보안법폐지니 하는 문제들은 아무리 생각을 해봐도 시의에 맞지 않아 보인다. 수도이전에 관한 문제부터 생각해보자. 우리의 소원은 통일이다. 이 염원은 변함이 없다. 전에는 생각하지도 못했던 통일부서를 독립 행정부서로 신설하고 통일부 장관을 부총리로 승격시켜 놓았다. 막대한 예산이 편성되었고, 예산도 우선적으로 집행되고 있는 줄로 안다. 정부와 국민이 모두 남북통일에 열중하고 있는 것이다. 마땅히, 통일을 겨냥한 수도이전이어야 되는 것이지 다른 방향의 모색은 적절하지 못한 것이다. 정부와 여당은 국토의 균형발전을 이유로 내세워 수도이전을 강력히 주장하는 데, 그렇다면 몇 년은 충청도에, 또 몇 년은 경상도에, 또 몇 년은 어느 도에, 돌려가며 계속 이전을 해야 국토의 균형 발전을 이룩할 수 있다는 말인지? 납득이 가지 않는다.

자주국방도 그렇다. 현대의 전쟁은 정보전이요 공중전이다. 돈이 승패의 관건이다. 국민 소득 일만 불 정도의 국부를 가지고, 동맹국의 도움 없이 독자적으로 그 엄청난 경비를 감당할 수 있겠는지 믿어지지 않는다. 무엇보다도 지금은 세계화시대이다. 미국, 영국, 일본 등 기술능력이 첨단선진에 와있고 경제적으로도 최고의 국부를 기록

하고 있는 나라들도 동맹국을 간절히 찾고 있는 시대다. 우리가 동맹국 없이 고립되어 무엇을 어떻게 하겠다는 것인가? 우리나라의 현재 수준과 입장에서는, 자주국방은 북한의 주체사상과 흡사한 발상으로밖에 들리지 않는다. 북한도 이제는 국민 앞에 정직하여야 한다. 주체사상은 대 국민용에 지나지 않는다. 북한은 조금만 어려운 일이 있어도, 중국이나 러시아에 매 달려 원조를 구하였고, 근자에 와서는 한국에 까지 손을 내밀고 있다. 국민을 속이고 국가의 체면을 손상시키며 구걸하는 것이 주체사상인가? 주체사상은 처음부터 허울에 지나지 않는 허상이었다. 정부가 국민 앞에 정직하지 못 하면 정부도 망하고 나라도 망한다. 시의성은 사리의 완급을 조정하는 질서관념에서 나오는 것이다. 자연의 순리를 읽을 줄 알아야 한다.

정부여당이 앞세운 국가보안법 폐지의 이유는 오용과 남용의 문제다. 어느 법이나 오남용은 집권세력에 의하여 자행된다. 박정희 정권 때도 그랬고, 전두환 정권 때도 그랬다. 상대적으로 힘이 약한 야당이나 일반 서민이 가상적 피해자가 되기 마련이다. 문제는 가상적 피해자인 야당과 서민들이 폐지를 반대하고 있는데, 가상적 가해자인 집권세력이 폐지를 주장하고 나선 것이다. 주객이 완전히 전도되었다. 논리가 서질 않는다. 쉽게 이야기하자. 김정일 위원장이 국가보안법 폐지의 반대론자는 누구와도 만나지 않겠다고 위협하며 저렇게 간청을 하고 있으니 그 동안 쌀과 비료를 주어왔듯이 민족공조의 차원에서 국가보안법도 양보해버리자고 한다면, 그에 대한 국민여론의 향배는 알 수 없지만 적어도 말의 논리는 선다. 야당과 서민이 괜찮다고 하는데도, 법의 오남용을 이유로 내세워 폐기 쪽으로 밀어붙이는 것은 어불성설이다. 어떤 법이든 오남용이 있으면 오남용을 없애야 되는 것이다. 국가 안보상 필요한 법이긴 한데, 오남용이 우려되기 때문에 법 자체를 폐기한다면 말이 되는가? 속된 표현으로, 무엇 무서워서 간장을 담으면 안 된다는 말인가? 국가보안법의 문제는 존재의 필요성이 해소되었는가 하는 그 여부가 관건이다. 자연은 결코 억지 논리를 고집하지 않는다. 여름에는 덥고 비가 오고, 겨울에는 춥고 눈이 오는 법이다.

숙맥菽麥이라는 말이 있다. 콩 숙자와 보리 맥 자다. 숙맥은 콩과 보리도 구별 못 하는 사람을 말한다. 하기야 콩과 보리를 분명히 구별하고도 바보소리를 듣는 경우도 있다. 말을 이제 막 배우기 시작한 2세 가량의 아이가 "이것은 콩, 이것은 보리" 라고 말하면 신동이 태어났다고 세상이 떠들썩하고 야단들일 지도 모른다. 그러나 같은 말이라도 중학생이 된 어엿한 학도가 "이것은 콩, 저것은 보리" 라고 말한다면 바보 취급을 받는다. 하물며 대학생의 나이에 그 같은 말을 한다면 철부지가 되는 것이다. 그 나이에 과연 그런 정도의 말을 해도 되는 것인지, 그 여부조차 판단 못하는 바보 중의 상 바보이기 때문이다. 그래서 무슨 일에나 시간개념과 시의성의 문제는 항상 중요한 것이다.

아무리 답답한 일들이 우리에게 몰려와도, 나에게는 믿는 곳이 있다. 나는 위대한 우리 대한민국을 신뢰한다. 허리케인 카트리나 Katrina가 강타하고 지나간 뉴올리언스의 한 미국 시민을 보라. 그는 지옥 같은 절망과 싸우며 장장 16일을 기다린 끝에 마침내 구조되었다. 이 70노인은 통신이 두절되었으니 고립된 자신의 처지를 알릴 길이 없었고, 전기가 끊겼으니 밤이면 칠흑 같은 암흑의 세계였다. 낮이라고 해야, 망망한 바다 같은 홍수 위에 보이는 것은 수도 없이 떠

다니는 사체들뿐이었다. 옆에는 대화라도 주고받을 사람하나 없었다. 무인고도나 다름이 없는 막막한 세상이었다. 그야말로 고립무원의 16일 동안이었던 것이다. 그럼에도 불구하고, 그 노인에게는 굳은 신뢰와 강한 소망이 있었기에 그 놀라운 인간승리를 얻어낸 것이다.

그는 외형적인 절망에도 불구하고, 절망을 극복할 수 있는 내면적인 소망이 작용하고 있었기에 극한의 곤궁을 견뎌낼 수 있었던 것이다. 70노인은 무엇보다도 조국을 신뢰하였을 것이다. 카트리나에 대한 대비가 소홀하였다 하여 정부가 지탄을 받기는 하였지만, 미국처럼 자국민을 보호하는 나라도 없다. 그래서 미국과 미국 정부는 위대하다. 70노인은 조국에 대한 자긍심을 가지고 정부를 신뢰하며, 생을 포기하지 않고 기다렸을 것이다. 우리가 지금 힘이 들고 어려운가? 우리도 기다려 보자. 대한민국, 우리의 조국을 신뢰하자. 조국은 우리를 결코 실망시키지 않을 것이다. 우리도 모두 함께 기다림의 미학을 다시 한번 읊조려 보자. "겨울이 오면, 봄도 멀지 않으리!" 라고 읊조렸던 영국의 시인 쉘리Percy B. Shelley의 시 구절이 오늘따라 절실히 느껴 온다. 자연의 순환질서는 예나 지금이나 단 한번도 어긋나는 일이 없다. 나는 조국의 아름다운 산하를 향하여 마음의 여행이나 다시 떠나련다. 김해 군항제의 벚꽃, 충청도 칠갑산의 콩밭, 한라산 산근부리의 으악새(억새), 눈 나리는 도봉산을 찾아서 말이다.

그 때, 그 소나무

"나는 담배연기가 싫어요." 밀폐된 공공장소나 고속도로 휴게소의 화장실에서나 봄직한 표어다. 공공장소에 나붙은 표어에서는, "나"의 실체가 구술자 본인이거나 금연주의자 전체를 대변하는 일반 인칭이다. 어쨌든 사람의 입에서 나오는 말이다. 그러나 내가 본 표어는 북한산 기슭에 서 있는, 어느 소나무의 목에 지금도 걸려 있다. 소나무가 구술자인 셈이다. 아무 감각도 없는 나무가 도대체 무엇을 느낀다고, 말 못하는 식물을 팔아 저 야단을 떠느냐고 어느 애연가는 발끈할 지도 모른다. 문학 용어에 감상적 허위라는 말이 있다. 무생물이나 식물 등은 아무런 의식도 없는 존재들인데, 옆에서 보는 사람이 괜히 감상에 사로잡혀 사실과 무관한 자기감정을 토로하는 경우를 지칭한다. 대체로 낭만주의 시를 평할 때 사용하는 비평 용어이다. 문제의 표어도 시각에 따라서는 환경문제에 편승한 일종의 감상적 허위로 치부하려는 사람이 있을 지도 모른다.

고대희랍의 철학자 아리스토텔레스는 인간의 영혼에는 생장기능vegetal faculty, 감각기능sensible faculty, 이성적 기능rational faculty 등 세 가지의 기능이 존재한다고 말하였다. 생장기능은 모든 생물체가 공유하는 기능으로서 유기체의 생성과 발달을 담당하며, 감각기능은 고등동물이나 인간이 공유하는 기능으로서 감정과 행동의 근원이 된다. 이성적 기능은 인간이 다른 동물과 구별되는 기능으로서 인간에게 사색과 판단을 제공하는 능력을 말한다. 아리스토텔레스는 인간이나 동물뿐만 아니라 식물에도 영혼이 있음을 우회적으로 시사하고 있는 셈이다. 프랑스의 사상가 몽떼뉴M. de Montaigne는 한 발 더 나아가 식물이든, 동물이든, 인간이든 모든 생명체는 영혼과 이성을 지니고 있다고 주장하였다. 이성은 인간의 전유물이 아니며 다른 생물도 소유하고 있고 오직 정도의 차이만 있을 뿐이라는 것이다. 왕자 햄릿Hamlet은 왕비인 어머니의 졸속한 근친상간적 재혼을 놓고, "이성이 없다고들 말하는 동물이라 할지라도 좀더 오래 남편에 대한 조의를 표하였으련만, -"하고 안타까워한다. 르네상스 시대 유럽지역의 사상계를 떠들썩하게 만들었던, 몽떼뉴의 사상에서 영향을 받은 대사臺詞라 할 수 있다.

식물에는 향일성positive heliotropism과 배일성negative heliotropism이 있다. 전자는 잎이나 가지가 태양 광선을 향하여 성장하는 성질을 말하고, 후자는 식물체의 일부분(대체로 뿌리부분)이 태양관선의 반대 방향으로 굴절하는 성질을 말한다. 우리가 산에서 방향 감각을 잃게 되면, 나무의 가지들을 보고 방향 감각을 찾을 수 있다. 가지들이 길고 무성하게 뻗어 내린 쪽이 남쪽이다. 해바라기는 태양의 방향을 따라 수시로 얼굴 방향을 이동시킨다. 모란은 낮이면 꽃잎을 열어 환하게 피고, 밤이면 꽃잎을 접어버린다. 그런가 하면, 박 꽃과 아이리스 꽃 등은 그와 정 반대로 낮에는 꽃잎을 굳게 닫고 있다가 밤이 되면 꽃잎을 활짝 열고 향기를 뿜어낸다. 나무마다 각기 생명체계에 따라 삶의 성격이 달리 나타나는 것이다.

얼마 전 어느 텔레비전 방송국에서 방영한 내용이다. 전라도 어느 지방의 한 토마토 재배농가는 아름다운 가곡을 들려주며 재배를 한다고 한다. 음악을 듣고 자란 토마토는 그렇지 않은 토마토에 비하여 작황도 월등하게 좋고 품새와 과육도 우량하다고 했다. 일종의 음악농법인 것이다. 고속도로 중앙 분리대에 심은 나무들 중에는, 잎에 흑갈색을 띄우며 성장을 멈춘 채 초췌한 몰골로 간신히 생명을 이어가는 나무들을 얼마든지 볼 수 있다. 나무라고 해서 매연과 담배연기를 감각하지 못할 리가 없다. 소나무 가지에 걸려 있는 그 표어의 내용은 단순한 감상적 허위만은 아닌 것이다.

국민대학교 정문을 바라보며 왼쪽으로 약 150미터쯤 걸어가면 북한산의 북악 매표소가 나온다. 이 매표소를 통과하여 영불사 입구 삼거리를 거쳐 각기 좌우로 왕령사와 심곡사를 지나 형제봉 코스를 따라 올라가면, 대흥사라는 작은 암자에 이른다. 대흥사 바로 뒤편에는 거대한 암벽이 우뚝 솟아 있다. 그 암벽의 정상 한 복판 판판한 중앙에는 수령이 200년을 훨씬 넘었을, 커다란 소나무 한 그루가 하늘을 뚫고 고고하게 서 있었다. 멋진 수형을 자랑하던 이 소나무가 금년 초여름부터 침엽이 누렇게 변하기 시작하더니 급기야 고사해버렸다. 잘라낸 그 자리가 너무나 허전하여, 아쉽기도 하고 또 분노가

치밀기도 하였다. 도대체 어느 소갈머리 없는 손길이 나무 밑에 오염 물질을 방기하여, 미학의 기수처럼 높이 서 있던 그 수려한 소나무를 죽게 만들었단 말인가?

이 소나무는 흙 한 줌 없는 바위에 뿌리를 내리고 있었다. 그러한 악조건 속에서 어떻게 그처럼 크게 성장하였고, 그처럼 오래 생존을 이어가고 있는 것인지 그 강인한 생명력 앞에 나는 늘 경외감을 느껴 왔다. 이 소나무는 내가 약 40여 년 전에 처음 봤을 때에도 수형과 크기에 있어 작금의 모습을 거의 그대로 지니고 있었다. 나로서는, 수령이 얼마나 되었는지 전혀 계측이 안 된다. 나는 이따금씩 집 식구와 함께 이 노송의 그늘로 찾아가서, 시야를 가득히 메운 정겨운 서울 시가를 굽어보며 많은 사색에 잠기곤 했었다. 하이데거Martin Heidegger는 자신의 저서 『사상, 언어, 시』*Thought, Language, and Poetry*에서 사상을 신과의 대화라 정의하지 않았던가? 우리 부부에게 이 소나무는 신이 주신 기상氣象이었다. 우리 부부는 오래 전부터 그 소나무 아래에서는 어떤 음식도 먹지 않기로 약속했었다. 오염이 걱정되었기 때문이다.

사실, 우리 부부는 항상 이 소나무의 안녕에 대하여 염려를 하고 있었다. 종종 철없어 보이는 사람들이 그 소나무 아래에서 술을 마시고 요란스럽게 수다를 떨며 괴성을 지르는 광경을 목격할 수 있었기 때문이다. 우리 부부는 새끼줄로 통로를 막아 보자고 몇 번이나 궁리도 했었다. 그러나 월권을 범하기가 싫어서 실행은 못 하고, 가끔 그곳에 올라가서 쓰레기를 주워오곤 했었다. 그런데 어느 땐가는 나무 밑 둥에서 김치냄새와 생선냄새 등 반찬 냄새가 심하게 나기도 하였다. 그 때마다 가슴이 철렁 내려앉았었다. 나무뿌리에 염기가 들어가면 소나무의 안녕은 끝이 나는 것이다. 우리 부부의 방정맞은 생각 때문이었을까? 염려하던 일이 현실이 되고 말았다. 죄진 자는 알리라. 주위의 풍광을 드높였던 그 소나무를 죽인 미필적 고의의 범인 말이다. 멀리서 보기만 하여도 그저 행복했었는데—. 우리는 좀더 적극적인 자세로 대처하지 못한 미온적인 태도에 자괴自愧를 금할 길이 없었다. 속이 무척 상했다. 어찌 보면 공범 같은 느낌이 들기도 하고 방조죄를 지은 것 같아서, 한 동안은 형제봉 코스산행을 택하지 않았었다. 이제는 너무 밋밋해져버린 그 곳에 도무지 눈길을 주고 싶지가 않아서 말이다. 나무 한 그루의 그늘이 그처럼 포용의 폭이 넓고 영향력이 컸던 것이다. 예전엔 미처 몰랐었다.

나는 대학 캠퍼스의 조경에 깊이 간여하였던 경험이 있다. 캠퍼스 전체의 넓이는 58만 평이 넘지만, 대략 3분의 2 정도는 산림지역이고 나머지 3분의1 정도가 실제 캠퍼스의 조경지역이었다. 무려 7개나 되는 산간 마을을 떠나보낸 공간이다 보니, 조경지역이 상상 밖으로 넓었다. 그 넓은 공간을 토목공사로 파헤쳐 놓은 실상은 황망한 벌판이며 모래 없는 붉은 사막이었다. 한정된 예산으로 나무를 심어 그 너른 공간을 채우는 일도 보통 일이 아니었다. 수 십 트럭 분의 나무를 심어봐야 나무는 간데 없고 삭막한 공간은 여전히 넓기만 하였다. 4-5년 간을 계속하여 나무를 심은 연후에야 비로소 캠퍼스가 겨우 녹색으로 변하였다.

정작 큰 문제는 그때부터였다. 캠퍼스에는 그늘이 필요한 것이다. 그늘은 결코 휴식 공간만은 아니다. 그늘이 있어야 주위환경이 살아 움직이고, 우리 또한 정신적 여유를 느낄 수 있다. 폭양 속에서는 모든 의욕이 상실되고, 인심은 살벌해진다. 사자와 퓨마 등 열대의 맹수들은 폭염 아래에서 야성을 키우는 것이다. 낭만을 구가하는 지성의 광장에서는 폭양의 분위기로는 학문이든 인간관계든 진지성을 기대할 수 없다. 마로니에, 정자나무, 메타스퀘어, 벗나무, 플라타나스, 잣나무 등 크게 자랄 수종을 제법 많이 심어 놓았지만, 그늘을 기다리는 마음은 언제나 초조하고 지루하기만 하였다. 1960년대까지만 해도 붉게 벌거벗었던 조국의 산자락을 오늘처럼 싱그럽게 녹화시킨 선대들의 치산철학에 자긍심을 느끼며, 그들에게 경의를 표하지 않을 수 없다.

전반적으로 나무가 희소한 팔레스타인에는 폭염이 계속되기 때문에 그늘이 중요시되었다. 성서에는 여러 곳에서 그늘에 대한 비유가 나오는데, 그늘은 인간을 보호하는 고맙고 능력 있는 자들로 비유되고 있다. 『구약성서』 "이사야서" 기자는 그늘에 대하여 이렇게 적고 있다. "주는 포학자의 기세가 성벽을 충돌하는 폭풍과 같을 때에 빈궁한 자의 보장이시며 폭풍 중에 피난처시며 폭양을 피하는 그늘이 되셨사오니 마른 땅에서 폭양을 제함같이 주께서 외인의 훤화喧譁를 그치게 하시며 폭양을 구름으로 가리움같이 포악한 자의 노래를 낮추시이다(25.4-5)." 사람은 누구나 자기를 보호해주는 장자長者의 그늘 속에서 태어나고 살아가는 것이다. 우리는 너나할 것 없이 부모의 그늘 속에서, 형제의 그늘 속에서, 친구의 그늘 속에서, 모교의 그늘 속에서, 선배의 그늘 속에서, 스승의 그늘 속에서, 조국의 그늘 속에서, 이름 모를 또 다른 그늘 속에서 살고 죽는다. 인간이란 태생적으로 삶의 체계가 그늘 없이는 살 수 없게 되어 있다. 며칠 전에, 학계에 오래 동안 몸담고 있다가 잠시 정계에 투신한 바 있던 김 O O 박사의 목요 강좌를 청강하게 되었다. 강의 중에 "그늘"이라는 어휘를 직접 사용한 적은 없었지만, 강의의 주요 내용은 정계의 그늘 논이었다. 전직 대통령의 그늘 속에서 당선된 후임 대통령들은, 일단 당선만 되면 그 날로 그늘의 고마움을 까맣게 잊어버리고 인륜을 팽개쳤다는 것이다. 어떤 후임 대통령은 자신의 절대적인 그늘이었던 전임 대통령을 백담사에 보냈고 또 어떤 후임 대통령은 자신의 전임자들을 큰집(감옥)에 보낸 사실을 지적하였다. 공무를 수행하다보면 공적인 일과 사적인 일이 서로 충돌을 일으킬 수는 있겠지만, 고민해야 할 인간의 도리가 따로 있지 않느냐는 취지로 들렸다. 날로 각박해져 가는 우리의 현실 속에서, 우리나라 정계가 인간성의 회복에 본을 보이지 못 하고 있다는 지적이었던 것이다.

미국은 오랫동안 우리의 변함없는 그늘이었다. 광복 후 건국 이래 6. 25 동란을 거치며 지금에 이르기까지 모든 분야에서 우리를 도와온 사실들을 일일이 다 지적할 필요도 없다. 이러한 상황에서, 대등한 지위를 거론하며 우리의 그늘이었던 동맹국을 헌신짝처럼 버릴 수는 없는 것이다. 국가간의 신의에 관한 문제다. 진나라 말기에 병가인 황석공黃石公이 도道, 덕德, 인仁, 의義, 예禮의 일치를 내용으로 저술한 『소서』素書에, 이런 구절이 있다. "박시후망자불보薄施厚望者不報, 귀이망천자불구貴而忘賤者不久" 박하게 베풀고 후하게 바라는 자에게는 보답이 있을 수 없고, 귀하게 되었다하여 천했던 지난 시절을 잊는 자는 오래 가지 못 한다는 뜻이다. 남에게 베풀었다 해서 보답을 바라는 것도 인간답지 못한 처사이지만, 내가 누구의 덕에 오늘날 이렇게 되었는가를 모르면 사람이 취할 도리가 아닌 것이다. 사실 엄밀한 의미에서, 대등한 지위의 동맹이란 있을 수 없다. 동맹관계라 해도 능력과 역할 등 상호간의 기여도가 서로 다르기 때문이다. 절대적 대등을 주장하는 것은 오만에서 나온 천박한 발상이다.

이솝의 우화가 생각난다. 새끼 맹꽁이가 외출을 했다가 말馬과 같은 몸집 큰 동물을 보고 깜짝 놀랐다. 집에 돌아온 새끼 맹꽁이는 아빠 맹꽁이에게 말했다. — "아빠, 나 오늘 큰 짐승을 봤어." "그것, 저쪽 집에 사는 말이라는 짐승인데 별것 아니냐. 나도 그렇게 커질 수 있어." 아빠 맹꽁이는 뱃속에 바람을 불어넣기 시작했다. "이제, 나도 그 말만큼 크지?" "아니야, 아빠. 그보다 훨씬 더 커." "기다려 봐. 나도 그만큼 커질 수 있어." 아빠 맹꽁이는 다시 바람을 불어넣기 시작했다. "이제, 나도 그만큼 크지?" "아니야, 그보다 훨씬 더 커." "기다려." 아빠 맹꽁이는 다시 불기 시작했다. 그 순간 아빠 맹꽁이는 배가 터지고 말았다. — 분수를 알아야한다는 경고의 우화다. 우리는 흔히 평등을 내세우기도 하지만, 실존적 상황을 고려하지 않는 절대적 평등이란 무의미하고 위험한 사고이다. 우리 속담에 "흉년에 죽 한 그릇"이란 말이 있다. 흉년이 되어 밥을 지을 수 없고 죽을 쑤는데 열 살짜리도 죽 한 그릇, 25세의 장정도 죽 한 그릇을 먹는다는 말이다. 과연 이것이 평등인가? 진정한 평등과 대등은 상황과 역할에 준거를 두어야한다. 같은 소나무라 할지라도, 대흥사 뒤편 웅대한 바위 위에서 주위의 풍광을 빛내며 거대한 그늘을 거느리던 "그 때, 그 소나무"가 어찌 여느 소나무와 대등할 수 있다는 말인가?

요즘 우리나라는 소위 과거사 청산문제로 몸살이다. 행여나 과거사 청산이 자신의 "그늘" 죽이기가 되지 않기를 바라는 마음 간절하다. 역사는 어느 경우에나 전문가인 사가에게 맡겨야 옳다. 권력이 관여한 역사는 이미 역사가 아니다. 권력이 좌지우지 한 역사는 인위적인 재현representation에 불과하다. 현실적으로, 정권의 미화나 정적의 보복 등 정치적 수단으로 전락하기 쉽다. 인위적 재현은 역사의 비겁한 왜곡이며, 인류로부터 용서받지 못할 기만인 것이다. 영국의 헨리 7세는 피비린내 나는 장미전쟁을 종식시키고, 튜더Tudor 왕조를 건립한 후에 영국사 편찬을 서둘렀다. 역사를 튜더 왕조의 홍보 수단과 국난의 악순환을 제어하는 교훈으로 활용하기 위한 것이었다.

헨리 7세는 교황청의 외교 사절로 영국에 체류하고 있던 이탈리아인 버질Polydore Virgil에게 영국사 편찬을 의뢰하면서, 두 가지 사항을 주문하였다. 튜더 왕조의 혈통적 근원이 아더 왕King Arthur이라는 사실과, 자신의 정체성이 질서회복을 위임받은 신의 사자임을 명기하라는 것이었다. 버질은 7년 간이나 헨리 7세의 청원을 거절하였을 뿐만 아니라, 오히려 왕의 주문에 반발하였다. 그는 아더 왕은 실제의 인물이 아니라 가공인물임을 역설함으로써 교조주의 사관을 맹렬히 공격하였고, 인과관계의 규명을 통한 인간 중심의 역사관을 강력히 천명하였다. 헨리 7세는 역사 편찬의 뜻을 이루지 못 한 채 사망하였다. 아들 헨리 8세가 버질의 주장을 대체로 수용하여 라틴어로 된 『영국사』*Historia Anglica*를 발간하게 되었던 것이다. 그러나 헨리 8세는 부왕의 유지에 대한 강한 집념을 버리지 못하고, 당시에 일반 독자들의 신뢰를 받고 있던 홀Edward Hall과 홀린쉐드Raphael Holinshed의 연대기에 튜더 왕조의 패러다임을 실현하였다. 홀과 홀린쉐드의 연대기는 역사의 범주에 속하는 것이 아니라 힘 있는 자의 임의적인 재현에 불과한 것이다.

한국의 현실에서, 권력이 역사에 관여할 때 가장 두려운 것은 세대간의 갈등을 조장하는 일이다. 역사란 인과율의 연속적인 진행인 것인데 과거의 실존적 상황에 관계없이 과거사의 책임을 노년층 일반에게 묻는 결과가 되어, 젊은이들은 자기들을 오늘까지 성장시킨 자신들의 그늘을 폄하하고 비난하며 경멸한다. 신판 노론과 소론이 되살아나 악몽 같은 파쟁을 재연하고 있는 것이다. 권력은 역사에 초연하고 현실에 충실하여야 한다. 역사의 왜곡과 보복은 국가와 민족뿐만 아니라 인류에게 큰 죄를 짓는 일이다. 역사는 어느 국가나 민족의 전유물이 아니기 때문이다. 과거사 정리라는 구실로 역사가 왜곡되거나 정치적 수단으로 이용되어서는 절대로 안 된다. 집단의 이기심을 실현하기 위하여 자신의 그늘을 짓밟는 배은과 망덕으로 인륜을 해쳐서는 안 되는 것이다. 동서고금을 막론하고, 정치든 경제든 교육이든 그 외 또 무엇이든 모든 것이 다 건강한 인륜 위에서 창달될 수 있기 때문이다.

브루투스Marcus Brutus는 어린 시절부터 씨이자Julius Caesar의 그늘 밑에서 성장하여 로마 공화정의 2인자가 되었다. 씨이자는 브루투스를 자신의 분신처럼 총애하고 친아들 이상으로 신임하였다. 그는 로마의 시민들로부터 두 차례나 왕으로 추대를 받았지만, 그 때마다 그는 강력히 사양하고 공화정치를 고수하였다. 그럼에도 브루투스는 씨이자가 왕정을 획책하고 있다고 혹세무민惑世誣民하여 비밀리에 33인의 모반자를 끌어 모았다. 그는 자신의 그늘이었던 씨이자의 시해음모를 주도하였던 것이다. 씨이자는 전혀 무방비 상태에서 33인으로부터 칼을 맞았다. 음모자들은 추잡한 가면으로 "위대하신 씨이자여!"를 연호하며 주위에 모여들어 무릎을 꿇었기 때문이었다. 씨이자는 과연 영웅답게 무려 32명의 저격을 당하고도 견뎌냈다. 거사 현장에 자신이 신임하는 브루투스가 함께 있었기 때문이었을 것이다. 그러나 브루투스는 씨이자에게 돌진하여 칼날을 후볐다. 천만 뜻밖에 배신을 당한 씨이자는 크게 실망하였다. 그는 쓰러지며 조용히 말했다. "브루투스, 너마져?Et tu, Brute?" 이 환멸적인 대화는 배신 장면을 연상하는 유명한 말이 되었다. 브루투스는 공화주의와 정의를 외치며 로마 시민을 현혹하였지만, 배신자의 운명은 오래가지 않았다. 그는 곧 안토니에게 사로잡혀 처형되었다. 『소서』의 "귀이망천자불구"였던 것이다.

어제도 나는 북한산에 올랐다. 정릉 매표소를 통과하여 보국문을 거쳐 칼바위 코스로 돌아왔다. 나는 산에 감사한다. 그렇게 오물을 던지며 학대를 해도, 건강하게 견뎌내며 우리에게 맑은 공기와, 숭엄한 미학과, 드높은 정기와, 세미한 음성을 끝없이 제공하니 이 은혜를 어찌 다 감당하랴? 이제는 대화가 끊겨버린 그 소나무가 그립다. 대흥사 뒤편, 높은 바위 위에 고고하게 홀로 서 있던 "그때, 그 소나무"가 몹시 그립다. 나는 어제도, 훌쩍 높아진 그 쪽 하늘을 망연히 쳐다봤다. 텅 빈 공간에 싸늘한 가을바람만 스치고 지나갔다.

작가의 복수

영국의 세계적인 문호 셰익스피어William Shakespeare는 우리식으로 표현하자면, 한이 많은 작가였다. 그는 어린 시절에 천국과 지옥의 경험을 거의 동시에 겪는 격동기를 맞았다. 그의 아버지 잔John은 자신의 고향 농촌을 떠나 영국의 중남부에 위치한 아담한 도시 스트라포드Straford-upon-Avon에서 상업으로 크게 성공하여, 급기야 시장bailiff의 직책에까지 오르게 되었다. "bailiff"는 우리말로 시장이라 번역되지만, 일반적인 "mayor(시장)"와는 달리 시의 행정과 시의회 의장을 겸한 그야말로 시정의 최고 책임자이다. 요즘도 영국이나 미국에는 시의 행정과 시의회 의장을 겸직하는 시장이 없지 않지만, 지금은 "bailiff"라는 직함은 쓰지 않는 것 같다. 셰익스피어가 열세 살이 되던 때에 아버지의 신변에 막대한 변고가 생겼다. 갑자기 시장의 직책을 잃게 되었고. 전에처럼 사업가로 되돌아갈 수도 없는 처지가 되었다. 심지어 사채로 놓았던 거액의 금전마저 모두 날리게 된 것이다. 어린 셰익스피어는 그가 다니던 문법학교grammar school를 간신히 마칠 정도였다. 그는 문법학교를 나오자마자 13세의 어린 나이에도 불구하고 도살장에 들어가 견습을 하였다고 하니, 그 때의 가정 형편이 어떠하였는가를 충분히 짐작하고도 남는다.

셰익스피어 시대에는 종교문제가 참으로 복잡하였다. 영국 국민들은 전반적으로 카톨릭교회(천주교)를 믿었는데 독일을 중심으로 일기 시작한 종교개혁Reformation의 강한 여파로, 헨리 VIII세가 1534년에 수장령을 발표하고 성공회Anglican Church를 국교로 선포하였다. 개신교가 국교로 선포된 것이다. 영국민은 엄청난 종교 대란을 겪으면서, 수많은 천주교 신도들이 처형되는 비극이 시작되었다. 헨리 VIII세가 죽고1547, 에드워드 VI세가 10세의 어린 나이로 즉위하여 재임 6년 동안 선왕의 유지를 따라 개신교 운동을 계속 추진하기는 하였으나 연소한 탓인지 종교적 갈등은 소강상태에 머물렀다. 그러나 왕위 계승자 매리 I세Mary I는 달랐다. 그녀는 1553년 왕위를 계승하기가 무섭게, 천주교를 옹호하며 재위 5년 간에 걸쳐 엄청난 수의 개신교 신자를 처형하였다. 매리 여왕은 "피바다의 매리"Bloody Mary라는 별명을 얻게 될 정도였다.

1558년에 엘리자베드 I세가 등극하면서, 국교가 다시 개신교로 선회한다. 이번에는 또다시 천주교 신자들이 엄청난 수난을 당해야 했다. 그들은 극형이 아니면, 공직을 박탈당하고 사사로운 상행위에서조차도 억압과 학대를 받았다. 셰익스피어의 아버지는 공직에 몸을 담고 있었기 때문에 겉으로는 개신교 신자로 행세하였지만, 내면적으로는 비밀리에 천주교를 신앙하고 있었던 것 같다. 셰익스피어의 부친은 종파문제로 혐의를 받으면서 정부로부터 탄압을 받기 시작하였고, 공직과 경제활동의 현장에서 밀려나게 되었다. 그의 사회적 생명이 완전히 박탈된 것이다.

문법학교는 내용적으로 대학 입학을 준비하는 4년제의 중등교육기관이었다. 입학은 연령에 관계없이, 독해와 작문 실력만 인정되면 허용되었던 것 같다. 스트라포드에 설립된 문법학교는 정식 명칭이 "에드워드 VI세 왕립 문법학교"이다. 왕립 문법학교라서, 교사진은 옥스퍼드대학과 캠브릿지대학 출신들로 구성되었고, 교과목은 라틴어 문법, 고대희랍과 로마의 고전, 윤리학, 논리학, 수사학 등이었다고 한다. 셰익스피어는 청운의 꿈을 품고 7세의 이른 나이에 왕립 문법학교에 입학하였다. 셰익스피어의 아버지는 자치지역에서 최고의 재력과 권력을 장악하는 등 사회적 지위가 최고조에 달하였다. 그는 자신의 지위에 상응하는 문장coat of arms의 서품을 신청하여 놓기도 하였다. 그의 가세가 승승장구하였던 것이다. 그러나 종교 문제가 불거지면서, 아들의 대학 진학은 물론 경제적 기반과 가정의 명예가 하루아침에 물거품이 되고 말았다. 너무 뜻밖의 일이었을 것이다. 어린 셰익스피어는 얼마나 실의에 찼을 것인가?

셰익스피어는 18세에 결혼을 한 후, 1590년에 런던에 나타날 때까지 8년 동안 어디서 무엇을 했는지 전혀 족적이 밝혀지지 않는다. 어떤 사람은 고향을 등지고 멀리 떠나 도살장에서 견습공으로 일하였다 하고, 어떤 사람은 외지에 나가 막 노동을 했을 것이라고 주장하고, 어떤 사람은 아버지와 함께 푸줏간에서 고기 장사를 했을 것이라는 주장을 하기도 하며, 또 어떤 사람은 피혁 가게에서 피혁을 다

듣었을 것이라는 주장도 한다. 셰익스피어의 전기에 대하여 연구가 남다른 오브리John Aubrey는 이 시기에 셰익스피어는 어느 동떨어진 자치구에서 보조 교사를 했다고 말하기도 한다. 그러나 이러한 주장들은 모두 추측에 불과하다. 오직 분명한 것은, 그가 그동안 무엇을 하였든 간에 낯선 곳에 숨어서 어릴 때부터 쌓이고 쌓인 한을 삭히며 창작 수련에 매진하였다는 사실이다.

셰익스피어는 어느 날 갑자기 혜성처럼 런던에 나타나, 극본을 창작하며 흥행에 큰 성공을 거두었다. 그러나 런던에서도 그의 심기는 여전히 편치 않았다. 그가 대학을 나오지 않은 무식한 작가라 해서, 소위 대학 재사university wits들로부터 지적인 몰매를 무수히 맞아야 했다. 대학 재사는 케임브릿지 대학과 옥스퍼드 대학의 졸업생이거나 재학생으로 당시의 연극계를 주름잡고 있었던 극작가들이다. 라쥐Thomas Lodge, 그린Robert Greene, 필George Peele, 말로우Christopher Marlowe, 키드Thomas Kyd, 릴리John Lyly, 내쉬Thomas Nashe 등이 이에 속한다. 1592년에 이들의 수장격인 그린은 "졸부 같은 까마귀 한 마리가 난데없이 날아들어 우리의 깃털을 훔쳐다 연극 대사blank verse를 펑펑 쏟아내며 무대를 잡아 흔들고 있으니, 자네들은 극본일랑 아예 쓸 생각도 하지말고 참회록 쓸 준비나 하게나." 라고 자조 섞인 비난을 셰익스피어에게 퍼부었다. 듣지도 보지도 못한 무식한 시골뜨기 한 녀석이 나타나서 자기들을 모방하여 무대를 장악하고 있으니 죽을 준비나 하라는 말이다. 그는 자신들의 시대는 이제 끝이 났다는 사실을 통감한 것이다. 그린은 그래도 체념할 줄 아는 친구였다.

벤 존슨Ben Jonson은 끝까지 셰익스피어를 물고 늘어졌다. "쥐꼬리만한 라틴어 실력과, 쥐꼬리만도 못한 희랍어 실력으로," 극본을 쓰려든다고 비난하며, 소위 무대전쟁War of Theatre을 버리기도 하였다(1600-1). 대학 재사들의 처신은 너무 비열했다. 작가면 당당히 작품으로 승부를 내야하는 것이지, 작품 밖에서 인신공격을 일삼는 것은 추한 근성을 들어낸 것이다. 셰익스피어는 대학을 나오지 못한 죄(?)로 평생을 대학 재사들로부터 시달려야 했지만, 단 한 마디의 해명이나 반론도 없이 "모든 것은 작품에서"라는 일관된 고집으로 묵묵히 그들에게 맞섰다.

『햄릿』은 주인공 햄릿의 복수뿐만 아니라 작가인 셰익스피어 자신의 복수를 다룬 작품으로 볼 수 있다. 우선 등장인물들의 신앙구도에서 작가의 자전적 의도가 분명히 깔려 있다. 엘리자베드 여왕은 궁중인 뿐만 아니라 모든 백성에게 개신교 신앙을 강요하고, 신앙실태를 철저히 조사하여 위반자는 엄벌하였다. 『햄릿』에 등장하는 인물들은 모두 개신교 신자라 할 수 있다. 실제로, 왕자 햄릿과 그의 다정한 친구인 호레이쇼Horatio는 비텐베르그Wittenberg 대학에 다니는 동창생이다. 비텐베르그 대학은 루터Martin Luther가 교회의 개혁 95개 조항을 정문에 내걸었던 대학이며, 코페르니쿠스Copernicus의 지동설을 전향적으로 검토하고 나섰던 대학이다. 지동설은 성경의 기본 구조를 흔드는 사상이어서, 특히 보수적인 지성인들을 깊은 회의에 빠뜨렸던 학설이었다. 비텐베르그 대학은 종교개혁의 발원지라 할 수 있다. 철저한 개신교계의 대학이다.

이 극에서 모든 등장인물이 개신교 신자로 나타나는 가운데, 오직 햄릿 아버지의 유령만이 천주교 신자로 묘사된다. 등장인물의 신앙구도가 대단히 시사적이다. 천주교와는 달리 개신교회에서는 유령의 존재를 인정하지 않는다. 그런데 이 극에서는 유령이 중요한 등장인물로 나타날 뿐만 아니라 국왕의 복장을 한 선왕의 구체적인 형상을 취하고 있다. 개신교에서는 연옥prison house의 존재도 부정한다. 그러나 유령은 천주교의 교리대로 그가 연옥에서 단련 받고 있는 가공할 상황들을 장황하게, 그리고 구체적으로 제시한다. 햄릿의 아버지는 귀속에 독약이 주입되어 살해되었으나, 국민에게는 뱀에 물려 죽은 것으로 공포된다. 귀속에 독약을 주입하는 것은 상징적으로, 소문에 나도는 죄과에 대한 응징이며 처형이다. 연극 중의 이러한 상황들을 음미하다보면, 이 작품의 작가 셰익스피어의 아버지가 천주교와 연계되었다는 혐의로 사회적 생명이 끊겨버린 비극적인 사실을 연상하게 된다.

햄릿은 아버지의 복수를 계속 미룬다. 그는 복수에 대한 "명분도 있고 의지도 있으며 능력도 있고 수단도 있다."고 말하면서 복수심을 불태우면서도, 도무지 복수를 실현시키지 않는다. 그는 많은 시간을 허송하고 있었지만, 내면적으로는 과거 지향적 복수를 지양하고 미래 지향적 복수를 행하고자 고민하고 있었던 것이다. 과거 지향적 복수란 가문간의 복수vendetta를 의미한다. "vendetta"는 앵글로-색슨 족 사이에 수 천년동안 내려왔던 복수에 대한 민간의식을 말한다. 자기 가문에 피살자가 발생하면, 가족들은 가문의 명예를 걸고 복수를 행하여야 한다. 복수를 기피하거나 이행하지 못하면 그 가문의 명예는 땅에 떨어져 흙칠을 당하고 만다. 12세기, 노르만 정복Norman Conquest 이후에는 이러한 복수의식은 이미 법으로 엄격히 금지되었으나 여전히 민간의식으로 살아남아 전승되고 있었다. 햄릿의 고민은 과연 이러한 사형lynch이 무한정 계속되어야 하는 가를 고민하고 있었던 것이다.

햄릿도 인간이기 때문에 "법은 멀고 주먹은 가깝다."는 속담을 모르는 바 아니다. 그러기에 그의 고민은 컸던 것이다. 미래 지향적 복수는 문예부흥의 정신이다. 인간의 가치를 고취시키고 인간의 생명을 중시하며 법리를 숭상하는 것이 문예부흥의 정신적 기조이다. 햄릿의 최종 결단은 법리에 의한 응징이었다. 햄릿 왕자는 급박한 순간에 급박한 재판을 취할 수밖에 없었지만, 재판의 형식 절차에 있어서는 고발과 증언, 배심원의 심판과 언도 등 법리적 조건을 모두 갖춘 완전한 재판이었다. 햄릿은 재판에 의하여 법리적으로 복수의 문제를 해결한 것이다. 작가의 대변자surrogate로 볼 수 있는 호레이쇼 Horatio는 최후의 장면에서, 이 사건의 전말을 "뜻밖의 재판"accidental judgment이라고 궁정의 대신들과 외국사절 앞에서 보고한다. 상징적으로, 이는 아버지에 대한 탈법적인 박해와 피살을 관객에게 고발하고 적법한(?) 방법으로 복수를 이행하는 것으로 해석할 할 수 있다.

셰익스피어는 그의 아버지가 가문의 신분 상승을 위하여 신청했다가 졸지에 좌절된, 그야말로 한에 매친 문장紋章을 1597년에 획득함으로써 사회적으로 부친의 복수를 실현했다. 그것은 과거사를 무리하게 파헤치는 한풀이식 복수가 아니라, 작가로서 묵묵히 창작에 정진하여 일구어낸 순리의 복수였다. 순리는 언제나 아름다운 것이다. 셰익스피어는 또한 1603년 제임즈 I세의 대관식에서 황실 가족의 행렬에 끼이는 영광을 얻었다. 셰익스피어가 사망한지 7년이 되던 1623년에 그의 작품집이 출간되었다. 벤 존슨은 "쥐꼬리만한 라틴어 실력과 쥐꼬리만도 못한 희랍어"를 운운하며 고인을 괴롭혔던 자신의 과거를 부끄러워하면서, 그 작품집 서문에 이렇게 적었다. "셰익스피어의 작품은 영원할 것이며 그의 이름 또한 영원하리라." 셰익스피어는 자신에 대한 복수도 통쾌하게 실현한 셈이다. 셰익스피어는 햄릿처럼 법리에 따라 미래 지향적 복수를 실현하기 위하여, 끓어오르는 감정을 자제하며 오직 기다렸을 뿐이다. 셰익스피어의 복수는 결코 "한 풀이"가 아니었다.

우리나라에서는 요즘 과거사 청산 문제로 웃지 못 할 아이러니가 연일 보도되고 있다. 여당에 몸을 둔 어느 실세 정치인들의 선친들이 각기 일본의 식민 정책에 부역한 사실이 드러난 것이다. 이 두 정치인들은 친일 분자를 다시 색출하여 엄중한 역사적 심판을 내려야한다고 유난히 설치던 여당의 국회의원들인지라, 모양새가 더욱 우습게 되었다. 한 분은 여당의 대표를 맡은 고위직 남성 정치가요, 다른 한 분은 독립군 장군의 후손이라고 뽐내던 여류 정치인이다. 한 분은 선친께서 일본군의 헌병 하사관을 지냈고, 다른 한 분은 선친께서 만주국 일본 경찰의 특무직을 지냈다고 하니 이렇게 기막힌 아이러니가 어디에 있단 말인가? 왜정시대에 한국인을 실제로 문초하고 악랄한 고문을 자행한 자들이 일본의 헌병과 고등계 형사보다 더한 자들이 누가 있었단 말인가? 더구나 만주국 일본 경찰의 특무직은 독립군을 체포하는 것이 본래의 임무라고 하니 그저 어안이 벙벙할 뿐이다.

그래도 입은 살아 있으니 당사자들은 별의 별 소리를 다 쏟아놓으며 변명할 것이다. 어릴 때의 일이지만, 우리는 일본의 헌병과 순사만 나타나면 죄가 없어도 그저 가슴이 뛰고 몸이 벌벌 떨렸던 기억이 지금도 생생하다. 참으로 난처한 일이다. 한 쪽은 다름 아닌 아드님의 손으로, 또 다른 한 쪽은 다름 아닌 따님의 손으로 귀한 가문의 명예에 씻기 어려운 흠집을 내버렸으니 낭패도 이런 낭패가 없고 역설도 이런 역설이 없다. 문제는 거기서 끝나지 않는다. 독립군의 장군이 자신의 할아버지라고 그처럼 외쳐댔는데, 문제의 국회의원과는 혈통이 달라 장군의 가계와 무관하다는 말도 나오고 있으니 그걸 말이라고 듣고 있노라면 혀를 내두르지 않을 수 없을 지경이다.

기미년 독립만세 때, 우리 집 큰 할아버지께서는 시골 장날 저자거리에서 기백 명의 장꾼들을 모아 놓고 어떤 일이 있어도 물러서지 말고 우리의 뜻을 만방에 고하자고 외치며 그저 독립 만세를 주도하셨다고 한다. 일본 순사와 그 앞잡이들이 체포하려 달려들자 할아버지께서는 할 수 없이 물리적인 폭력으로 맞서며 필사적인 저항을 하셨다 한다. 할아버지는 그 일로 해서 체포되셨고 대구 감옥에 송치되셨다가 3년 간의 옥고를 치르시고 간신히 석방이 되셨다 한다. 이 사실은 내가 가친으로부터 전해 들었고, 보훈처에서 발행한 『독립유공자 공훈 록』에서 일부 확인 한 내용이다. 우리 할아버지는 체포되실 때 무자비한 폭행을 당하여 가사假死 상태까지 가신 모양이었다. 감옥에 계실 때 당하신 고초가 너무 혹독하여 그 후유증으로 고생하시다 오래 사시지 못하고 돌아가셨다. 취조 과정에서 주리를 틀고, 손톱과 발톱을 뺐다고 하니 웬만한 사람은 제명대로 살기가 어려운 일일 것이다. 이 같은 혹독한 고문은 주로 부역을 자원한 일본군 헌병들 아니면, 일경의 순사들이 담당하였을 것이다. 한국인 죄수(?)는 한국인에게 맡겨 교묘한 수법으로 괴롭혔을 터이니 말이다.

그런데 놀라운 것은, 집권 여당의 현직 의장은 자당 의원의 선친에 대한 정체성이 명백히 드러났는데도, "그게 어떻다는 거냐?"고 퉁명스런 반문을 하였다는 기사를 읽은 기억이 난다. 요사이는 상식 밖의 말들이 시도 때도 없이 튀어나오는 세상인지라, 일단 자신의 눈과 귀를 의심하지 않을 수가 없게 된다. 제발 나의 기억이 불완전하기를 바라는 마음 간절하다. 이 땅에 정의는 이미 땅에 떨어진 것 같고, 세상이 날로 견디기에 힘들어 가는 것 같다. 나와 내 편이면 아니 요즘 말로 표현하자면 코드만 맞으면, 무엇이나 다 옳고 무엇이나 다 선善이 되는 세상이니 가치와 윤리의 기준이 이보다 더 임의적인 세상은 이 대명천지에 두 번 다시 찾아보기 어려울 것이다.

우리 형제는 코드가 달라도 행복하다. 하기야 우리가 말하는 코드와 다른 사람들이 말하는 코드가 개념이 달라서 그런지도 모른다. 우리는 5형제인데, 종교가 세 파로 갈려있다. 맏이인 나와 넷째는 개신교이고, 둘째와 셋째는 천주교이며, 다섯째는 여호와의 증인이다. 우리 형제들은 추석과 설 날, 어머님의 생신, 형제들의 생일, 세 차례의 추도식, 성묘 등 일년에 적어도 15일 정도는 공식적으로 한자리에 모인다. 그러나 단 한번도 신앙문제로 자기주장을 내세운 경우가 없고, 그로 인하여 논란을 버린 적도 없다. 차례와 추도식의 경우에도 의견이 달라 문제된 적이 전혀 없다. 남들은 종교문제에 민감한 반응을 보이며 형제간의 의절까지 하는 경우도 있다고 들었는데, 우리 형제들은 그런 문제로 의견 다툼을 했던 기억이 전혀 없다.

우리 형제들은 각기 자신의 신앙적 양심에 따라 종교를 결정하였기 때문에, 다른 형제의 종교도 존중할 줄 안다. 다만 여호와의 증인이 다른 교파와 차별이 다소 많이 나는 편이다. 그렇다고 해서 우리는 이단이라는 말을 사용하지 않는다. 이단의 기준을 어디에 두는가? 여호와를 공경하고 예수 그리스도를 믿으면 그리스도교인인 것이다. 교회의 운영이 나와 다르다 해서 감히 이단이라는 말을 사용해서는 안 될 일이다. 우리 막내 동생은 여호와의 증인을 통하여 신앙이 더욱 더 굳게 다져지는 것 같았다. 목사의 직분 없이 서로 돌아가며 말씀을 증거하는 예배운영 방식 때문에 말씀을 더욱 많이 연구하게 되고, 그러다 보니 더욱 말씀 중심의 신앙을 가꾸어 가는 것 같았다. 다른 것은 몰라도 여호와의 증인에서는 삯군 목자들(?)의 위선적인 군상을 보지 않아도 되는 것이다. 이단이라 매도하기 이전에, 한 번쯤은 부드러운 시선으로 바라보면 그 쪽의 장점도 보이는 법이다. 문제는 사랑의 눈길이다. 우리는 서로 다른 종파를 통하여 유익한 신앙적 정보도 교환하고, 자기 신앙의 좌표를 성찰하는 계기도 갖게 된다. 우리 집 형제들에 있어, 우애와 협력은 코드와 전혀 관계가 없다. 북한의 인권문제가 심각하다고 세계가 아무리 아우성을 쳐도 우리나라 정부는 눈 하나 깜박하지 않는다. 제발 그것도 코드 외교 때문이 아니기를 바란다.

내가 다니던 연세대학교에는 종교과목이 있었다. 두 학기에 걸쳐 4학점을 따야하는 교양 필수 과목이었다. 과목 명이 종교학인 만큼 기독교 중에서는 천주교와 개신교 강의도 하고, 비기독교 중에서도 불교나 힌두교 등 폭넓게 강의가 되었으면 좋겠는데 그렇지가 못했다. 오직 기독교, 그것도 개신교 일변도로 강의가 이루어졌다. 평가는 시험 없이 보고서로 대체가 되어 시험을 싫어하는 학생들은 좋아들 했다. 나는 1학기에는 좋은 점수를 받았는데 2학기에는 의외였다. 내가 잘못 생각하고 있는지는 몰라도, 점수가 낮은 이유는 이렇다. 내가 오기를 좀 부렸었다. 교수님이 강의를 폭넓게 안 해주시니까, 나 혼자라도 책을 읽어 보충을 하겠다고 마음을 먹었던 것이다.

나는 『교부들의 신앙』이라는 책자를 택하여 읽었다. 이 책은 천주교 교리를 중심으로 교리와 성경을 해석한 것이었지만, 내용은 참으로 훌륭한 책이었다. 나는 그 책에서 읽은 내용을 중심으로 정성껏 보고서를 작성하여 제출하였다. 열심히 준비한 만큼 마음도 뿌듯하였다. 그러나 나는 이수표履受票를 받아보고 크게 실망하였다. 그렇게 공을 들여 작성한 보고서의 평가가 고작 67점이었던 것이다. 나의 실망은 두 가지였다. 하나는 점수가 워낙 기대 밖이었고, 다른 하나는 보고서 내용이 천주교에 관한 것이라 해서 낮은 점수를 준 교수의 편협성에 환멸을 느낀 것이다. 기독교 정신이 사랑이라 강의하면서, 자기와 다른 교파에 관한 보고서라 해서 학문적 가치를 폄하하다니? 한동안 승복하기 힘든 고통의 시간 시간을 가까스로 흘러 보내야 했다. 이웃을 사랑하되 원수까지 사랑하라는 기독교의 정신은 교회 안에서만 통용되는 말잔치에 불과하다는 것인가?

『명심보감』 "존심편"存心篇에 "생사사생 생사사생"生事事生 省事事省이라는 말이 나온다. 앞에 나온 "생" 자는 날 생자이며, 뒤에 나온 "생" 자는 "덜" 생자이다. 일이란 만들면 만들어지고, 덜면 덜어 진다는 뜻이다. 모든 일이 다 사람의 마음에 달려 있기 때문에, 없는 것도 만들면 생겨나고 키우면 커지는 것이다. 반대로, 커다란 일도 작게 만들면 작아지고 있던 것도 없애면 없어지는 것이 세상일이다. 덕을 갖춘 일이라면 얼마든지 만들고 키워도 좋겠지만, 그렇지 않는 일은 가능한 한 일을 만들지 말고 덮어두라는 경구이다. 우리의 주변에서는 진보를 표방하면서도 이념적으로는 뒷걸음질치는 정치가들이 들끓는다고 야단들이다. 그럴 리가 없기를 바라지만 만에 하나라도 그러한 음흉하고 시대착오적인 정치가가 혹 있다면, 부디 이 경구를 음미해 보기 바란다. 혹여, 이 중차대한 시기에 쓸데없이 하구한날 일만 저지르면 훗날 후회할 때가 반드시 올 것이기 때문이다.

좋은 의미로든 토라진 의미로든, 복수는 세도로 할 것이 아니라 훌륭한 정치적 업적을 통하여 실현되어야 한다. 셰익스피어처럼 작가답게 작품을 내고 작품으로 승부하면, 적개심은 스스로 작아지고 없어지기 마련이다. 그야말로 멋진 복수가 이루어지는 것이다. 정치가는 모름지기 정치에 의존하여 정치에 열정을 쏟고, 정치적 치적에 승부를 걸어야 한다. 다른 영역을 자신의 영역으로 오인하거나 거기에 간여하지 말아야 한다. 정치인이 정치 밖을 기웃거리면, 추하고 비겁해 진다. 그것이 과거의 정치 행태였다. 진보적인 정치인은 그 명칭에 걸맞게 과거의 정치 행태를 과감하게 떨쳐버리고 미래 지향적으로 나가야 한다. 그것만이 정치인이 떳떳이 할 수 있는 진정한 과거사의 청산이다.

교회의 정치

종교개혁은 근본적으로는 기독교 내부의 교리적 논란에서 발단되었지만, 근대 국가의 형성을 몰고 온 외부적 사회현상과 무관하지 않다. 교황의 권한은 아비뇽Avignon의 유수幽囚 1305-52 이래로 쇠퇴일로에 있었던 반면에, 군주의 권한은 봉건왕정을 탈피하여 절대왕정으로 발전하면서 날로 상승세에 있었다. 군주들은 교황의 지배와 간섭에 정면으로 반발하는 한편, 자국 교회의 최고 지도자인 대주교를 자신의 전략적 정적인 제후들의 반열에 세우고 왕권 신장 차원에서 맹렬히 공격하였다. 이러한 세력판도의 변화는 물리적 권력만으로 가능했던 것은 아니다. 그 이면에는 사상적 배경이 깊게 깔려 있었다.

독일의 루터Martin Luther는 인간은 그의 행적에 의하여 구원을 얻는 것이 아니라, 오직 믿음에 의하여 구원을 얻는다고 주장하여 하나님의 의인을 복음주의에서 찾았다. 스위스의 츠빙글리Ulrich Zwingli는 속권 독립론俗權 獨立論을 내세워, 속세의 권리는 교회를 매개로 하여 수여되는 것이 아니라 하나님으로부터 직접 부여되는 것이라고 주장하였다. 모든 권리는 교회를 통해서만 주어진다는 교회주의를 반박한 것이다.

프랑스의 칼뱅Jean Calvin은 신의 은사론에서 은사에는 기독교 신자에게만 주어지는 구원의 은사saving grace와 특수 은사special grace가 있으며, 비 기독교인에게도 주어지는 일반 은사general grace가 있다고 주장하여 속세적 가치를 인정하였다. 그는 더 나아가 구원을 받은 기독교 신자들은 교회 안에서 안주할 것이 아니라 사회에 나가서 정치, 학문, 예술 등 모든 분야의 사회생활을 적극적으로 수행하여 하나님의 영광을 높여야 한다고 권장하였다. 칼뱅은 교회조직에 있어서도, 초대교회의 직분대로 목사, 교사, 장로, 집사 등 네 직분으로 나누고, 목사와 장로가 참석하는 당회consistorium를 통하여 교회를 운영해야 한다고 말했다. 그는 가톨릭교회의 권위주의적이며 성서에 위배되는 교회제도를 허물어버렸다. 칼뱅은 루터의 복음주의를 옹호하면서 당시에 발흥하였던 속세의 인문주의를 수용한 것이다. 종교개혁은 가톨릭교회의 교회주의에 대하여, 복음주의와 인문주의로 맞서 쟁취한 기독교의 혁신이라 할 수 있다.

개신교는 교회주의의 부패와 미신을 혁파함은 물론, 복음주의와 인문주의가 서로 반발하지 않고 조화를 이루며 양립하는 종파라 할 수 있다. 그런데 안타깝게도 한국 교회는 이러한 개혁이념을 망각해 가는 것 같은 느낌이 들 때가 더러 있다. 전에 내가 나가던 교회에서는 매주 일요일은 의례 매 맞는 날이었다. 목사님은 설교 중에 말씀이 너무 지나쳐서 인내의 한계를 느낄 정도로 자신이 지목하는 특정 부류를 지탄한다. "박사면 다냐? 교수면 다냐? 검사면 다냐? 판사면 다냐?" 주일 설교의 제목이 무엇이든 간에 교묘하게 이 네 말씀은 어느 틈새에든 끼어 넣는다. 그 교회는 소위 고시촌(?) 지역에 근접해 있어서 그런지는 몰라도 젊은 검사와 판사 몇 명은 거의 매주 마다 주일 예배에 출석하였다. 교수는 불행히도 나 혼자뿐이었다. 나에게는 혹 기대할 수 있는 희소가치는커녕 이 심각한 상황에서 소외감이 적지 않았다. 전에는 근처의 대학에 나가는 교수 한 분이 있었다고 하는데, 내가 그 교회에 나갈 때에는 나 혼자 외로운 존재이었다.

한두 번도 아니고 너무 자주 동일한 내용의 지탄을 듣다보니 더 이상 그 교회에 나오지 말라는 말인가 싶어, 나는 교회를 바꾸어 볼까 하는 생각도 했었다. 그 때 마다 아내의 만류로 내가 너무 옹졸하고 과민한 것은 아닌가하는 생각이 들기도 하여 참고 다녔다. 그런데 젊은 법관들은 달랐다. 다른 이유가 또 있었는지는 알 수 없었지만 교회를 바꾸는 경우가 대부분이었다. 그러나 그 때마다 새로운 얼굴의 법관이 출석하곤 하여 법조인의 수는 대체로 평상시의 수를 유지하는 것 같았다.

그런데 용하게도 상당히 오래 버텨내는 판사 한 분이 있었다. 우리 집에서 두 채 건너 집에서 사는 분이어서 자주 마주치는 편이다. 이 분은 신앙심이 보통 깊은 게 아니었다. 새벽 기도에도 빠지는 일이 없다는 말을 들었고, 내가 보기에도 예배에 임하는 모습이 대단히 열심이었다. 이 분은 교회에 오가는 길에 그냥 다니는 법이 없다. 꼭 작은 소리로 찬송가를 부르며 다닌다. 그러다가 옆에 사람이 없는 듯

싶으면 갑자기 목소리를 키우고 옥타브를 높이는 바람에 평소에 그 분의 신앙심을 잘 모르는 사람은 이상하다는 눈길을 주곤 한다. 그렇게 한 삼 년은 지냈을 것이다. 하루는 교회에서 나오다가 나와 눈이 마주쳤다. 서로 아무 말이 없었다. 나의 지레짐작인지는 모르지만, 무언가 심상치 않아 보이는 웃음만을 보내왔었다. 나는 그 다음 주일부터 그 분을 교회에서 보지 못했다. 10여 년이 흘렀을 것이다. 얼마 전에 우연히 텔레비전에서 그 분의 얼굴을 보았다. 나는 그 분과 교분은 없었지만 영상에서나마 오래 만에 만나게 되니 반가웠다. 동병상련이라고 암암리 교분 아닌 교분이 있긴 있었던 모양이었다.

나는 지금도 그 목사님의 뜻을 정확히 모르겠다. 우리에게 남다른 것이란 있을 수 없었다. 교수가 되었든 판사가 되었든 이 사회에 보다 쓸모 있는 사람이 되고자 나름대로 노력하는 평범한 직업인들이었다. 굳이 그 노력들이 은사라면, 칼뱅의 주장대로 하나님께서 우리에게 일반 은사를 주셔서 판사가 되고 박사가 된 것이다. 세상만사 중에 하나님께서 섭리하시지 않는 것이 어디에 있겠는가. 목사님은 해묵은 교회주의 주창자들처럼 교회를 매개로 하지 않은 일체의 속세가치는 모조리 쓸모가 없다고 생각하는 미신에 빠져있는 것은 아닌가 싶었다.

하기야, 나는 교회에서 봉사한 것이 없다. 성가대에 나가는 것도 아니고, 그렇다고 교회의 유리창을 닦거나 마루 바닥이나, 아니면 교회 안팎과 주변을 청소한 일도 없다. 보기에 따라서는 그저 성경과 찬송가만 옆에 끼고 왔다 갔다 하는 시계추 신앙을 하는 사람이라고 비난할 수도 있을 것이다. 그러나 잘 살펴보면, 위에서 지적한 그런 일 말고도 우리가 할 수 있는 일이 얼마든지 따로 있을 것이다. 지도

자는 아랫사람을 구박만 할 것이 아니라 효율적인 역할을 찾아주고 그 길로 인도해 주어야 한다. 아무리 봉사라 하지만, 경우에 따라서는 중이 제 머리를 깎기 어렵듯이 언뜻 나서기가 어려운 경우가 있는 것이다. 그러한 일들을 잘 조정하여주는 것이 목적을 바르게 추구하는 교회의 정치다.

지도자는 외적으로 볼 때에는 찬란해 보이지만, 내적으로는 고단하고 외로운 것이다. 누구나 고민 없이 자신을 제압하고 공인의 입장에 설 수는 없다. 지도자인들 개인적 감정이 어찌 없겠으며 원한을 품은 열정이 어찌 없겠는가. 모든 부정적 정서를 초월하여 넓은 시각을 유지하자니 그만큼 노력도 해야 하고 번민도 해야 할 것이다. 그러한 노고가 쌓이고 싸여서 위대한 지도자상이 구축되는 것이다. 일전에 우리나라 대통령이 초등학교 시절에 상대적으로 좀 여유 있게 사는 학생이 새 가방을 메고 오면 칼로 찢어 놓곤 했었다는 자서전의 일부 내용을 소개한 가십을 읽은 적이 있다. 그런 정도의 심술은 어린 시절에 누구에게나 있을 수 있는 시기와 질투에서 나온 것이다. 그다지 드물지 않은 현상일 수 있다.

그런데 문제는 성인이 되어서도 어린 시절의 정서불안이 계속되면 곤란하다. 정서의 정화가 이루어지지 않은 채 성인이 되고 지도자의 입장에 서게 되면, 아랫사람에게 미치는 부정적 영향이 너무 커지기 때문이다. 그래서 지도자론에서는 어린 시절의 경력이 하나의 중요한 자격기준이 된다. 어린 시절에 발달한 시기와 질투가 정치 지도자가 되어서도 그대로 나타나게 된다면 편협하고 옹졸한 정치를 피할 길이 없을 것이다. 만에 하나 정치를 한풀이 수단으로 이용한다면 나라와 국민의 불행이 어떠할 것인가. 기겁을 할 일이다. 우리나라 국민 중에는 대통령에 대하여 염려의 시각을 보내는 자가 적지 않은 것 같다. 나는 간곡히 바란다. 우리 대통령께서 지난날에 어떠한 한을 품고 있었는지는 잘 모르는 일이지만, 혹 증오와 복수심을 품어왔더라도 깨끗이 떨쳐버리고 관용과 화해와 평화의 정치를 구현하여 의연한 대통령이 되고 성공한 대통령이 되기를 간절히 기원한다.

어제는 시골 소재의 어느 청소년 수련원 원장을 만났다. 자기는 "가방 끈이 짧아서 도저히 원장직을 수행하지 못하겠다"고 하소연을 하였다. 자기는 5대 독자인데다 막내로 태어났기 때문에, 초등하교 시절에 누나들이 새 가방도 사다주고 자기를 무척 귀여워했다는 것이다. 그런데 다른 또래 학생들이 자기를 시기하여 가방을 찢고, 가방을 물 속에 빠뜨리는가하면 돌을 새 가방 속에 가뜩 채워 넣어 메고 가라고 강요하는 등 자신을 몹시 괴롭혔다는 것이다. 동급생들이 너무 자기를 괴롭히며 따돌려 놓는 바람에 학교라면 진저리가 나서 겨우 중학교를 나오고 그만두었다는 것이다. 듣고 보니 기막힌 일이었다. 아무리 철이 없는 아이들의 소행이라 하지만 한 인간의 운명을 완전히 바꾸어 놓은 것이나 다름없는 처사였다. 그래서 인간에게는 만남이 중요한 것이다.

어느 가해자의 자서전적 이야기와 한 피해자의 안타까운 술회를 거의 동시에 듣게 되니, 우리나라의 현재 시국에 대한 상념이 묘하게 나의 뇌리를 스치고 지나갔다. "역시, 한 국가의 지도자는 일말의 결함도 없어야 하는 것이로구나." 어찌 정치 지도자뿐이랴? 교회의 목사님은 심령을 인도하는 목자이신데, 몸소 어린 시절의 정서적 결함을 정리하지 못하고 강대상 앞에 서서 억지 설교나 퍼붓는다면 어떻게 어린 양들을 "푸른 초장과 쉴만한 물가로" 이끌 수 있을까. "주여

이 나라의 목자들을 굽어 살펴 주시옵소서! 이 순간에도 몽매한 우리 양들에게 평화를 내려 주옵소서!! 아멘." 나의 입이 계속 중얼거려 진다.

교회는 제도가 중요하다. 좋은 제도에 좋은 구성원이 있어야 사회 일선에서 복음을 심을 수 있는 것이다. 칼뱅의 말대로 기독교인은 교회에만 안주해서는 안 된다. 사회적 구성원의 일상 속에 복음이 구현되지 않으면 교회 안의 신앙은 미신에 불과하다. 교회를 위한 교회, 예배를 위한 예배, 찬송을 위한 찬송에는 생명이 있을 수 없기 때문이다. 교회 예배당 안에서는 목매어 주님을 부르고 외치다가도, 교회 문을 나서는 순간 손을 털어 버린다면 그것은 또 하나의 제도적 우상에 사로잡힌 것이다.

개신교는 교회직분을 선거로 뽑는다. 교황선출 방식이라는 선거 방법을 채택한다. 가톨릭교회법에 따르면, 교황의 피선거권은 원칙적으로 가톨릭교회의 남자 성도면 누구에게나 주어지도록 되어 있다. 그러나 실제로는 피선거권과 선거권 모두 추기경들에게만 주어진다. 교황이 죽으면 15일 이내로 추기경들로 구성된 선거회conclave를 통하여 새 교황을 선출한다. 주목할 점은 어느 누구도 교황에 출마하지는 않고, 선거권자들이 각기 알아서 투표하면 된다. 교황 선출을 위한 선거권자의 수에 비하여, 선거권자의 규모가 엄청나게 큰 교회에서 직분자 선출을 교황 선출방식으로 투표를 하다보니 투표장에 나와 앉아 있는 소위 "대상에 오른 자"는 본인의 생각과는 아랑곳없이 득표가 나와서 본의 아닌 경쟁을 하게 된다. 그럴 적마다 입장이 난처해지는 "대상자"가 적지 않게 발생한다. 사실, 대중 앞에 나타나 일을 하지 않으면 능력과 성격은 고사하고 얼굴과 이름을 몰라서도 표를 줄 수가 없다. 어차피 같은 부서에서 봉사하면서 알게 된 사람들 사이에 서로 권면도 하고 끼리끼리 표를 찍을 수밖에 없게 된다. 그래서 진심에서 울어 나온 봉사활동도 직분선출을 염두에 둔 계산된 봉사라는 애매한 오해도 불러일으키게 된다. 교황 선출방식의 부작용이라면 부작용이다.

교회의 최고 직분인 목사와 장로들은 교회 직분은 사회의 직분처럼 계급이 아니라 청지기 일뿐이라고 한결같이 말한다. 그러나 목사와 장로직분에 오래 있다보면 자신도 모르는 사이에 오만이 생기는 모양이다. 그로 인하여 위화감이 조성되는 경우가 많다. 아무리 교회 내부의 일이라 할지라도 인간 사회의 어쩔 수 없는 한 단면인 모양이다. 부끄럽게도 내가 직접 경험한 바이었지만, 어떤 장로는 속세의 정치사회 이상으로 무불간섭無不干涉이다. 자신이 맡은 업무분장과 무관한 부서장을 마치 주인이 하인 질타하듯 언어폭행을 퍼붓는다. 오만 때문에 저지러진 추한 모습이다. 더욱 안타까운 것은, 당회장 목사가 공의公義를 판단하는 사사士師: Judge의 구실을 포기하고 있다는 점이다. 당회장은 사랑을 내세워, 기독교의 정의를 일방적으로 파기하면 안 된다. 기독교는 사랑을 표방하는 교회이다. 당연히 이해와 용서와 화해를 이루어야한다.

그러나 우리가 도저히 간과할 수 없는 것은, 기독교는 불의와 타협하는 교회가 결코 아니라는 사실이다. 과오를 인정하여 회개하고 뉘우칠 때, 상대방을 이해하고 용납하는 것이 기독교의 사랑이다. 그러한 과정 없이 사건을 모호하게 처리하는 것은 기독교의 사랑과 무관한 가치의 혼돈에 불과하다. 그것은 죄악적인 야합일 뿐이다. 기독교는 절대로 야합의 교회가 아닌 것이다. 참 이상한 일이다. 교만하면 안 된다고 수 백 번 설교를 한 목사님도 교만에서 벗어나지 못하는 경우가 많고, 수 백 번 설교를 들은 장로들 역시 그러한 경우가 많은 것을 보면 교만이란 중독성이 강하고 전염성이 강하여 이러지도 저러지도 못하는 애물단지인 것 같다. 이 모두 교회정치가 타락한 까닭에 발생된 일들이다.

내가 고시촌 근처의 교회에 출석할 때의 일이다. 하루는 어느 전도사가 나를 걱정해서 그랬는지 교회를 위해서 그랬는지는 자세히 모르지만, 목사님에게 나에 대한 말을 했던 모양이다. "황 집사님이 장로가 되었으면 여러 가지로 좋을 텐데요-" 그랬더니 목사님은 대뜸 "황 집사가 당신의 친척이라도 되요?"라고 반문하여 무척 당황했었다는 것이다. 목사님의 반문은 너무나 속물적인 말씀이어서 더 이상 논할 의욕을 느끼지 않았지만, 전도사의 걱정에는 이해가 가지 않는 것도 아니었다.

당시 그 교회의 장로님은 7-8명쯤 되었는데 우연이겠지만 모두가 어느 작은 건물의 수위실이나 아파트의 관리실에서 근무하는 분들이라고 들었다. 직업의 귀천을 논하자는 것은 결코 아니다. 그 교회 장로님들이 사회에서 근무하는 분야가 어느 한 쪽에 편중되어 있는 것만은 사실이다. 그 교회의 장로님들은 모두 내가 알기에 신앙적으로는 물론 사회적으로도 참으로 훌륭하고 성실한 분들이다. 내가 말하고자하는 취지는 기독교 정신을 폭넓은 사회에 심고, 주님의 영광을 사회 각층에 들어내기 위해서는 장로님들의 사회적 역할이 다양할수록 좋을 것이라는 말을 하고자 한 것이다. 그래야 교회의 정책을 입안하고 실행하는 데 있어 보다 바람직한 결과가 나올 것이라는 생각에서 하는 말이다. 전도사의 염려도 바로 거기에 있었을 것이다.

나는 능력 면에서도 내세울만한 것이 별로 없는 사람이며, 외모도 보잘 것이 없는 사람이지만 세칭 명문대학 교수의 신분이라고 하니 그 교회 장로님들의 사회활동 분포를 감안해 볼 때 내가 장로가 되면 혹 다양성 제고에 다소라도 기여할 것 같은 생각이 평소에 전도사의 머리 속에 들어 있었는지도 모른다. 나의 이 같은 해석이 제발 아전인수我田引水가 아니기를 바란다.

어찌 되었든 그 소리를 듣고, 나는 전도사에게 어떻게 인사를 해야 할지 몰랐다. 고맙다고 해야 할지 아니면 미안하다고 해야 할지 난처하였다. 전도사에 대한 나의 진정한 인사는 내가 사회의 일선에서 기독교윤리를 실천하는 일이다. 그의 건의는 교회의 발전을 위해서 나온 것으로 믿고 있기 때문이다. 내가 학교 선생인 만큼 먼저 학생들에게 기독교윤리에 입각해서 교육을 하고, 몸소 학행일치의 모범을 보여주어야 할 것이다. 기독교의 핵심적인 정신은 구원에 앞서 윤리에 있다. 바울 선생은 "그런즉 믿음과 소망과 사랑은 항상 있을 것인데, 그 제일은 사랑이라."고 말씀하셨다.

법조계는 어느 분야 못지 않게 기독교윤리가 요청되는 사회이다. 법의 정신은 정의의 실현이라 말하지만, 현실적으로 법은 항상 강자의 편에 있다고 규탄하는 학자들이 적지 않다. 기독교의 핵심적 요체는 사랑의 실천이다. 기독교윤리를 신봉하고 준행하는 법관은 법리에 어긋나지 않는 범위 내에서 약자를 옹호하고 변론할 것이다. 예수께서 낮은 곳으로 오셔서 낮은 데서 사시면서 낮은 자를 보살피셨기 때문이다. "백 명의 범인을 노치는 한이 있어도 한 명의 무구한 사람을 범인으로 만들지 말라"는 법언法言이 있지 않는가? 세상에는 억울하게 심판받고, 엉뚱하게 평가받는 사람들이 더러 있을 것이다.

이승복 군의 경우를 보라. 자유주의 민주국가에 태어나 민주주의 교육을 똑바로 받은 어린 학생으로서 "나는 공산주의가 싫어요." 라고 말하다가 비명에 간 어린이를 놓고, "나는 콩떡이 싫어요."라고 말했다가 죽음을 당했다고 주장하는 쪽이 있어 그 문제로 무려 13년 동안이나 법정에서 표류했다고 한다. 사사로운 이해와 편견을 초월한 정의감이 어느 때보다 절실한 현실이다. 주일마다 당회장 목사님으로부터 이유 없이 많은 지탄을 받던 그 젊은 법관은 혹 "교회의 유리창을 닦는" 봉사는 하지 못 했을지 모르지만, 지금쯤은 필시 불의와 편견에 굳게 맞서 정의를 실현하는 중진의 법관으로서 교회와 사회에 크게 이바지하고 있을 것으로 나는 믿어 의심치 않는다. 그것이 나의 확신이며 소망이다.

들리는 소문에 의하면, 이제 그 교회에는 떠날 사람은 다 떠났다고 한다. 목사님께서 평안한 심경으로 설교도 하시고, 교회 조직들도 균형 있게 잘 운영하시기를 기원한다. 나는 개인적으로는 늘 목사님을 감사하게 생각한다. 목사님은 10년이 넘도록 우리 가족의 영혼을 돌보아 주셨다. 그뿐만이 아니다. 나의 아버님께서 돌아가시기 일 주일 전에 세례의 성례도 하여 주셨고, 아버님이 소천하셨을 때에는 멀리 떨어진 고향의 선산先山까지 오셔서 하관예배도 집전하여 주셨다. 그 감사함을 가슴 깊이 간직하고 있다.

호박씨 붕어

나는 음식 만들기를 좋아하는 편이다. 그렇다고 내가 무슨 큰 요리 기술을 가지고 있는 것은 결코 아니다. 그런 쪽으로 오해를 할까봐 "음식 만들기"라는 다소 어색한 용어를 사용하였다. 나는 벽지 농촌에서 태어나 촌스럽게 자라다보니, 어릴 때에는 소위 "요리"라 불리는 음식들을 먹어보지 못 했다. 먹기는커녕 듣거나 볼 기회조차 없었다. 요리에 대한 안목이 있을 리 없다. 언제나 김치면 그만이고, 무국이나 된장국이 곁들이면 그나마 다행이었다. 10년이면 강산도 변한다더니, 내가 음식이야기를 다 하게 되고 이제 제법 외국 음식에 입맛을 들이게 되었으니 사람 참 오래 살고 볼 일이다. 아무리 생각해봐도 내가 무척 많이 발전한 것 같다. 전에 같으면 내가 어찌 전가복全家福과 해삼 주스 등 청요리를 넘나볼 수 있으며, 쓰끼야

끼와 구로다이 사스미 등 화식을 주문할 수 있고 안심 스테이크와 훈제 연어 등 양요리를 들먹일 수 있겠는가? 모두 꿈같은 이야기다.

나는 1956년에 연세대학교에 입학하였다. 그 당시에는 사람들이 연대생들을 멋쟁이라 불렀다. 언제 봐도 구두는 항상 깨끗하고, 곤색 사지양복에 산뜻한 넥타이가 깔끔하게 어울리는 젊은 신사라는 것이다. 사실은, 나 같은 "도저히 못 봐줄" 시골뜨기도 끼어 있었는데 말이다. 우리 대학교에는 내가 2학년이 될 때까지도 도서관이 없었다. 본관 건물 4층에 강의실 하나를 독서실로 내준 것이 고작이었다. 그래도 우리는 밤 10시까지 도서실을 떠나지 않고 책을 읽었다. 대출자의 이름이 전혀 적혀 있지 않은 소위 처녀림(?) 같은 책을 골라 읽는 일은 마치 독서세계의 탐험 같아서 야릇한 희열을 느끼곤 하였다. 그런데 하루는 이상한 일이 생겼다. 나의 책상 속에 햄이 들어 있는 식빵(당시에는 식빵이 군용으로 나온 미제만 있었음.)이 놓여 있었다. 처음에는 내가 남의 책상에 잘 못 앉은 줄 알았다. 다시 살펴봐도 내 책상이 틀림없었고, 빵은 내가 보는 책 위에 놓여 있었다. 이상하긴 했지만, 배도 고픈 터라 나는 일단 먹고 봤다. 소유자 불명의 빵은 며칠 동안 계속하여 나의 책상 속에 놓이게 되었다.(당시의 책상은 초등하교 책상처럼 책 넣는 곳이 아래에 있었다.) 그러다가 5일 만에 드디어 그 고마운 손길을 발견하게 되었다. 같은 학과 여학생의 소행(?)이었다. 나는 처음 다소 자존심이 상했지만, 참으로 고맙게 받아드렸다.

하루는 그 여학생의 "인도를 따라" 다방을 가게 되었다. 나로서는 다방이란 곳에 처음 들어간 것이다. 고등학교 때에는 다방에 들어가면 큰일나는 줄 알았고, 대학에 와서도 워낙 발이 좁은지라 다방에

갈 기회가 없었다. 나는 다방이 나이답지 않게 생소한 곳이어서 속으로는 떨렸다. 옆에서 주문을 하라고 하는데 주문도 처음이다 보니 무엇을 시켜야 할지 망설이고 있었다. 메뉴를 보니 계란 후라이가 제일 먼저 눈에 들어왔다(그 당시에는 계란 후라이도 다방에서 차처럼 하나의 메뉴로 팔았음). 나는 계란 후라이를 주문하고, 동행한 여학생은 모닝커피를 시켰다. 여학생은 나를 보고 어서 들라고 말하더니, 계란 노른자를 커피 잔에 부어넣고 티스푼으로 휘휘 저어 마시기 시작하였다.

나는 또 다시 당황했다. 이번에는 어떻게 먹는 것인 가를 몰라서 진땀을 흘렸다. 솔직히 말하면, 내가 살던 시골에서는 달걀을 날로 먹거나 삶아먹든지, 아니면 새우젓을 넣고 계란탕처럼 쪄 먹기는 하지마는 후라이를 해서 먹을 줄은 몰랐다. 나는 계란 후라이를 말로는 알고 있었지만, 실제로 먹어본 적은 없었던 것이다. 불운하게도, 주위를 둘러보니 그날따라 아무도 계란 후라이를 먹는 사람이 없었다. 그러니 다른 사람 먹는 것을 보고 따라 먹을 수도 없게 되었다. 당황하는 중에 할 수 없이 용기를 내어 포크로 계란 후라이를 잘랐다. 결과는, 계란이 터져서 접시가 온통 노랗게 변해버렸다. 모양이 꼴이 아니었다. 수저가 아니라 포크만 있으니 떠서 먹을 수도 없고 보통 난처한 일이 아니었다. 티 테이블에 노란 방울들이 뚝뚝 떨어지고 입장은 더욱 처참하게 되었지만, 나로서는 어찌할 도리가 없었다. 나에 대한 모든 것은 그 한 가지로 들통이 다 나버렸다. 일은 회복할 수 없는 단계가 된 것이다. 그러나 동석한 여학생은 시골뜨기인 나를 이해해 주었다. 얼굴이 벌겋게 달아오른 나의 자존심을 건드리지 않으려고, 애써 세심하게 배려하는 모습이 역력했다. 약자에 대한 관대한 배려는 언제나 고마운 것이다.

내가 음식 만들기에 관심을 갖게 된 것은 내가 맨손으로 물고기를 잘 잡는 데에 기인하였다. 나는 간간이 하교 길에 물고기를 잡아다가 어머니께 드렸다. 그러나 우리 어머니는 썩혀 내버리는 경우가 대부분이었다. 나는 섭섭한 생각도 들고 아깝기도 하였다. 물고기를 잔뜩 잡아 가지고 집으로 오면, 오가는 사람들이 팔라고 유혹도 했었다. 당시에는 다른 방법으로 단백질을 섭취할 여유가 없었던 터라 유혹을 물리치고, 고집을 피우며 집에 가져다 드렸다. 그러나 어머니는 바쁘시다보니 미루다가 그만 썩히고 마는 것이다. 그래서 내가 직접 손질하여 매운탕을 끓이기로 작정했다. 그것이 내가 음식을 만들기 시작하게 된 동기였다.

어쩐지, 오늘은 호박씨 붕어 매운탕에 대하여 생각해보고 싶다. 호박씨 붕어의 개념이 잘 안 떠오르는 독자가 혹 있을 것이다. 관개시설이 잘 된 논 입구에는 대체로 웅덩이가 파이게 된다. 이 웅덩이에는 봄에 알에서 깨어난 눈장이들이 살게 된다. 눈장이란 두 눈만 크게 보일 뿐 몸체는 실오라기 같이 작은 물고기 새끼를 말한다. 이들이 한두 달 자라고 있는 동안에 가을이 다가와 물길이 끊기면 오도가도 못 하고 그 웅덩이 속에 갇혀 있게 된다. 그때의 크기가 꼭 엄지손가락 만한데 그 것을 축소 표현하여 호박씨 붕어라 부른다. 호박씨 붕어를 잡아다가 매운탕을 잘 끓이면 그 맛이 일품이다. 우선, 호박씨 붕어는 손질을 잘 해야 한다. 물고기가 작다 해서 내장을 적당히 처리하면, 쓴맛이 나서 신선한 물고기의 단 맛을 잃게 된다. 야채로는 미나리를 듬성듬성 썰어서 쓴다. 풋고추는 썰지 말고 길이로 반쪽을 낸다. 고추장을 기호에 맞게 풀고 된장으로 간을 맞춘다. 된장은 옴팡한 맛을 내기도 하지만, 비린내를 제거해 주는 데는 그만이다. 양해는 잎을 잘게 썰어 넣는다. 양해는 겉으로 보기에는 생강같이 보이는 식향 채소인데 생강과는 다르다. 생강은 뿌리를 먹는 데 반하여, 양해는 봄에는 움을 쓰고 봄이 지나면 잎을 몽글게 썰어서 쓰면 향이 그럴싸하다. 다진 마늘을 나소 넣고 정종 한 컵을 두른 뒤에 낮은 불에 지긋이 끓여내면 나의 매운탕은 조리가 끝난다. 매콤하고 칼칼하며, 향긋한 감칠맛이 가을철 미각을 행복하게 해줄 것이다.

우리 아이들은 어릴 적에 내가 만들어 준 서양식 음식을 좋아했다. 아주 간단한 음식이다. 우리말로 옮겨보면, “시큼 달콤 채소 볶음”Sweat-and-Sour Vegetable이라는 불란서 식 요리(?)다. 채소로는 브로컬리를 적당한 크기로 잘라 쓰고, 과일로는 통조림으로 나오는 파인애플 슬라이스를 먹기 편할 정도로 잘라서 쓰면 된다. 먹을 사람이 채식주의자가 아니라면, 쇠고기 안심살을 기름을 걷어내어 굵직한 생채처럼 잘록하게 썰어서 쓴다. 먼저 안심살을 살짝 볶은 다음, 썰어놓은 브로컬리를 넣어 같이 볶다가 파인애플을 국물까지 다 붓고 보통 불에 살짝 볶아낸다. 너무 익히면 맛도 영양가도 반감되니 열 관리에 주의해야 한다. 염기가 필요하면, 소금으로 간을 맞추면 된다. 특히 어린이들의 구미에 맞고 영양가도 풍부하여 젊은 엄마들은 보람을 느낄 것이다. 무엇보다 만들기에 간편해서 좋다. 나는 이 음식 덕분에 우리 아들들에게 인기가 상승했었다. 밥을 비벼도 엄마는 안되고 아빠보고만 비벼달라고 야단들이었다. 세 놈들이 모두 순서를 기다리며 나에게 비벼 달라고 덤비는 바람에, 옆에서 웃으며 그 광경을 바라보는 아내에게 미안한 생각이 들 때가 많았다.

지금은 세 놈 모두가 30세가 넘어 중년을 바라보는 나이가 되었지만, 생각해보면 그 때가 우리 가족에게는 참으로 흐뭇하고 즐겁고 행복한 순간들이었다. 그 소박한 음식 한 가지가 가정의 행복에 도움이 되다니? 그래서 옛말은 거짓이 없다. “주부는 아침 식사 때 식구들이 된장국만 맛있게 먹어도 하루 내내 행복하다.”고 했다. 사실, “요리”라는 말에는 인간관계를 부드럽게 잘 조화시킨다는 의미도 함축되어 있다. 일본의 어느 판사는 판사직을 사직하고 요리사가 되었다는 신문기사를 읽은 적이 있다. 그 판사의 전직轉職 이유는 간단하다. 자기의 생활 철학은 인간을 즐겁게 하는 것이었는데, 판사직은 그와 정 반대의 직종이어서 요리사로 전직하였다는 것이다. 그는 전직을 한 후에 자신의 철학을 실현할 수 있어 보람을 느끼고 있다는 것이다. 숭고한 목적 앞에 직업의 귀천이 어디 있겠는가? 하기야 어느 의미에서 보면, 판사와 함축적 의미의connotational 요리사는 일맥상통하는 면이 없지도 않다. 얽히고 설킨 어려운 인간사를 해결하여주는 데 있어 전자는 칼날 같은 법조문을 적용하고, 후자는 서로를 이해와 화해에 유도하는 인간미를 적용한다. 방법론적 차이만 있을 뿐이다. 각박한 세상을 살아가는 현세에 있어 이해와 용서와 화해야말로 서로를 아우르는 가장 값진 양념들이다.

인간의 어려운 문제를 해결해 주는 또 하나의 부류를 가리키어 우리는 흔히 “해결사”라 부른다. 이 말은 언제부터인지 그리 좋지 않은 의미로 기우는 느낌이 있다. 대상자를 폭력으로 협박하고, 상대방의 약점을 침소봉대하여 공갈을 치고 윽박지르는 치졸한 수법으로 문제를 처리하는 부류를 지칭하는 말로 변질된 것이다. 그러다 보니 소위 해결사의 단골 고객은 남녀간의 치정문제나, 부채관계, 또는 한풀이나 복수와 같은 어두운 일로 고민하는 사람들이다. 법은 멀고 주먹은 가깝다고 했으니, 자칫 집단폭행이나 청부살인 등 대형 범죄로 발전할 소지가 적지 않을 것이다. 요즘은 각계각층에서 해결사에 방불한 사람들이 많이 나타난다. 시민단체들 중에도 그렇고, 정치계, 관료계, 교육계도 그렇다. 말이 거칠고 욕설과 저주가 가득 찬 어휘들이 줄을 잇는다. 인터넷은 아예 폭력적인 언어가 아니면 발 부칠 곳이 없다. 언어는 감염되는 것인가 보다. 언어는 인터넷뿐만 아니라 정치인이나 행정 관료 등 상류사회에도 이미 심각할 정도로 감염된 것 같다. 감염의 속도와 열기가 얼마나 심하면 한 나라의 국무총리까지 오염된 언어를 거침없이 사용하게 되었을까? 세상은 참으로 무섭게 변하고 있다. 오늘의 우리나라 현실은 거의 모두가 언어폭력에 중독이 된 것 같다.

옛날 표현을 빌리자면, 국무총리는 일인지하 만인지상一人之下 萬人之上이 아니던가? 세상이 다 변해도 결코 변해서는 안 될 일이 있는 법이다. 일출과 일몰의 방향이 바뀔 수 없는 것이고, 부자간의 위계가 바뀔 수는 없는 것이며, 장유의 순서가 바뀔 수 없는 것이다. 영의정을 가리키어 "만인지상"이라 한 것은 권력만을 뜻하는 것이 아닐 줄 안다. 인격과 덕행에 있어, 만 백성의 위에 있다는 말일 것이다. 설사 왕이 난폭하여 백성들이 폭정에 시달려도 나라의 영상이 따뜻한 손길로 백성을 안무해주면 백성은 위로와 소망을 얻고, 군신간의 갈등이 크게 완화될 것이다. 국무총리는 그 막중한 지위를 생각해서라도, "까불지 말라."느니 "내 손안에 있다."느니 하는 말은 자제했어야 한다. 나라의 체면도 생각해야 되는 것이 아닌가? 국무총리의 입에서 나온 일련의 언사들이 어두운 세계의 해결사와 속성을 같이 하면 될 일인가? 국무총리는 어려운 국사를 처리하는 데 있어, 밝은 세계의 해결사가 되어야 하고, 온유한 말을 사용하여 품위 있는 해결사가 되어야 한다.

음식은 요리도 중요하지만, 먹는 방법도 중요하다. 무엇보다도 분위기 있게 그리고 즐거운 마음으로 먹어야 한다. 물론 금강산도 식후경이라는 말이 있다. 옳은 말이다. 식욕은 개체보존을 위한 본능이기 때문이다. 음식은 생필품인 동시에 미학적 산물이기도 하다. 청송이 늘어진 기암절벽에서 부서지는 파도소리를 들으며 정다운 연인과 단둘이서 생선회를 음미한다면 얼마나 즐겁고 행복한 분위기가 연출될 것인가. 파도 위에선 갈매기가 날고 서쪽 하늘 타는 노을이 하늘가를 붉게 물들이면, 분위기는 더욱 황홀해질 것이다. 거기에 부루고뉴Bourgogne 백포도주의 비취색 유리잔 둘을 부딪쳐 보라. 쨍하고 울리는 그 소리는 분명히, 잔에서 나오는 소리라기보다는 두 연인의 뜨거운 마음이 부딪치는 소리일 것이다. 음식은 이처럼 정황에 따라 인간의 정서를 승화시키는 예술품인 것이다.

호박씨 붕어 매운탕은 그 것대로 어울리는 분위기가 있다. 어디선가 쾌쾌하게 몰려오는 두엄 썩는 냄새와 들녘에서 구수하게 스며드는 곡식 익는 냄새가 어우러지고, 추위에 놀란 기러기 떼 산허리를 가르면서 조급히 날고, 울타리 풀 섶에는 벌레소리가 간절한 시골 농가의 마루가 적격일 것이다. 스스럼없이 언제고 만날 수 있는 텁텁한 옛 친구가 모여서 호탕하게 웃음을 터트리며 매운탕을 먹는 다면 얼마나 옛정이 새로울 것인가? 한번 상상해보라. 호박씨 붕어 매운탕 속에는 농가의 일상이 녹아 있고, 시골을 떠나 사는 사람이라면 잊지 못할 향수가 배여 있는 것이다. 반주를 곁들이려면 아무래도 막걸리가 제격이다. 매운탕에 프랑스의 명주 뱅 보르도 루즈Vin Bourdeaux

Rouge를 마신다면 매운탕 맛도 포도주 맛도 모두 엉망이 되고 만다. 어찌 음식뿐이겠는가? 모든 사물에는 격이 있는 법이고, 격에 맞지 않으면 모두가 망신인 것이다.

나는 노르웨이의 미항 베르겐Bergen을 잊지 못한다. 나의 회갑 기념으로 아내와 함께 북미 여행 중에 들렀던 곳이다. 동편 산허리에 펼쳐진 “꽃보다 더 아름다운” 동화 속의 동네. 스위스 티틀리의 산상 마을처럼 빨간 색을 바탕으로 하여 형형색색으로 피어나는 그림 같은 주택들이 현란하다. 항구의 바닷물은 파랗다 못해 청옥으로 빛나고, 녹음 속의 청정한 공기는 아예 폐부를 환각시킨다. 우리는 이러한 절경에서 도미 생선회를 먹었다. 참으로 행복한 시간이었다. 그런데 지금도 풀리지 않는 수수께끼가 있다. 도미회가 입에 들어가면 처음에 그렇게 쫄깃한데 몇 번 씹으면 어떻게 그리 빨리 부드러운 음식으로 변할 수 있을 까? “입에서 슬슬 녹는다”는 말이 그래서 나온 것인지도 모르겠다. 나에게 있어 베르겐은 지식으로 파악되는 아름다운 도시가 아니라 체험으로 간직되는 영원한 미항이다.

베르겐은 노르웨이 최고의 음악가 그리그Edvard Hangerup Grieg를 배출한 곳으로도 유명하다. 노르웨이 제 2의 도시로 규모도 작지 않다. 그리그는 민족주의 색채가 짙은 작곡가이다. 그는 민족적 선율과 리듬을 과감하게 채택하여 현대 음악에 접목시킨 데 성공한 작곡다다. 그가 노르웨이 음악가 중에서, 노르웨이의 고전적 정취를 가장 많이 담아내면서도 가장 세계적인 작가로 부상한 것은 그가 민족주의를 한갓 감상적으로 고집하는 것이 아니라 민족주의와 세계주의를 조화시켜 아우르는 능력과 철학이 있었기 때문이다. 그리그는 이질적인 재료(소재)를 적절히 조합하고 숙성시켜 감칠맛을 낼 줄 아는 탁월한 "요리사"인 것이다.

우리나라가 지향하는 민족주의는 과연 어떤 것인가? 감상에 흐르지 말고 심도 있게 한 번 숙고해 보자. 마음이 겸허하면 주위의 모든 것이 다 우리의 선생이 되는 것이다. 민족공조도 좋지만, 세계적 고아가 되어서는 안 된다. 세계로의 물길이 끊기면 웅덩이만 남게 된다. 웅덩이가 마르면 호박씨 붕어의 말로를 면할 길이 없다. 베르겐의 자연과 인공의 조화, 그리고 그리그가 보여주는 음악과 철학의 숭엄한 만남은 민족주의 문제로 고민하는 우리나라의 현실에 시사하는 바가 적지 않다.

백이숙제

백이와 숙제伯夷叔齊는 중국 은殷나라 말과 주周나라 초의 정변B.C. 1000년 경을 거치며, 청절지사淸節志士로 알려졌던 두 형제이다. "伯"자와 "叔"자는 장유를 의미한다. 영어로 말하면 "elder"와 "younger"에 해당되는 말이다. 이들의 성씨는 묵태墨胎이므로, 이들의 본명은 각기 墨胎 夷와 墨胎 齊가 된다. 이들은 은나라 고죽국孤竹國의 왕자들이었는데 왕이 죽은 후에 왕위 계승을 서로 사양하다 형제 모두 나라를 떠나 수양산에 들어가 아사했다. 사마천의 『사기』史記에 다음과 같은 기록이 있다.

(고죽국의) 왕은 평소에 셋째 아들 齊에게 왕위를 물려주려 하였으나 후사를 정식으로 매듭짓지 못 하고 죽었다. 막내아들 齊는 형을 제치고 자신이 왕이 될 수 없다하여 만형 夷에게 왕위를 맡기려 하

였으나, 형 夷는 아버지의 명이라 하여 왕위를 齊에게 맡기고 나라를 떠났다. 막내아우 제 또한 왕위 계승을 피하여 형의 뒤를 따라 나라를 떠났다. 백성들이 중자(둘째 아들)를 군주로 삼았다. 백이숙제는 주나라 문왕西伯 昌을 찾아갔다. 그는 노인 외객을 후대한다는 소문이 파다하게 퍼져있었기 때문이었다. 그러나 형제가 문왕에게 당도하였을 때에는 이미 변란이 일고 있었다. 아들 무왕이 아버지 문왕을 시해하여 장례도 치르지 않고 "문왕"이라 적힌 아버지의 위패를 수레에 싣는 것을 끝으로, 자신은 동쪽으로 은나라의 폭군 주왕을 정벌하러 나선 것이다. 백이와 숙제는 주나라 무왕의 말고삐를 잡고 간언하였다. 국장도 치르지 않고 토벌에 나선 것은 천리天理를 어기는 것이니, 천도를 따르라는 것이었다. 진노한 무왕은 두 형제를 단칼에 목을 베려하였으나, 옆에 있던 부하의 탄원으로 목숨은 살려주었다. 무왕은 그 길로 달려가 은나라의 폭군을 토벌하여 백성들은 태평성가를 불렀다. 그러나 백이숙제는 인의仁義가 없는 왕국의 곡식은 먹을 수 없다하여 수양산에 들어가 몸을 숨겼다. 그들은 고사리를 꺾어 먹고 지내다 결국 아사하였다.

백이숙제의 행적을 살펴보면 두 가지가 연상된다. 하나는 청절이요 다른 하나는 의절이다. 중국 태고의 성제 요堯 임금은 아들 단주丹朱가 어리석어 후사를 정하지 못했다. 그는 고민 끝에 당시에 고명한 선비 소부巢父에게 임금 자리를 맡기고자 의중을 떠 봤다. 소부는 그 말을 듣고 곧바로 기산箕山에 피신하여 새처럼 나무 위에 집을 짓고 살았다. 그래서 이름이 소부(새 둥지에서 사는 남자)이다. 요 임금은 다음으로 허유許由에게 왕위를 권유하였다. 허유 역시 그 말을 듣기가 무섭게 기산으로 달려가서 추한 소리로 귀를 더럽혔다고 푸념하며 영천潁川: 시냇물의 이름에 귀를 씻었다. 요 임금은 하는 수없이

50년의 재위를 마치고, 순舜에게 임금자리를 물려주었다. 다행히 순 임금도 요 임금 못 지 않은 성제이었다. 인간의 심성과 가치관은 참으로 천차만별이다. 인간의 욕망 중에 권력욕은 무서운 열정에 속한다. 권력욕에 사로잡히면 부모 형제도 몰라보고 의리와 체면도 없다. 인정사정 없는 곳이 그 세계이다. 소부와 허유는 백이숙제와 더불어 그 유혹을 깔끔히 제압하는 초월적인 인간들이다.

조선조의 건국 공신 이방원李芳院은 태조 이성계李成桂의 다섯 째 아들이다. 그는 아버지를 도와 정몽주鄭夢周를 비롯하여 수없이 많은 고려의 충신들을 살해하고 조선조를 건설하였다. 그는 태조 왕이 아우 방석芳碩에게 세자 책봉을 내리자 방석과 방번芳蕃을 죽여 버린다. 제 1차 왕자의 난이었다. 하루는 태조 이성계가 사냥을 다녀와서 왕궁에 들어설 때 활을 쏘아 이성계 바로 옆에 있는 기둥에 화살을 꽂았다. 양위讓位를 재촉하는 위협사격이었다. 방원은 아우 방간芳幹마저 죽였다. 제 2차 왕자의 난이었다. 그는 정종芳果으로부터 세제를 책봉 받아 조선조 3대 왕으로 즉위하여 태종이 되었다. 태종의 무서운 권력욕 앞에서는 인정은 물론 군신간의 의도 없고 부자와 형제간의 천륜도 없었다.

영국 요크 조The York Dynasty의 마지막 왕인 리차드 3세Richard III는 에드워드 4세Edward IV와 클래런스 공작Duke of Clarence 등 두 형과 에드워드5세Edward V 등 두 조카를 죽이고 왕위에 오른다. 리차드 3세는 왕위 찬탈과 왕권의 수호과정의 험난하고 기나긴 여로에서 자신의 왕비를 비롯한 친인척들은 물론 수를 헤아리기 어려울 정도의 많은 귀족들을 살해하였다. 그는 리치몬드 백작Earl of Richmond의 반란에 패하여 실각될 때까지 살인마 같은 폭군으로 일관하였다. 동서와 고금을 막론하고 권력에 대한 과도한 욕망과 집착은 피로써 시작하여 피로써 끝이 난다. 소부와 허유는 추악한 권력의 속성을 이미 파악하고 있었던 것이다.

사육신 성삼문成三問은 백이숙제를 책망하였다. 성삼문의 정의개념은 칼날같이 날카로워 한 치의 간극도 허용하지 않는다. 의를 위하여 죽기를 각오한 사육신의 눈에는, 목숨이 모질어서 고사리를 뜯고 있는 백이숙제 두 형제의 몰골이 너무나 처량하게만 보였던 것이다. 그는 시조 한 수를 읊어 지신의 의절을 확인하였다.

수양산 바라보며 이제를 한하노라.
주리어 죽을지언정 고사리를 꺾을 것인가.
아무리 절로 난 풀인들 누구 땅에 났는가.(현대 말로 바꾸었음)

인의를 갖추지 못한 무왕과 그처럼 불의한 왕이 다스리는 나라를 거부하려면, 곡식이든 산채이든 모두 거부해야 하는 것이지 하찮은 고사리라고 해서 꺾어 먹어서야 될 말이냐고 백이숙제를 나무라고 있는 것이다. 성삼문이라고 해서 어찌 이제(백이숙제)의 그 고결한 의절을 모르겠는가? 공자는 일민逸民: 삶을 진심으로 잘 산 사람 중에 백이숙제를 1순위로 쳤다. 성삼문은 의절을 논함에 있어, 상대적인 상황은 일체 인정할 수 없다는 절대적인 논리를 펴고 있는 것이다. 사실 그렇다. 타협하는 의절은 이미 의절이 아니며 일종의 타락인 것이다. 그는 어떠한 시련에도 마음이 동요하지 않도록 스스로 "하늘을 우러러 한 점 부끄럼 없는" 자신의 절대적인 의절을 내외 만방에 다짐하고 있다. 슬프고도 찬란한 각오가 아닐 수 없다. 성삼문은 겉으로는 어린 조카 단종端宗을 보호하는 척 하면서, 내적으로는 왕위를 찬탈

한 세조의 "하얀" 기만에 최강의 경고장을 보내고 있는 것이다. "백설白雪이 만 건곤滿 乾坤할 제 독야청청獨也靑靑하리라."고 외쳤던 성삼문의 기개가 오늘 따라 더욱 고고하게 느껴진다.

우리 할아버지는 반일 감정이 대단하셨던 분이시다. 우리 아버지는 학교에 다니고 싶으셔서 할아버지의 승낙도 없이 20리가 넘게 떨어진 남관南館 초등학교에 가서 입학수속을 마치고 돌아 오셨다. 할아버지께 승낙해 달라고 졸라 대셨지만, 할아버지는 왜놈의 학교에는 절대로 안 된다고 서당에나 열심히 다니라고 엄하게 말씀하셨다. 아버지는 할아버지의 말씀에 승복하지 않고 울면서 계속 졸라대셨던 모양이다. 할아버지는 화를 잔득 내시며, 밖에서 회초리 두 개를 가지고 들어오셨다. 종아리를 걷게 하시고는 피가 나도록 후려치셨다. 그리고는 훈계하셨다. "이 철없는 놈아, 큰 아버지(당신의 형님)가 만세 사건으로 감옥에 가서 삼 년 만에 거의 병신이 되어 나오셨는데, 철이 없어도 분수가 있어야지. 네가 왜놈의 학교를 가!! 이 못 된 놈 같으니!" 말소리가 그치기가 무섭게 할아버지는 정신을 잃으신 듯이, 다시 아들의 종아리를 갈겨대셨다. 회초리는 두 동강 세 동강이가 나고, 종아리는 터져서 피투성이가 되었다 했다.

아버지의 고집도 대단하셨던 같다. 그래도 계속 울면서 졸라대자, 할아버지는 다시 나가셔서 이번에는 서너 개의 회초리를 들고 들어오셨다. 할아버지는 회초리 하나를 높이 들고 내려치시려다 말고, 아버지를 와락 부둥켜안고 목을 놓아 우셨다는 것이다. 할아버지의 오열 속에는 무슨 사념思念이 녹아 있었을까? 아마도 망국의 설움이 복받쳤을 것이고 형님(큰 할아버지)의 참혹한 고문이 떠올랐을 것이며, 이미 피투성이가 되어 더 이상 때릴 곳이 없는 종아리를 보시고 가슴이 터지도록 쓰리셨을 것이다. 아버지는 죄 없이 매만 맞으시고, 결국 초등학교에 가시지 못하셨다. 우리 아버지의 공식적인 학력은 "무학"이시다.

우리 할아버지는 사안에 따라 냉엄하시기도 하지만, 대체로는 부드러우신 분이셨다. 예술적 감각도 뛰어나셨다. 특히 꽹과리 연주는 인근에서 최고의 인정을 받으셨다. 임실군, 남원군, 순창군, 구례군 등에서는 할아버지의 함자, 황자 수자 만자黃水萬만 대면 알만한 분은 다 아신다. 인근의 군내에서 큰 농악 판이 벌어지면, 거의 예외 없이 우리 할아버지를 모셔간다. 풍악 소리며, 리듬이며, 화음이며, 동작 등이 모두 상쇠의 역량에 달려 있기 때문이다. 할아버지는 도를 통한 상쇠로서, 대개 첫날만 시범으로 굿판을 구성지게 달구어주시고 돌아오신다. 할아버지는 비단 농악에만 능하신 것이 아니다. 『춘향전』과 『흥부전』은 물론 소동파蘇東坡의 『적벽가』에 이르기까지 일인극으로 열연熱演하신다. 어떻게 그 긴 작품들을 처음부터 끝까지 달달 외우시며, 감정을 이입empathy하시는지 나로서는 죽었다 깨여나도 모를 일이다.

우리가 더욱 놀랄 일은, 작품에 나오는 한자는 고유명사가 되었거나 한자성어가 되었거나 모조리 훈과 독음을 다 읽으시는 것이다. 예컨대 "李夢龍과 成春香"을 말씀하시려면, 오얏 이 꿈 몽, 용 룡, 자 이몽룡과 이룰 성, 봄 춘, 향기 향, 자 성춘향이가— 하는 식이다. 앞에서 말한 세 작품에 대해서는, 누가 들어도 딱 떨어지게 암기하고 계신 것을 알 수 있다. 그런데 더 더욱 노랄 것은, 우리 할아버지는 낫 놓고 기역자도 모르시는 분이시다. 한글도 읽지 못하신다는 말이다. 그럼에도 불구하고 작품을 열창하실 때에는 누가 들어도 "참으로" 유식하게 보이신다. 누구로부터 그렇게 완벽하게 배우셨고 또 암기를 하게 되셨는지는 여쭈어 보지 않아서 모르겠다. 나는 할아버지께서 겉으로 드러내시는 것을 한번도 본 일이 없지만, 때때로 본인의 무식함을 얼마나 뼈저리게 느끼셨을 것인가? 당신께서 못 배우셨으니 장자인 우리 아버지만은 꼭 학교에 보내고 싶으셨을 것이다. 그러나 극단에 달한 반일 감정 때문에 자식을 학교의 문턱도 밟아보지 못하게 하셨고, 우리 아버지는 학력 때문에 공직이라면 면청의 서기 노릇 한번 못해 보셨던 것이다.

나는 친일관계의 과거사 청산에 대하여는 할 말이 없다. 할아버지께서 그렇게 반일 감정이 강하셨는데, 어찌된 일인지 우리 집안은 창씨개명創氏改名을 하였다. 부끄럽고 창피한 일이지만, 개명한 나의 일본식 이름은 "낭아가와 계이데이長川 契丁"이었다. 역시 면목 없는 일이지만, 초등학교 1. 2학년 때, 출석을 부르면 "하이"하고 의기양양하게 대답을 하였다. 관촌에는 신사 단이 사선대에 들어가는 입구에 있었기 때문에, 아침 조회 때면 운동장에 모인 전교생이 "되로 돌아"를 하여 신사단을 향하여 절을 하였다. 가끔 학급별로 신사참배를 갔었는데 서로 앞에 가서 먼저 참배를 하려고 시샘도 하였다. 지금 생각해보면, 낯뜨겁고 무지막급한 일이었다. 아무것도 모르고, 철이 없었던 탓이다. 1학년 때, 우리 반 담임 선생님은 "이노우에"라는 일본인 여자 선생님이셨다. 이노우에 선생님은 우리에게 참 잘 대해주셨다. 착각인지는 모르지만, 특히 나에게 잘 대해주신 것 같았다. 선생님이 옆에 지나가시면, 책상 위에 올라가서 선생님의 등 뒤로 뛰어내려 매달리기도 하였다. 한번은, 내가 갑자기 선생님의 등 뒤로 매달리는 바람에 선생님이 나와 함께 넘어지셨다. 그러나 선생님은 화를 내시지 않고, 오히려 내가 다친 곳이 없는 지 살펴주시고 쓰다듬어 주시기도 하셨다.

특별히 기억되는 일이 있다. 일본이 싱가폴을 점령한 기념이라고 들은 것 같은데, 고무신과 운동화를 한 반에 댓 켤레씩 나누어주었었다. 구지 뽑기로 탈 사람을 정하였는데 나는 당첨되지 않았다. 며칠 후에 또 한번의 기회가 있었는데 그 때도 역시 나는 당첨되지 않았다. 그 날 수업이 끝날 때 선생님은 나를 교무실로 오라고 하셨다. 교무실에 갔더니, 선생님은 나에게 운동화 한 켤레를 주셨다. 아마도 선생님에게 배당된 것을 나에게 주신 것 같았다. 지금도 그 때 그 고마움을 잊질 못 한다. 그러나 오늘의 시점에서 볼 때, 이 모든 일들이 다 볼 낯이 없는 부끄러운 일들이 되었다. 나는 이 모든 일들을 무지의 소치로 돌려 변명하고 싶지 않다. 이유야 어찌 되었던 나에게 있어, 창씨개명도 사실이고, 신사참배도 사실이다. 그래서 나는 친일관계의 과거사 청산에 대하여 할 말이 없다는 것이다. 성삼문이 역설한 고사리 논처럼, 사실은 사실이기 때문이다.

그 같은 맥락에서, 우리의 대통령께서는 나의 불행한 경우처럼 창씨개명이 없었기를 간절히 바란다. 친일관계의 과거사 청산을 눈앞에 둔 통치자는 우리 같은 필부들과는 전혀 다른 입장에 있기 때문이다. 한 가지 걱정이 되는 것도 있다. 우리나라 대통령은 "수구세력"이라는 말을 너무 쉽게 들먹이는 것 같다. 수구세력의 개념을 분명히 하기 위해서는, 먼저 자신의 과거를 살펴보는 것이 순서다. 대통령께서는 유신헌법을 학습하고 연구하여 영광스러운 사법고시에 합격하였을 뿐만 아니라, 소위 수구세력이 마련한 체제 속에서 판사라는 엄청난 영달을 누리었다. "나는 과연 누구이기에" 라는 자아 성찰을 해

보라는 지적이다. 성삼문이 읊조렸듯이 정의의 개념에는 상대적 정의란 있을 수 없다. 죄형은 법으로 정해져 있겠지만, 법정 형량의 문제 이전에 도덕적인 차원을 먼저 살피는 것이 책임의식이 분명한 지도자의 자세일 것이며 또한 양식일 것이다.

정치 자금 문제도 그렇다. 상대 당의 10분의 1이 넘으면 대통령직을 내놓겠다는 말이 과연 성립하는 것인지 모르겠다. 10이든 10분의 1이든, 법정액수가 있을 것이다. 법적으로 의로움을 주장하려면 정밀한 기준 하에 절대적인 주장을 하여야 되는 것이지 상대적인 기준에 의한 상대적인 주장은 우리와 같이 문외한들이나 할 수 있는 생떼부리기이거나 억지 고집에 불과하다. "털어서 먼지 안 나는 사람 어디 있겠느냐?"는 속된 말이 먹혀드는 상황에까지 가게 되면, 대통령의 권위는 그 광택이 휘발해 버리고 만다. 우리는 내심으로 법치국가에서 처음으로 법조계의 대통령을 모시게 된 것을 자랑스럽게 생각한다. 대통령께서는 법리에 당당하게 그리고 굳건히 서서, 우리국민의 자부심을 살려주어야 한다. 그것이 우리 국민의 소박하고 진솔한 희망인 것이다.

수양산에 들어선 백이와 숙제는 엄숙한 고민에 빠졌다. 하늘이 내려준 생명을 스스로 끊는 것이 과연 자연의 순리인가를 숙고하였던 것이다. 햄릿의 고민과 같은 맥락이다. "죽느냐 사느냐, 그것이 문제로다." 백이숙제는 고사리 또한 무왕의 것임을 모르는 바 아니었으나, 오직 연명의 수단으로 고사리를 꺾어 먹었다. 일상의 순리를 따르고자 한 것이리라. 성삼문도 인간인지라 임종에는 일상을 버리지 못하였다. 형장에 들어선 성삼문은 일상을 떠올렸던 것이다.

격고최인명(擊鼓催人命): 북소리 이내 목숨 재촉하는데,
회수일욕사(回首日欲斜): 돌아보니 지는 해 서산을 넘네.
황천무일점(黃泉無一店): 황천에 가는 길 점포 하나 없다는데
금야숙수가(今夜宿誰家): 오늘밤 뉘 집에서 자고 갈거나.

인간은 제아무리 영웅호걸이나 애국충절이라 할지라도 마음속에 일상을 지울 수는 없는 것이다. 충절이 하늘에 사무친 성삼문도, 임종에는 일상을 주제로 고별 시를 읊었다. "황천로黃泉路"의 주제가 일상에 관한 것이었기에, 그는 더욱 인간적이고 그의 죽음은 더욱 처절하다. 인간은 누구나 결국 일상으로 돌아와 영결을 맞는 것이다.

백이숙제에 대한 고사리 론에서 성삼문이 주장한대로, 과거사 청산의 개념이 "연명의 수단도" 정죄한다면 무슨 말을 더 하겠는가. 독자의 판단에 맡길 도리밖에 없다. 기독교의 성서는 우리들의 어려운 고민들을 명쾌하게 해결해준다. 유대인 몇 사람은 간음하다 현장에서 붙잡힌 한 여인을 예수께 끌고 와서 재판을 요구하였다. 당시 유대인들의 관례로는 간음하다 현장에서 잡히면, 돌로 찍어 죽이도록 되어 있었다. 예수님은 말씀하셨다. "너희 중에 죄 없는 자부터 먼저 이 여인을 돌로 처라." 여인을 끌고 왔던 유대인들은 하나 둘씩 자리를 떠나버렸다. 예수는 인간의 죄과를 정의와 사랑으로 다스린다. 사랑과 정의는 형평성의 문제이지 상대성의 문제는 결코 아니다.

상어와 뻐꾸기

뻐꾸기는 우리의 감각에 친숙하고 낭만적이다. 아마도 윤석중씨의 "뻐꾸기" 등 아름다운 동요가 우리의 귀를 매혹시켰기 때문인지도 모른다. "뻐꾹 뻐꾹 산 속에서 울고, 뚝딱 뚝딱 나무 찍는 소리. 뻐꾹 뻐꾹 장단 맞춰 울고, 뚝딱 뚝딱 해가 저문다.—" 필자가 초등학교 5학년 때 학예회에서 합창으로 불렀던 노래다. 경쾌하고 힘 있는 선율이 지금도 귀에 선하다. 그러나 서양에서는 인식이 우리와 전혀 다르다. 뻐꾸기는 사기꾼의 상징이기도 하며, 뻐꾸기라는 어휘의 철자를 약간 변형시켜 간음한 여자의 남편을 지칭하기도 한다. 서양 연극에서 자주 대두되는 희극적인 장면으로, 아내가 외간 남자와 사통을 하게 되면 남편의 이마에 뿔이 돋아난다. 남자가 이마에 날카롭고 큼직한 뿔을 달고 나타나면, 장내의 관중들 사이에는 폭소가 터지며 술렁이기 시작한다. 아내가 바람을 피우는 남편을 영어로 “cuckolded husband”(오쟁이 진 남편)라 부른다. 서양에서 뻐꾸기는 이렇게 부정적인 상징으로 해석된다. 뻐꾸기에 대한 일련의 부정적인 해석은 포란抱卵과 육추育雛를 다른 새에게 위탁하는 뻐꾸기의 교활한 기생성parasitism에 기인한다.

뻐꾸기는 자신의 둥지를 틀지 않고, 개개비나 오목눈이 등 다른 작은 새들의 둥지 속에 자신의 알 하나를 몰래 낳는다. 다른 어미 새는 감쪽같이 속아서 뻐꾸기 알을 자기의 알들과 함께 품게 된다. 그뿐만 아니라, 부화가 된 후에도 먹이를 물어다 먹이며 키운다. 이와 같은 과정에서 뻐꾸기는 다른 어미 새가 눈치 채지 않도록, 하기 위하여 다른 어미 새가 낳아 놓은 알 하나를 깨서 먹는다. 어미 새가 품고 있던 알의 숫자를 그대로 맞추어 놓으려는 교활한 계략인 것이다. 대체로 뻐꾸기 알이 이삼일 정도는 빨리 부화가 되기 마련인데, 막 부화가 된 새끼 뻐꾸기는 기묘하게 등을 움직여 다른 알들을 모두 둥지 밖으로 밀어내고 둥지를 독차지한다. 참으로 놀랍고도 신비로운 본능의 힘이 아닐 수 없다. 뻐꾸기는 성장이 빨라 부화된 후 10일이 지나면, 가짜 어미 새와 크기가 같아진다. 가짜 어미 새는 뻐꾸기가 자기의 새끼인 줄 알고 날개가 빠지도록 3주가 넘게 먹이를 물어나른다. 심지어 새끼 뻐꾸기가 둥지 밖을 날기 시작한 후에도 1주일 동안이나 더 먹이를 물어다 준다. 개개비나 오목눈이는 해충만 잡아먹는 익조들이다. 이 순박한 새들이 속임을 당하여 진짜 자기의 알들을 다 깨뜨려 버린 악독한 뻐꾸기 새끼를 힘겹게 먹여 살리는 모습을 보면 참으로 안타깝다. 새끼 뻐꾸기가 둥지를 떠나버리면, 뻐꾸기는 뻐꾸기 일 뿐이고 개개비는 개개비 일 뿐이다. 뻐꾸기의 야비한 사기 행각이 완성된 것이다.

우리나라 민주당의 처지가 안타깝게도 바로 이 개개비와 오목눈이 새와 흡사하다. 혼신의 힘을 다하여 포란과 육추를 하였지만, 결과적으로 빈 둥지만 덜렁 남은 꼴이 되었다. 누가 무어라 해도, 노무현 대통령은 민주당의 둥지에서 탄생되었다. 그는 민주당의 다른 공천 후보자들을 따돌리고 민주당의 공천을 얻었다. 대통령 선거는 그렇게 해서 끝이 났고, 대통령은 민주당의 둥지를 떠나버렸으니 민주당으로서는 진정으로 자당을 지킬 후보조차 내지 못하고 기회를 놓지는 허망한 꼴이 된 것이다. 민주당은 재집권의 흥분과 열기가 채 살아지기도 전에 주인 없는 빈 집 신세가 되어 제 3당의 자리마저 다른 당에게 내어주는 처지가 되었다. 들리는 바에 의하면, 민주당은 대통령 선거 때에 들었던 사무적 비용과 사무실 임대료도 지불하지 못하여 이만저만한 고충이 아니라고 한다. 민주당은 가엾은 개개비나 오목눈이처럼 그저 허탕만 치고 날개 쭉지가 빠져나간 것이다. 정치계가 아무리 비정한 세계라고는 하지만, 심각한 도의문제가 대두되지 않을 수 없다. 어느 사회든 도의가 무너지면, 희망이 없다. 도의가 땅에 떨어진 상황에서는 법리든, 학리든, 경리든, 신뢰성을 더 이상 기대할 수 없기 때문이다.

우리부부는 서로 간에 철저히 비밀 투표를 실행한다. 부부간이라 해도 사전에 누구를 찍을 것인가 의논하는 법이 없다. 그러나 후보자에 대한 의견은 자주 교환한다. 선거권을 책임 있게 행사하기 위해서다. 우리 처는 노무현 후보가 입지전적 인물이어서 인간적으로 존경스럽다 했고, 그러면서도 너무 인기에 영합하는 듯한 인상을 주어서 다소 불안하다고 했다. 특히 "노사모" 같은 모임은 명칭 자체가 공인의 차원보다는 자연인의 차원에 더 관심이 집중된 듯하여 좋지 않아 보인다고 했었다. 나는 노무현 후보가 법조계 출신이어서 법치국가의 기틀을 확고히 다질 수 있다는 점에서 호감이 간다 했고, 우리나라가 건실한 양당제도로 가기 위해서는 정통성을 인정할 수 있는 민주당 후보에게 표를 주는 것이 국가에 도움이 될 것이라고 말했었다. 나는 우리 집사람이 실제로 누구에게 투표를 하였는지는 알 수 없다. 다만 지금 돌아가는 정국으로 판단해 볼 때, 내가 그때 큰 착각을 범하고 있었다는 사실을 시인하지 않을 수 없게 되었다.

우리나라는 걸핏하면 기존의 정당을 허물고 다시 창당을 시도한다. 역사가들은 빈번한 창당에 따른 정치인들의 이합집산이 너무 심하여 정당사를 정리하기조차 어렵다고 말하는 모양이다. 당을 다시 만들고 당명을 고치는 명분은 옛 타성을 척결하고 그릇된 관습을 혁파한다는 것이지만, 외형을 바꾼다고 당이 혁신되는 것은 결코 아니다. 국리민복을 최 우선과제로 삼는 애국적인 정당이 되려면, 정치인들의 다부진 의식변화가 선행되어야 한다. 그렇지 않고서는, 당의 외형이 백 번이 아니라 천 번이 바뀐다 해도 결과는 백모삼년白毛三年에 불과하다, 우리 국민들이 주지하다시피, 그 동안의 소위 창당 모습이 이해득실에 따른 줄서기 식 헤쳐 모여 이상의 차원을 넘어 본 적이 있었는가?

열린우리당의 경우에는 전에 없던 코드 논이 곁들여져 또 다른 양상의 줄서기 인상을 짙게 한다. 코드의 정체가 과연 무엇인지는 정확히 알 수 없으나 이념과 사상이 4-50년이나 뒤진 사람들이 오히려 진보세력을 자처하고 나서 자신들과 코드가 다른 사람들을 모조리 수구 꼴통이라 외치는 판이니, 나라가 진보하기는커녕 국가 기능이 거꾸로 갈 수밖에 없다. 이를 증명이라도 하듯이, 외국의 전문 기관에서 발표한 평가 수치가 모두 평가 절하되었다. 더욱 경악스러운 것은, "김정일의 첩자들보다 남한 당국이 김정일의 일을 더 잘 처리해준다."는 내용의 시사 평이 외신에 나 돌고 있다 한다. 정평이 나있는 시사평론가의 말이라고 하니, 가볍게 보아 넘길 일 같지도 않다. 사실이 그렇다면, 김정일은 손놓고 가만히 앉아서 빼꾸기처럼 거둘 것은 다 거두어 가고 있는 모양이다. 나라가 과연 어느 지경에 가 있는 것인지 답답한 국민의 한 사람으로서, 나라 걱정이 태산만 같다. 서강대학교의 석좌 교수인 정의채 신부는 이를 보다 못 하여, 열린우리당의 중심부류에게 일침을 가했다. "386 정치인이야말로 수구 중의 수구다. 인류사조는 그들이 생각하는 것보다 수십 년 앞서가고 있다." 바로 어제 있었던 일이다. 여당인 열린우리당은 학계와 종교계를 대표하는 한 원로의 충정 어린 고언을 숙연히 경청해야 한다.

미국의 노벨 문학상 수상 작가1954 헤밍웨이Ernest Hemingway의 『노인과 바다』*The Old Man and the Sea*는 일차적으로 상어 족속들을 단죄하는 소설이다. 1930년대 미국인들 사이에는 자유와 정의를 위해서라면 세계 어느 구석까지라도 찾아가서 쟁취하려는 열정적인 사람들이 많았다. 1936년 7월 17일, 소련의 지원을 받아 사회주의 혁명을 일으키기 시작한 스페인 인민전선 정부에 대항하여 프랑코 장군을 주축으로 한 우익 세력이 반발하는 내전이 발발하였다. 자유와 정의를 존중한 일부 미국인들은 학교와 직장과 가정과 애인 등을 뒤로하고 스페인 내전에 뛰어들었다. 정의파 미국인들은 인류의 공동선公同善을 추구하는 덕목을 위해서는 국가도 초월할 수 있었고, 자신의 생명까지도 아까워하지 않았다. 1939년 1월 26일, 스페인 내전은 군부와 왕당파 등 우익 세력의 승리로 끝이 났다.

그러나 그 와중에서 수없이 많은 미국의 젊은이들이 생명을 잃거나 부상을 당했다. 생존자 중에는 눈을 잃은 자도 있었고, 팔다리를 잃은 자도 있었다. 그들은 귀국하여 열화 같은 영접을 받았다. 그러나 그처럼 열렬했던 환호성도 순간적인 의례에 불과한 것이었다. 세상은 거짓말처럼 금방 잠잠해버렸다. 모든 것이 고요했다. 그렇다고 크게 달라진 것도 없었다. 달라진 것이 있다면, 전선에 나가기 전에 자신이 앉아 있었던 회전의자에는 이제 다른 사람이 앉아 있었고, 심지어 자신의 애인마저도 남의 아내가 되어 자신을 떠나고 없었다. 놀라운 것은 평소에 인간사회의 덕목이나 이념 따위는 아예 걸떠보지도 않던 자들이 자신들의 위치와 소유를 탈취해 버린 것이다. 그들에게 남은 것이 있다면, 오직 명분도 없고 빛도 바랜 상처뿐인 영광이었다. 그들은 잃어버린 세대Lost Generation가 된 것이다. 세상의 모든 것이 다 허무했다.

헤밍웨이는『노인과 바다』에서, 인생을 허무하게 만드는 비겁한 자들을 상어 떼에 비유하였다. 상어는 공의를 위하여 아무것도 하는 일이 없다. 오히려 고기잡이를 방해하는 등 공의와는 먼 존재들이다. 그러나 막상 고기를 잡아 놓으면. 그들은 벌떼처럼 달려들어 먹어치운다. 어부 산티아고Santiago는 86일 간이나 고기 한 마리 잡지 못 했다. 날마다 공치고 돌아 온 지난 3개월은, 그에게 있어 길고도 치욕적인 자신과의 싸움이었다. 빈 배로 돌아 올 때, 다른 어부들이 보내는 경멸적인 시선은 참기 어려운 고통이었다. 같이 일하던 소년마저 떠나버렸다. 그는 외로웠지만 좌절하지 않고 고독과 불편을 견뎌냈다. 그는 87일만에 마침내 대어 한 마리를 잡았다. 자신의 어선보다 더 큰 것이었다. 물치Marlin라 불리는 어종이었다.

이번에도 예외 없이 어디선가 상어 떼가 몰려 와서 어부를 공격하기 시작하였다. 노인은 사력을 다하여 방어해 보았지만 역부족이었다. 산티아고가 악전고투 끝에 포구에 돌아왔을 때에는 살코기 한 점 남아 있지 않았다. 물치의 머리뼈와 등뼈만이 앙상하게 집채 덩이처럼 높이 솟아 있었다. 허무한 일이었다. 그러나 산티아고는 허무주의를 용납하지 않으려 안간힘을 다하는 어부다. 그는 지칠 대로 지친 자신의 몸과 마음을 다시 일으켜 세운다. 그는 투쟁을 계속하기 위하여 음식을 먹고 잠을 자며 휴식도 취한다. 비평가들은 인간의 허무적인 상황을 극복하려는 소위 잃어버린 세대들The Lost Generations의 문학정신을 창조적 허무주의라 부른다. 어느 사회에나 인생을 허무하게 만드는 족속들이 있기 마련이다. 상어 족속이 그렇고, 빼꾸기 조속들이 그렇다.

비단 인간과 동물계뿐만이 아니다. 제도나 인습도 세상을 허무하게 만드는 경우가 적지 않다. 우리나라에서 흔히 보게 되는 고부간의 갈등 역시 참으로 고약한 인습이다. 어머니와 아내의 중간에 끼인 남편의 입장이 여간 곤란하지 않다. 어쩌다가 어머니 입장을 두둔하는 듯한 말이 나가면 당신의 어머니이니까 당신이 모시고 나가 살라고 아내가 몰아붙이고, 조금이라도 아내의 입장을 두둔하는 것처럼 보이면 제 "여편네" 역성든다고 어머니가 노여워하신다. 중간의 입장은 이러나저러나 벼락을 맞게 되어 있다. 여간 신경 쓰이는 문제가 아니다. 미국의 동시대 작가 몰리Christopher Morley는 인습타파iconoclasm를 주제로 하는 연극 "목요일 저녁"에서, 해학적으로 "모든 결혼은 양가 어머니들Mothers-in-law의 평화협정부터 체결해야한다."라고 주장한다. 며느리는 으레 친정어머니에게 시집살이를 하소연하며 시어머니에 대한 험담을 늘어놓기 마련이며, 시어머니는 딸(시누이)과 마주앉아 며느리의 흉을 보기 때문이다.

헤밍웨이는 철저한 범애주의자다. 산티아고는 하늘에 있는 해와 달도 우리의 형제요, 돛대 위에 간신히 의지하여 불안하게 쉬고 있는 가냘픈 바다제비도 우리의 형제라고 말한다. 산티아고는 심지어 죽기 살기로 자기와 싸우고 있는 물치를 보고도 형제라 부른다. 그는 물치의 위대한 품성을 찾아내어 칭송하기도 한다. 그러나 그에 있어, 상어와 독해파리Portuguese man-of-war의 경우는 전혀 다르다. 그는 그들을 결코 사랑할 수 없다. 독해파리는 아무런 이유 없이 어부를 괴롭힌다. 그 작자는 어부의 옆에 갑자기 나타나서 노를 젓거나 그물을 치는 어부의 팔을 후려친다. 그자에게 얻어맞은 부분은 순식간에 핏줄이 길게 서고, 강력한 독이 올라서 견딜 수 없으리 만치 쓰리고 아프다. 게다가 쉽게 해독이 되지 않아 오래 동안 고생한다. 어부는 아닌 밤중에 홍두깨 격으로 큰 고통을 당하게 된다. 헤밍웨이가 독해파리를 상어와 동일한 부류로 치부하는 이유가 거기에 있다. 우리나라 고부간의 갈등은 감히 독해파리에 비유될 만한 악습이다.

우리 어머니는 새색시 시절에 시집살이를 호되게 겪으셨다고 한다. 처음에는 그 말에 도저히 이해가 가지 않았다. 우리 할머니는 여성으로서 부덕을 고루 갖추신 분이셨기 때문이다. 할머니는 생각이나 몸가짐이 깔끔하시고 성정이 부드럽고 관대하시며 모든 일에 솜씨가 빼어 나셨다. 무엇보다도 음식 솜씨가 뛰어 다니시고 바느질 솜씨에 대해서는 근방에서 모르는 이가 없을 정도로 소문이 나 있었다. 할머니는 한과를 잘 만드셨다. 맛은 물론 질과 모양에서도 연하고 예쁘게 만들어 내셨기 때문에, 군내郡內에서 내노라한 분들은 알음알음을 통하여 명절이나 대사 때가 되면 우리 할머니에게 청탁을 하였다. 특히 할머니가 담그신 동치미는 맛이 기가 막히다. 대체로 동치미 국물은 희멀겋고 탁한 경우가 많은데, 우리 할머니가 담근 동치미는 국물부터가 다르다. 마치 지하에서 나오는 정화수처럼 맑고, 입에 넣으면 톡 쏘는 맛이 사이다 같은 음료는 그 깊숙한 맛에 접근도 못 한다. 사이다는 단순히 설탕물과 탄산수가 혼합된 것이어서 마시면 뒷맛이 찝찝한데 우리집 동치미는 시원하고 상쾌한 맛 때문에 10년 묵은 체증이 한 순간에 살아지는 것만 같다. 할머니의 음식 솜씨는 신비에 가까웠다.

우리 할머니는 한복 바느질을 주로 하셨다. 그런데, 어느 날엔가 싱거Singer 상표의 재봉틀을 들여놓으신 뒤로는 양복도 만드셨다. 관촌면에는 재봉틀을 가지고 있는 집이 거의 없었고, 특히 싱거 상표를 가지고 있는 집은 아마도 우리 집 밖에는 없었던 것으로 안다. 당시에 싱거는 일본 제품이었고(일정 시대라서), 또 최고의 상품명이었다. 우리가 초등학교에 다닐 때에는 거의 모두가 한복을 입었었다. 한복 저고리를 조끼도 없이 입고 다니다 보니 볼품도 없고 앞자락이 펄럭거려 불편도 많았다. 학생들은 점차 조끼를 입기 시작하였다. 조끼는 재봉틀로만 만들 수 있었기 때문에 할머니는 계속 재봉틀을 돌려 대셨고 조끼 입는 풍이 큰 유행을 타면서 우리 초등학교에서는 일대의 의복 혁명이 일어났다. 그러나 조끼착용의 유행은 양복으로 가는 과도기에 불과하였다. 얼마 가지 않아 우리 초등학교 학생들의 복장은 양복으로 대체 되었다. 할머니는 양재학원도 다니지 않으셨지만, 양복을 잘 만드셨다. 양복 한 벌을 뒤집어 살펴보시면 금방 제작 방법을 알아내신다. 할머니는 이제 양복을 만드시느라 쉴 틈이 없었다. 삽시간에 우리 관촌초등학교 학생들의 복장이 양복으로 일변하게 되었다. 우리 할머니는 이 복장혁명의 대열에서 한 몫을 단단히 하시게 되었던 것이다. 나는 이러한 우리 할머니를 자랑스럽게 생각하였고, 속으로 크게 존경하였다.

그러던 어느 날 우리 집에서 오랫동안 식솔로 일하시던 아주머니 한 분이, 우리 어머니가 시집살이로 고생을 당하시던 이야기를 해 주었다. 듣고 보니 결코 단순한 게 아니었다. 우리 어머니가 쌀을 네 가마니나 퍼냈다는 혐의에 관한 것이었다. 말하자면, 우리 어머니가 도둑의 누명을 쓴 것이다. 쌀 네 가마니는 요즘 돈으로 치면 별 것 아닐지 모른다. 그러나 당시로서는 적지 않은 금액이었다. 우선 덩어리가 크고, 일제 말기였던지라 쌀 자체가 품귀한 때여서 보통 사람은 감히 엄두도 못 내는 물량이었다. 어머니는 너무 억울하여 울면서 자신의 소행이 아니라고 할머니에게 말씀 드렸지만, 할머니는 듣기는 커녕 빼낸 쌀을 다시 갖다 놓으라고 불호령을 내렸다. 이야기를 전한 아주머니는 너무 안타까워서 "어서 친정에 알려서 해결해. 혼자 그 고통 다 받지 말고. 친정이 부자라면서—"라고 권고하였다고 한다. 그러나 어머니로서는 누명을 그대로 받아드릴 수가 없어서 결국 자살을 하기로 마음을 작정하셨다. 오죽 다급하였으면 다홍치마 새색시가 자살을 결심하였을까?

우리 동네 북쪽에는 관개시설로 구축된 물길이 있었다. 제법 넓은 내川가 가로질러 가기 때문에 그 내 밑으로 물길을 뚫었다. 우리 동네(병암리)를 기준으로 내 건너 쪽에는 물이 들어가는 입구이고, 우리 동네 쪽에는 물이 솟아오르는 출구이다. 어머니는 그런 시설관계를 생각할 겨를도 없이 출구 쪽으로 가서 치마를 머리에 덮어쓰고 투신을 하였다. 그러나 물이 솟아 나오는 출구라서 실패하였다. 이번에는 돌을 치마폭에 가뜩 담아 가지고 물로 뛰어 들었다. 이번에도 역시 실패였다. 어머니는 세 번째로 돌을 치마에 담뿍 담아 물에 뛰어 내리고는 실신하였다. 그리 멀지 않은 거리에서 이 광경을 지켜보고 있던 한 이웃마을 사람이 급히 달려와서 우리 어머니를 가까스로 구제하였다는 것이다.

그때 우리 집에는 여자 식솔만 해도 6-7명이나 되었다 한다. 그 많은 사람들이 득실거리는 가운데서 어떻게 다홍치마를 입은 새 색시가 그 큰 물량을 비밀리에 처리하였겠으며, 친정도 잘 사는 집안이었는데 쌀을 훔쳐 빼어 냈겠는가? 고부간의 갈등에서 온 "생사람 잡기"였던 것이다. 이 일로 인하여 "생사람 잡기"는 이웃이 다 알게 되고 할아버지도 아시게 되었다 한다. 이 사건(?)으로 해서 우리는 당장에 제금(분가)을 나오게 되었다는 것이다. 할머니는 우리가 제금을 나온 뒤에도 우리 집을 방문하시면 방으로 직접 들어오시는 것이 아니라 뒤쪽 장독대로 먼저 가셔서 염장 독들을 다 열어 시찰을 하시고 장독대 관리(?)를 단단히 해주셨다. 우리 할머니는 참으로 훌륭한 분이신데도 고부간의 갈등만은 넘지 못하셨던 것이다. 이 폐습이 아직까지도 우리 사회에 얼마나 비생산적인 열정을 빚어내고 있는지 모른다. 헤밍웨이가 그처럼 증오했던 독해파리가 아닐 수 없다.

헤밍웨이는 불굴의 투지를 통하여 희망을 표출한다. 그는 일차적으로 독해파리와 상어 등 부정적 존재들과 중단 없는 투쟁을 계속한다. "인간은 파괴될 수는 있지만, 패배할 수는 없기" 때문이다. 인간은 불가항력적인 도전 앞에서 멸망할 수는 있다. 그러나 정신적으로 굴복하지 않으면, 결코 패배는 아닌 것이다. 그에 있어, 불굴의 투지는 범애사상과 더불어 인간에게 창조적 가치를 부여한다. 우리는 허무한 인생 속에서 아예 있지도 않은 명분과 가치를 찾으려 애쓸 것이 아니라 인생의 난관을 투지로 돌파하는 동시에 세상만물을 형제처럼 사랑함으로써 허무 속에서 새로운 가치를 창조해야 하는 것이다. 헤밍웨이는 인생의 허무를 미워한다. 그렇기 때문에 인생을 허무로 몰아가는 상어 족속을 증오하는 것이다. 그는 상어와의 싸움에서 수차례나 실패를 경험했음에도 불구하고, 전혀 좌절하지 않는다.

산티아고는 항상 꿈을 잃지 않고 있다. 그는 어려움을 넘길 적마다 사자 꿈을 꾼다. 사자와 고양이가 아프리카 해변에서 함께 어울려 즐겁게 노는 정경은 그가 꿈을 통하여 표상하는 이상향이다. 그의 사자 꿈은 『구약성서』 "이사야서" 65장 25절 말씀을 다소 변용한 것이다. "이리와 어린양이 함께 먹을 것이며, 사자가 소처럼 짚을 먹을 것이며, 뱀은 흙으로 식물을 삼을 것이니, 나의 산성에서는 해함도 없을 것이며 상함도 없으리라. 여호와의 말씀이니라." 헤밍웨이의 사자 꿈속에는 여호와께서 약속하신 새로운 예루살렘New Jerusalem의 실현이 간절한 염원으로 깃들어 있다.

망나니의 철학

예나 지금이나 세상의 수많은 업종 가운데서 망나니와 창녀처럼 경멸을 받는 생업도 없을 성싶다. 전자는 인명을 앗아가는 직업이고, 후자는 인륜을 앗아가는 직업이기 때문일 것이다. 이희승 교수의 『국어대사전』에 보면, 망나니를 가리키어 "죄인의 목을 베는 것을 업으로 삼는 사람"이라 했고, 미국에서 비교적 근간에 발행된 영어 사전, *The Random House Dictionary of the English Language*에는 "참수를 행하는 관리"라고 했다. 망나니는 사사로운 고용인이 아니라 국가가 채용하는 공무원이었다. 같은 사전에 보면, 창녀는 "몸을 파는 것을 업으로 삼는 여자"를 말한다. 망나니는 자의든 타의든 간에 공무를 수행하는 공인인 데 반면에, 창녀는 돈을 벌기 위하여 인륜을 스스로 포기하는 타락한 자연인이다. 망나니는 사람들의 저주와 따가운 눈총을 받지만, 사실은 국왕의 명령에 따라 국무를 수행하는 공직자이다. 성매매를 통하여, 사회에 독소를 뿜어내는 창녀와는 신분과 위상이 근본적으로 다르다. 헤밍웨이는 어부들을 괴롭히는 독해파리를 창녀whore라 불렀다.

참수형이 언제부터 사용되었는지는 정확히 알 수 없다. 주周나라의 무왕은 은나라를 정벌한 후, 폭정으로 백성을 괴롭혔던 주왕紂王과 그의 애비愛妃 달기妲己를 참수하였다 한다. 기원 전 1100년경의 일이다. 『구약성서』에 나오는 유다의 왕 므낫세Manasseh는 자신이 지정한 우상을 숭배하지 않고 여호와를 숭배한다하여 죄 없는 백성을 나무로 만든 톱으로 썰어 참혹하게 죽였다. 유대인들의 전승에 의하면, 이사야Isaiah 선지자도 왕을 비판한다는 죄목으로 나무 톱에 의하여 참수 당하였다 한다. 기원 전 740년경의 사건이다. 참수형은 역사적으로 가장 오래된 처형 방법인지도 모른다. 영국에서는 17세기까지도 참수형을 공개로 처형하여 관중을 끌어드렸다. 사형수에 따라서는 참수의 집행 방식이 너무 잔인하였다. 망나니가 미친 사람 널뛰듯 온갖 요란방정을 다 떨며 사형수의 정신을 혼란시킨 후에 사형수의 두 팔을 차례로 잘랐다. 죄수가 괴로워하는 모습을 군중에게 충분히 보이고 나서 마지막 순서로 목을 잘랐다. 관중은 팔과 목이 날아갈 적마다 경악의 함성을 지르며 안타까워하면서도, 그 잔인한 참상을 더 없이 즐거운 구경거리로 받아드렸다.

르네상스 영국인들은 입으로는 인본주의를 표방하면서도, 현실적으로는 잔인한 내면적 속성을 억제하지 못하였다. 인간의 양면성이 적나라하게 노출되었던 것이다. 우리나라에서는 오살五殺이라는 참형이 있었다. 오살은 영국에서와는 달리 먼저 목을 벤 후에 다시 두 팔과 두 다리를 자르는 참수형이었다. 죄를 미워한다기보다는 인간을 미워한 형벌이었다. 인간은 구조적으로 심리적 모순을 지니고 있는 모양이다. 인간은 연민 속에서 쾌락을 취하고, 쾌락 속에서 연민을 표출하는 양면적인 존재인 것이다. 우리나라 조정에서는 1896년(고종 31)에 참수형을 폐지하고 교수형으로 대체하였다. 참수형은 그 후 일시적인 필요에 따라 1900년(광무 4)에 잠시 부활되었다가 1905년(광무 9)에 완전히 폐기되었다. 인권을 위한 위대한 행보라 하지 않을 수 없다.

참수형은 대체로 반역대죄를 범한 죄수를 문책하는 형벌이다. 국법으로 보면 당연히 중죄인에 해당되겠지만, 인간적으로 보면 대체로 비범하고 위대한 인물이기 일쑤다. 영국의 에섹스 백작Earl of Essex은 반란에 실패하여 참수형을 당하였다. 그러나 그는 거사 하루 전까지도 엘리자베드 여왕의 총애를 한 몸에 받았던 정신廷臣이었다. 여왕의 총애뿐만이 아니다. 백작은 런던 시민들의 여망도 높게 받고 있었다. 그는 시민의 세력을 너무 신뢰하였기 때문에 구체적인 거사 준비를 하지 않았다. 원래 군중이란 잠재적 세력일 뿐 현실적인 세력은 아니다. 군중의 힘을 현실적인 세력으로 동원하기 위해서는 요즘에 유행하는 촛불 시위처럼 촉매작용이 필요한 것이다. 에섹스 백작은 그 점을 간과하였던 것이다. 엘리자베드 여왕은 백작의 처형을 놓고, 정치적인 처벌과 개인적인 정서 사이에서 무척 고민이 많았었다고 한다. 여왕의 자세가 그러할진대 참수를 실행하는 망나니의 심정은 어떠하였을 것인가? 망나니는 참형을 집행할 적마다 지옥을 넘나드는 끔찍한 악몽을 치러야 했을 것이다.

유응부는 단종의 복위음모에 가담하였다. 그는 명나라 사신을 맞이하는 연회에서 성승(성삼문의 아버지)과 더불어 운검을 맡아 세조를 시역弑逆하려 했다가 탄로되어 참수 당한 사육신의 한 사람이다. 그는 무관으로 급제하여 동지중추원사로 정 2품에 올랐지만, 학문에도 뛰어나 당시에 절의파節義波 학자로 세인의 존경을 받았다. 그는 문무에 통달한 의절의 재상이었다. 그는 기골이 장대하여 사람을 제압하는 위엄이 있었지만, 청렴결백하여 가정은 빈곤하고 누추하였다. 심지어 양식이 떨어지는 경우가 다반사였지만 사탐이 전혀 없었다. 청백리로 소문이 자자한 것은 당연한 귀결이었다. 궁중 안팎에서 그를 우러러 보지 않은 자가 없었다 한다. 그는 복위음모로 국문을 받을 때, 칼로 살을 뜨고 인두로 살을 지지는 참혹한 고문에도 불구하고 한 마디의 대꾸도 없었던 초인적인 인물이었다. 참수의 임무를 맡은 망나니는 이처럼 위대한 인물의 충절 앞에서 어떤 자세를 취해야 한다는 말인가? 남모를 고민으로 밤을 지새워야 했을 것이다. 서양의 문헌에 보면 망나니는 사형수의 목을 베기 전에 어떻게 해서든 기회를 포착하여 이 두 마디는 꼭 건넨다고 한다. "죄송합니다.I beg your pardon. 신의 축복을 빕니다.God bless you." 망나니에 대한 우리의 선입견은 경박한 면이 없지 않다. 우리는 사물을 단순한 눈으로 보고, 깊은 마음으로 보지 않기 때문이다.

참수형을 도입한 초기에는 망나니를 기용할 때 중죄인으로부터 뽑아 썼다고 한다. 주나라 무왕이 은나라의 주왕과 달기를 처형하였을 때 그러한 방법으로 망나니를 기용하였을 가능성이 높다. 패전국의 왕으로 전락한 폭군을 응징하기 위해서는, 폭군에 의하여 정죄된 중죄인이 직접 망나니로 나서는 것이 과거사 청산 차원에서 더욱 효과적일 수 있기 때문이다. 은나라 임금 주왕은 애비 달기의 농간에 매료되어 정사를 그르치고 있었다. 당연히 달기를 멀리하라는 간언이 쏟아졌다. 주왕은 간언하는 충신들을 모조리 처형하였다. 주왕은 동으로 만든 기둥에 기름을 칠하여 숯불 위에 걸쳐놓고 죄인으로 하여금 그 미끄러운 동주銅柱 위를 걷게 하여 숯불에 떨어져 죽게 하였다. 그 악명 높은 포락지형炮烙之刑이 바로 그것이다. 주왕과 달기는 죄인들이 동주에서 떨어지지 않으려고 안간힘을 다하다가 결국 떨어져 불에 타죽는 모습을 보고 파안대소하며 즐거워하였다고 한다. 죄인들의 원한이 극도에 달하였을 것이다. 주나라 무왕은 참형의 파급효과를 고려하여, 특히 은나라의 중죄인 중에서 망나니를 선택하였을 것이다. 인간의 원한과 복수심에 호소한, 기발한 발상의 처형이었다. 복수형식의 사형lynch과 처벌규범인 국법이 분리되기 이전의 원시적인 처형 방법이었던 것이다.

달기는 미모가 정말 빼어나고, 사람을 홀리는 힘이 대단하였던던 모양이다. 달기를 참수할 망나니가 형틀에 묶여 있는 달기의 얼굴을 보는 순간 그녀의 미모에 매료되어 검을 들지 못하고 넘어져, 자리에서 일어나지 못하였다 한다. 주나라 무왕은 나이가 70세가 넘는 죄인으로 망나니를 교체하였다. 그러나 고희古稀를 넘긴 망나니 역시 달기와 눈이 마주치기가 무섭게 검을 안고 쓰러졌다. 하는 수 없이 그녀의 얼굴을 천으로 가리고 그녀의 목을 베었다고 사가는 전한다. 은나라 주왕과 달기의 참형은 사마천司馬遷의 『사기』에 기록된 내용이다. 사마천이 주왕의 참수에 대하여는 별다른 수식이 없으면서도, 달기의 참수에 대해서는 자세한 설명을 가한 것은 그의 사관과 관계가 있어 보인다. 일반적으로 망나니에 대한 우리의 인식은 아주 고착되어 있다. 흔히 쓰는 말로, 우리는 망나니를 "인정도 사정도 없는,"

그야말로 무지막지한 악한으로 취급하고 있는 것이다. 그러나 사마천의 눈에 비친 망나니는 그렇지가 않았다.

『사기』의 외면적인 표현대로 망나니가 달기의 미모에 반했거나 미모가 아까워서 참수를 거부하였는지, 아니면 설사 허물 많은 요녀라 할지라도 연약한 여인의 목을 베기가 어려워서 그랬는지는 알 수 없다. 그것도 아니라면, 어쨌든 국모에 해당하는 여인을 외적의 명에 따라 참형을 가하는 것은 신하의 도리가 아니라서 그랬는지도 모른다. 세 가지의 가상적 이유 중에서 어느 것이 옳든 간에 사마천은 망나니에게 인간성을 부여하였던 것이다. 사마천은 인문주의적 사관을 가진 역사가라 할 수 있다. 이유야 어찌 되었든 망나니가 참수의 임무를 거부하면 즉살을 면치 못할 것은 누구보다 망나니 자신이 잘 알고 있었을 터이다. 망나니는 목숨을 걸고, 가리워진 자신의 정체성을 천명한 결과가 된 것이다. 망나니에게도 눈물이 있고, 인륜이 있고 철학이 있을 수 있는 것이다. 관직 상 처신을 달리할 수 없었던 한 불행한 인간일 뿐이다.

우리는 행동이 아주 못된 사람을 가리키어 “망나니” 또는 “개차반”이라 부른다. 개차반은 개가 먹는 것, 즉 인분을 지적하는 비속어이다. 우리는 망나니를 감정적으로, 보다 더 강렬하게 표현할 때 “개망나니”라고 부른다. 세상에는 허울이 멀쩡한 개망나니가 너무 많다. 14세기에 영국의 글로스터 공작Duke of Gloucester은 국왕 헨리 6세와 그의 아들 웨일즈 태자Prince of Wales를 암살하였다. 공작은 태어날 때부터 꼽추인데다 발을 절었다. 신체에 대한 자학과 왕권에 대한 야망으로 저지른 비겁하고 엽기적인 행위였다. 영국 국민들은 보복이 두려워 국왕에 대한 국장은 고사하고 시체도 수습하지 못했다. 시신은

3개월이 넘도록 방치되어 있었다. 웨스트민스터 사원 주변은 시체 썩는 냄새로 코를 들 수 없었다. 태자비 앤 부인Lady Ann이 용기를 내어 나섰다. 시아버지의 시신을 아무런 장식이나 치장도 없는 들것에 얹어 검은 천으로 덮고 장지로 운구하고 있었다. 아니나 다를까 글로스터 공작이 나타났다. 그는 운구하던 사람들을 쫓아버리고, 앤 부인에게 고약한 수작을 걸어 왔다.

"내가 당신의 시아버지와 당신의 남편을 죽인 것은 사실이요. 그러나 나는 하수인에 불과할 뿐이요. 사주한 자는 따로 있소." "도대체 그게 누구란 말이오? 이 비겁한 거짓말쟁이 같으니!!" "나에게 사주한 자는 지금 내 앞에 서있는 바로 당신이요. 당신의 아름다운 가슴에 한 순간이라도 안겨보고 싶은 심정 때문에 당신의 남편을 내가 죽인 것이오," 앤 부인은 공작의 얼굴에 침을 뱉었다. 공작의 음성은 더욱 열정이 넘쳤다 "내게 침을 뱉는다고 당신의 원한이 풀리겠소? 이 칼로 나의 가슴을 찌르시오! 당신의 손에 죽는다면 나는 더 이상의 행복을 바라지 않겠소." 공작은 단검을 앤 부인에게 쥐어주며 자신의 가슴팍을 열어 젖혔다.

칼을 받아든 앤 부인은 가슴을 찌르려는 순간 공작의 가슴에 시선이 닿았다. 꼽추의 몰골과는 달리 그의 가슴은 체모가 검실거리며 야성미가 강렬했다. 한 동안 외로웠던 여심의 탓이었을까? 그녀는 비수를 굳게 잡았던 손에 힘을 잃고 칼을 떨어뜨리고 말았다. 공작은 속삭였다. "나는 당신과 결혼할 것이요. 나는 곧 왕이 될 것이며, 당신은 왕비가 되는 것이요. 공작은 강제로 그녀에게 입을 맞추고, 자신의 반지를 빼어 그녀의 손가락에 끼어주었다. 앤 부인은 너무 갑작스런 일이어서 현기증을 일으키어 비틀거리며 자리를 간신히 떴다.

공작은 앤 부인의 뒷모습을 바라보며 중얼거렸다. “천박한 여자 같으니! 제 남편을 죽인 이 놈에게 놀아나다니!!” 헨리 6세의 시신이 고약한 냄새를 풍기며 누어있는 바로 그 옆에서 일어난 일이었다.

어느 일간지의 칼럼에서 읽은 내용이다. 1937년 12월 13일 중국 남경을 함락한 일본군 장교들은 자신들의 쾌거를 자축하기 위하여 중국의 민간인을 상대로 살인 시합을 벌였던 모양이다. 기간은 명시되지 않아 알 수 없지만, 100명을 살해하는 시합이었는데 초과 달성자가 속출하자 다시 연장전을 벌이기까지 하였다고 한다. 천지가 대노하고 만인이 공분할 추악한 만행이다. 일반적으로 군대의 장교는 국제적 신사라는 말을 자주 들은 것 같은데, 일본군 장교들이야 말로 망나니 중에도 개망나니였던 모양이다. 불과 7주 동안에 학살당한 중국인이 26-35만 명에 달하였다고 한다. 희생자가 두 손을 잡고 늘어서면, 남경에서 항주까지 이어져 그 거리가 무려 322킬로미터나 된다는 계산이 나온다는 것이다. 동물이 아닌 “인간 사냥”의 시합이라니 참으로 소름끼치는 일이다. 동기動機 면에서 본다면, 히틀러Adolf Hitler가 인종 론에 의하여 자행한 아우슈비츠 대학살Auschwitz Holocaust 이상으로 비열하고 맹랑하다.

독일의 나치스는 폴란드를 정복한 후 40개의 비밀 수용소를 만들어 1945년 1월 27일 바르샤바가 함락될 때까지 5년에 걸쳐 유대인 400-600만 명을 살해하였다. 표면적인 동기와 명분은 인종개량이었다. 이성의 작용이 없다는 동물계에서도 찾아볼 수 없는, 인간만의 치욕적인 타락상이다. 생각하면 생각할수록 같은 인간Homo Sapiens으로서 그저 부끄럽고 죄송할 뿐이다. 그 많은 역사적 교훈에도 불구하고, 아직도 우리 인간들은 반성하지 않는다. 소식통에 의하면, 북한의 인권 상황이 그렇고, 알카에다의 테러조직이 그렇고, 이라크 저항군의 인질극이 그렇다. 북한에서는 오직 장군님의 뜻이라면 만사가 그만이고, 이락에서는 알라신의 뜻이라면 모든 것이 그만이다. 각계의 많은 역사적 비판에도 불구하고 세계의 도처에는 여전히 "개망나니"는 건재하고 있는 것이다. 아무래도 인간의 심성 저변에는 자아 모순적 잔인성이 도사리고 있는 듯하다.

셰익스피어는 자신의 한 낭만희극에서 남자의 순정을 외면한 여인의 매정함을 망나니의 매정함보다 더 강퍅하다고 술회한 바 있다. 따지고 보면, 망나니는 매정할 수밖에 없다. 망나니가 매정함을 잃으면 참수의 임무를 수행할 수 없지 않는가? 망나니가 대역죄인의 참수를 거부하면 역적에 동조하는 현장의 반란이 된다. 그는 즉석에서 처형될 수밖에 없다. 망나니는 공직의 속성상 망나니일 수밖에 없다. 우리는 망나니와 여건이 전혀 다르면서도, 알게 모르게 남의 가슴에 비수(?)를 꽂는 경우가 적지 않다. 우리는 가정에서, 직장에서, 심지어는 교회 안에서도 상대방의 마음에 상처를 주는 경우가 허다하다. 망나니가 따로 없는 것이다. 요즈음에는 산에 가기도 그리 편치가 않다. 눈치가 보이기 때문이다. 예로부터 요수樂水는 지자智者요, 요산樂山은 인자仁者라 했는데 지금은 상황이 달라진 것 같다. 산에 가보면 별의별 일도 다 있다한다. 버젓이 가정이 있는 여인네가 외간 남자에게 접근하여 성매매를 하는 경우가 부지기수라 한다. 나도는 말이 사실이라면, 어디에 기준을 두고 남을 창녀라 욕할 것인가?

『구약성서』 "창세기"에 보면 다말Tamar이라는 여인은 남편이 죽자 상대가 시아버지인줄 알면서도 얼굴을 가리고 접근하여 염소 새끼 한 마리를 받고 몸을 팔았다. 요즈음 현실을 직시해 보면, 과연 인류가 발전하고 있는 것인지 심히 의아스럽다. 혹자의 주장대로 인간의 생활에는 깨뜨리지 못할 원형archetype이 존재하는 것인가? 무엇보다 먼저 우리 자신을 잘 지켜야 한다. 내가 나를 잘 지키는 자는, 남에게도 이해와 동정을 나눌 수 있다. 남을 욕하는 자가 오히려 자신을 잘 지키지 못하는 경우가 많다. 예수님은 창녀라 경멸받은 막달라 마리아에게 누구보다 먼저 부활의 소식을 전하였다. 사랑과 수신修身은 같은 맥락의 것이다. 사랑은 남에게 애정을 주는 것이요 수신은 자신에게 애정을 주는 것이다.

예수님은 자신이 깨끗하였기에 창녀를 사랑할 수 있었다. 자신이 깨끗하지 못 하면 창녀를 사랑하는 일 자체가 불가능하다. 자신이 깨끗하지 못하면, 사랑이 아니라 성매매 행위가 되기 때문이다. 우리는 수치를 알아야 한다. 프로이트Sigmund Freud의 정신분석학 용어를 원용하자면 초자아super ego가 작동하여 감성의 세계를 제어해야 한다. 자아의 영혼이 깨여있으면 창녀도 개망나니도 모두 사라진다. 망나니를 욕하기 전에 그의 고민하는 처신에 대하여 숙고해 보라. 망나니는 세상이 다 자기를 욕하고 멸시해도, 자신의 소임을 다 해야 하는 사람이다. 법리대로 말하자면, 그는 어디에다 내놓아도 떳떳하다. 그럼에도 불구하고, 그는 신변의 위험을 무릅쓰고 은밀히 먼저 사형수에게 자신의 처지를 사과하고, 한 걸음 더 나가 상대방의 영혼을 위하여 신의 가호를 빌었다. 강한 신념과 철학 없이는 전혀 불가능한 처신인 것이다.

공신력

공자는 그의 제자 자공子貢과의 대담에서, 정치의 요건을 세 가지로 함축하였다. "풍족한 양식과 충족한 병력 그리고 백성의 신뢰足食足兵 使民信之矣"이다. 이들을 현대적 개념으로 말하면, "족식"은 경제와 민생을 뜻하고, "족병"은 국방과 안보를 지칭하며, "사민신지"는 국가의 공신력을 의미한다. 자공은 세 요건 중에서 부득이 하나를 제거하면 무엇을 버려야 하느냐고 물었다. 공자는 족병이라 했다. 자공은 나머지 둘 중에서 부득이 하나를 제거한다면 무엇을 버려야 하느냐고 다시 물었다. 공자는 족식이라 답했다. 공자는 정치 요건의 중요성을 (1) 공신력 (2) 경제와 민생 (3) 국방과 안보 순으로 정리한 것이다. 공자가 족병과 족식에 앞서 사민신을 제일 중요한 정치 요건으로 보는 이유는 백성이 신뢰하지 않으면 국가가 존립할 수 없기 때문이라 했다民不信不立.

현대 정치에 있어 경제는 아무리 강조해도 지나치다할 수 없다. 경제가 성장하여 부국을 이루어야 국방도 튼튼해질 수 있고, 수준 높은 교육을 실시할 수 있으며 외교도 문화도 원만히 도모할 수 있는 것이다. 외국에 나가보면, 경제 대국의 국민을 대할 때면, 사람들의 눈길부터가 다르다. 노무현 대통령이 러시아를 방문하였을 때, "밖에 나와 보니 경제가 바로 국가더라." 라고 술회란 것은 그가 피부로 느끼는 현실이었을 것이다. 고대의 성현과 현대의 현직 대통령의 의기가 상통한 대목이다. 맹자는 양나라 혜왕과의 대담에서 이런 말을 건넨다. "생활이 어려워도 본시의 마음을 간직할 수 있는 자는 오직 선비뿐이다. 일반 백성은 생활이 어려워지면 그로 인하여 본시의 마음을 잃는다無恒産而有恒心者 惟士爲能 若民 則無恒産 因無恒心." 맹자는 말을 잇는다. "백성이 본시의 마음을 잃게 되면 "방자와 편벽과 부정과 사치를 일삼게 되어 죄를 짓기 마련이다. 국가가 민생을 챙기지 못하고 죄인만을 처벌하는 것은 망민網民에 불과하다." 맹자는 민생이 정치의 근본임을 강변하고 있다.

나의 경험으로 비추어 볼 때, 일반 백성의 성정은 소박하다. 백성은 살기가 웬만하면 국가와 통치자에게 감사한다. 1983년 2월로 기억한다. 몇 개 분야에서 차출된 인원이 모여 중국을 방문하는 기회가 있었다. 우리나라가 중국과 수교하기 8년 전쯤일 것이다. 지금은 중국이 눈부실 정도로 경제적 성장을 이루고 있지만, 그 때까지만 해도 살기가 참으로 어려워 보였다. 북경, 상해, 천진, 소주, 항주, 서안 등 어디를 가 봐도 널려 있는 궁상이 몹시 측은해 보였다. 일행들의 의견을 모아보면, 당시 중국의 경제수준이 60년대 초의 우리나라와 비슷하다고 진단되었다. 우리 일행은 북경에서 서안西安을 가려고 하였는데 안개가 너무 짙게 끼어서 민항기는 이용할 수 없었다. 당국의 배려로 군항기를 이용하고자 하였으나 안개가 더욱 짙어져서 군항기 역시 이륙을 못하였다. 오후 3시가 다 되는데 점심 소식은 없고, 날씨는 추운데 사먹을 곳도 없어 고생들 많이 하였다. 3시 반경에 점심이 나왔다. 산해진미로 가득한 화려한 밥상이었다. 음식은 너무 가지수가 많아 젓가락 한 번 대보지 않은 것이 태반이었다.

마침 중국인들 4-5명이 칸막이로 가려진 공간으로 들어가는 것을 보았다. 나는 식사를 마치고 나오는 길에, 그들이 식사하고 있는 모습이 보고 싶었다. 칸막이 공간의 문을 살짝 열어 보았다. 그 순간 나는 가슴이 저려 오는 것을 느꼈다. 군항기를 이용하는 자는 그래도 대우가 좋은 편에 속하는 사람이라 들었는데, 그들의 식사가 너무 조잡한 것이었기 때문이다. 검은 빛이 감도는 빵 몇 개에 기름에 튀긴 듯한 얼갈이배추 비슷한 것이 다였다. 거기에 한 가지가 더 있었다면, 투박한 물 컵이었다.

우리가 방금 전에 마친 식사와는 너무 대조되는 것이기에, 나는 죄책감을 느꼈다. 그들과 내가 무엇이 다른가? 솔직히 고백하건대, 같은 인간으로서 이렇게 차별을 받아도 되는 것인가 하는 통회를 나는 처음 느껴봤다. 그 동안 나는 아무런 문제의식 없이 지내온 무감각한 사람에 불과 했던 것이다. 어쩌다가 대한민국에 태어나서, 능력있는 통치자를 만나 중국에도 나들이를 하게 되었고, 그들이 마련한 진수성찬을 먹을 수 있게 된 것이다. 하기야 우리도 그 혹독하고 가파른 보리 고개를 해결하기 전에는 이들 못지 않은 고생을 하였던 것이 사실이다. 나는 과거의 괴로웠던 상념들이 한 순간에 몰려와 잠시 감상에서 헤어나기 어려웠다. 따지고 보면, 우리라고 마음이 편한 것만은 아니었다. 군사통치의 시절이니 민주화의 숙제도 남아 있었고, 서양의 선진국들을 따라가 후손에게 영광을 물려주자면 팔다리가 떨어져 나가야 할 판이었다. 국가적 차원에서 보면 우리의 갈 길이 멀고도 험난하였다. 그러나 나와 같은 대부분의 소시민에게는 "항산"이면, "항심"이었다. 민생을 안정시킨 우리 대한민국이 그저 대견스러웠고, "하면 된다."고 하는 의지와 그 기치 아래 합심하여 진력하는 지도자와 국민의 일치된 모습이 고마울 뿐이었다.

오늘 아침 어느 일간신문을 보니, 김병준 청와대 정책실장은 "청와대의 가장 큰 관심은 과거사나 국가보안법 문제가 아닌 민생경제"라고 말하였다 한다. 참으로 반갑고 고마운 소식이 아닐 수 없다. 요즘 우리나라 어디를 가나 국가의 안영과 민생에 대한 걱정들뿐이다. 이러한 시기에 청와대가 정치의 방향을 바르게 세웠다고 하니 얼마나 반갑고 고마운 일인가? 그러나 신뢰성의 문제다. 아무리 이 말을 믿고 싶어도 믿음이 가지 않으니 이 일을 어찌하랴? 나라의 공신력이 너무 떨어졌기 때문이다. 대통령은 헌법을 수호하겠다고 국민 앞에 선서해 놓고는 다름 아닌 헌법기관에게 법리를 따르지 않아도 되지 않겠느냐고 딴전을 부리는가 하면, 영세 요식업자들이 솥단지를 내던지며 시위를 하는 지경인데도 대통령은 "조금 못 살면 어떠냐고"하는 판국이니 국민의 입장에서 보면, 누가 무슨 말을 해도 믿음이 가지 않는 것이다.

경제 각료에 대한 신뢰도 마찬가지다. 국민과 언론이 아무리 체감 경기를 외쳐대도 경제부총리는 일사분기의 경제가 나쁘지 않다는 주장으로 일관했었다. 이사분기와 삼사분기에는 경기가 살아나면서 경제가 전반적으로 회복될 것이라고 했지만, 사사분기의 경제는 완전히 침몰해버렸다. 경제 각료의 경우, 진단부터가 잘 못 되었으니 올바른 처방이 나올 리 없다. 대통령은 엊그제도 우리의 경제는 양극화의 문제라고 말하였다. 시장경제에 대하여는 관심이 없다는 것인지 문외한인 일반 백성으로서는 도무지 이해가 가지 않는다. 설마 속담대로 "호박씨 까서 한 입에 떨어 넣자는 것은 아니겠지. 열린우리당 국회의원들은 헌법재판소를 하늘 높이 칭송해 마지않더니, 또 어느 땐가는 헌법재판소의 판결을 쿠데타로 규정하며 탄핵해야 한다고 외친다. 국가 최고의 권위를 소유한 분들이 이렇게 일관성이 없으니 국가의 공신력이 어디서 나올 것인가?

수능시험의 부정행위는 특정지역의 특정인들에게만 관여된 것이 아니라 전국규모로 도처에 산재되어 있는 모양이다. 적발된 학생은 자신의 과오에 대하여 뉘우치기보다는 다들 하는 건데 자기만 발각된 것이 억울하다고 했다 한다. 국가가 신뢰를 잃으면 그 여파가 이렇게까지 미치는 법이다. 교사들 중에는 "참교육"을 하겠다고 교원노조까지 조직하였다. 많은 국민은 "참교육"이 과연 무엇인지 궁금해 하였다. 이제 알고 보니, 평가에 있어 200-300명의 학생 중에 1-2명을 제외하고 모두 다 1등을 만드는 것이 참교육이었던 모양이다. 교육내용에 있어 어린 학생들에게 6. 25동란은 남침이 아니라 북침이라 가르치는 것이 참 교육이었던 모양이다. 진실을 왜곡하는 것이 어찌 참 교육일 수 있는지 모르겠다.

교육자는 진실 앞에 겸손하고 경외할 줄 알아야 한다. 시험 감독으로서 부정행위를 알면서도 이런 이유 저런 이유로 해서 감독을 소홀히 하는 것이 참교육인가? 학교가 교육기관으로 공신력을 잃고 있으니, 그런 학교에서 배우는 학생이 잘못을 저지르고도 참회할 줄 모를 수밖에 없다. 학생에게 도의심을 심어주어야 참교육인 것이다. 거짓을 배척할 수 있는 힘을 길러주어야 참교육이다. 그리고 경쟁력을 높여주어야 참교육이다. 경쟁력 없이는 개인이나 국가나 세계화시대에 난국을 헤치고 나갈 수 없다. 경쟁력 있는 국민만이 경쟁력 있는 국가를 건설할 수 있다.

가까운 일본의 예를 보라. 어느 일간지 칼럼을 보니까, 나까야마 문부과학상은 교육현장의 경쟁력을 높여 학생들의 학력을 세계 정상급 수준으로 끌어올리겠다는 야심 찬 교육개혁의 메모를 수상에게 제출하였다 한다. 미래의 일본을 이끌어갈 지도자를 양성하기 위하여 중고 통합과정의 학교를 설립키로 하였다는 것이다. 기숙사 교육에 중점을 두어 학력과 인격을 겸비하도록 전인적 교육에 치중한다는 것이다. 또한 오끼나와에 세계 최고 수준의 대학원대학을 설립하여 2007학년도에 개강한다는 목표로 8000억 엔의 예산을 마련한다는 것이다. 경영진과 교수진은 세계 1급의 인력자원을 동원하며, 강의는 영어로 실시한다고 한다.

대학의 평준화가 잘 이루어져 있다고 믿고 있는 프랑스의 경우에는, 국립대학에서 영재교육을 철저히 실시하고 있다 한다. 어디 그뿐인가? 역시 평준화가 철저히 완성되었다는 독일에서도 총 41개 대학의 서열을 분야별로 발표하였다. 조사방식도 메켄지와 인터넷기업 AOL 등 세계적인 컨설팅회사에 의뢰하였다고 한다. 영국의 케임브리지 대학과 옥스포드 대학, 미국의 하바드 대학과 에일 대학 그리고 프린스톤 대학 등 세계 초 일류대학들의 학력 순위가 거의 매년마다 뒤바뀌는 치열한 경쟁을 버리고 있는 것이 오늘날의 추세다. 우리나라는 유아독존으로 하향 평준화를 거듭하고 있는데 그래가지고 결국 어떻게 하자는 것인가? 우민정치愚民政治로 국가를 다스리자는 것인가? 참교육은 국가의 경쟁력을 격상시키는 애국과 애민의 교육이 되어야 한다. 그래야 공교육이 재생된다. 공교육이 무너진 것은 학부모와 학생이 학교를 믿을 수 없기 때문이다. 국가가 신뢰를 잃으면 정치도 교육도 넘어지고 만다. 공자의 말대로 "民不信不立"이기 때문이다.

우리는 어떤 희생을 무릅쓰고라도 공신력을 회생시켜야 한다. 대통령은 "코드"가 궁극적으로 무엇을 의미하는 것인지 천명하는 것이 좋다. 소신을 가지고 정책을 밀고 나갈 때, 국민은 지도자를 믿고 따른다. 국민 중에 좋은 대통령, 성공한 대통령을 바라지 않는 사람은 하나도 없다. 대통령은 누구의 눈치도 살필 것 없다. 정공법으로 나가야 한다. 인기주의에 영합해서는 개인적으로도 성공할 수 없고, 공인으로서도 성공할 수 없다. 프랑스의 드골Charles de Gaulle 대통령을 보라. 국민 투표에 패배하였지만, 떠나가는 그의 뒷모습이 너무 아름다웠다. 그것이 드골의 매력이며 그를 영원히 생존시키는 원동력이다. 국민 투표에서 패배했다 해서, 국민으로부터 인기가 떨어졌다 해서 실패한 대통령은 결코 아닌 것이다.

영국의 대처Margaret Hilda Thatcher 수상은 교육상으로 재직하고 있을 때, 모교인 옥스퍼드 대학으로부터 매년 1회 밖에 거행하지 않는 대학 축제에 초청연사로 초대받았다. 당시의 영국 학생들은 사회주의에 물들어 있었기 때문에, 대학당국과 학생회에서는 학생들이 선호하는 내용의 연설을 기대하였다. 축제가 최고조에 달했을 때, 교육상이 소개되었다. 대처 수상은 열화 같은 환호 속에 등단하여 열광하는 학생들 앞에 섰다. 그녀는 입을 열었다. “안녕하세요, 납세자 여러분!” 학생들은 기대가 무너졌다. 그녀는 아랑곳하지 않고 소신대로 “세무법규와 경제의 당위성”에 대하여 지루한 설교를 계속하였다. 대처 수상도 모교의 후배들에게 달콤한 이야기를 하고 싶지 않았을까? 그러나 그녀는 사적인 감상을 끝까지 자제하였으며, 결코 인기에 영합하지 않았다. 이처럼 소신 있는 정치가가 있었기에 영국은 경제적 나락에서 소생할 수 있었던 것이다. 국민은 소신 있는 지도자와 정치가를 신뢰한다. 공신력의 회복은 전적으로 대통령의 정치적 소신에 달려 있다.

일찍이 루소Jean-Jacques Rousseau가 밝혔듯이, 국가와 사회는 민약social contract에 의하여 형성된다. 고대 국가에서 흔히 볼 수 있는 것처럼 설사 무력으로 강점한 국가라 할지라도, 결국 백성의 일반 의지에 의한 광의의 약속에 따라 국가의 통치 형태가 갖추어진다. 중세의 봉건주의 왕정에서는 특정한 제후에 대하여 제후들이 충성 서약을 표명함으로써 군주가 탄생된다. 제후들의 충성 서약이 파기되어 제후들이 군주를 공격하면 군주는 통치력을 잃기 마련이다. 봉건주의 왕정에서 반란이 많고 정변이 잦은 것은 그 때문이었다. 봉건왕정의 군주는 제후들의 충성 서약을 확고히 묶어둘 필요가 있었다. 봉주는 성서로부터 왕권의 신수설Theory of Divine Rights of Kings을 도입하였다. 『구약성서』에는, 제비뽑기 방식에 의하여 이스라엘의 왕에 선출된 사울Saul을 여호와가 선택한 통치자로 규정하고 있다. 『구약성서』, “사무엘 상” 10장 24절에 이렇게 적혀 있다. “사무엘이 모든 백성에게 이르되, 너희는 여호와의 택하신 자를 보느냐. 모든 백성 중에 짝할 이가 없느니라하니 모든 백성이 왕의 만세를 외쳐 부르니라.” 봉주는 봉신들의 충성 서약을 기독교의 신앙으로 강력하게 얽어놓고 있는 것이다.

봉건주의 왕정을 거쳐 근대의 절대왕정에서는 더더욱 왕권신수설을 강조한다. 제후들뿐만 아니라 성직자와 평민 등 거국적인 저항을 거세게 받았기 때문이다. 그러나 1789년 프랑스 혁명이 성공한 이후로, 왕권신수설은 기독교의 신앙적 영역으로 퇴각해버렸다. 현대국가에서 왕권신수설보다 더욱 엄숙한 것은 민심이다. 민심이 곧 천심인 것이다. 대통령은 소신 있는 정치를 펼치고, 국민으로 하여금 신념의 정치를 믿도록 하여야 한다. "使民信之矣"만이 성공한 대통령으로 가는 유일한 길이다.

대학생활과 윤리의식

내가 알기로, 1950년대는 우리나라 국민 모두가 심신이 지칠 대로 지친 참으로 고단한 시기였다. 광복 직후부터 터져 나온 신탁통치를 놓고 찬탁과 반탁으로 분열된 국론을 간신히 봉합하여, 드디어 1948년 8월 15일에 대한민국의 정부수립을 만방에 고하였지만 2년이 채 못 되어 1950년 6월 25일에 한국동란이 발발하였다. 전쟁의 참화 속에 형언할 수 없으리만치 혹독한 민족상잔을 겪으며, 1953년 7월 27일에 피 말리는 휴전협정이 조인되었다. 그러나 말이 휴전이었지 국부전은 그칠 날이 없었고, 전면전의 재발은 한치 앞을 예단할 수 없을 정도로 위태로워 하루하루가 불안의 연속이었다. 국가 경제가 최악의 상태에 이르러 우리 국민은 초근목피로 민생고를 해결하면서도, 한편으로 도발위협에 따라 휴전선을 사수하고 다른 한편으로는 정치 불안에 따라 민주주의를 수호하는 다중 고를 치러야 했다. 국민들은 몸과 마음이 쇠잔하여 탈진 상태에 직면하고 있었다. 어느 것 하나 소망스러운 일이 없었기 때문에 좌절감은 더해갔다. 그러한 와중에서도 교육열을 잃지 않은 우리 국민의 열정이 자랑스러웠고 각급의 국민 교육을 지속해온 조국에 감사하며, 개인적으로는 어려운 시기에도 불구하고 대학에 진학하여 학업을 계속할 수 있도록 도와주신 부모님과 고통을 감내한 형제자매 등 온 가족들이 눈물겹도록 감사했다.

인간을 포함하여 자연은 자정능력을 가지고 있는 모양이다. 형편없이 벌채되고 오염된 우리의 산야가 녹색을 다시 찾았으며 하천이 정화되었다. 가족의 이산으로 가정이 파괴되는 비극을 겪으며 처절했던 우리의 정서는 절박했던 하루하루의 괴로운 일상 속에서도 그런 대로 여유를 찾아 생존을 연장했던 것이다. 생각하면 참으로 놀랍고도 신기한 일이었다. 하기야 서양의 문학사를 살펴봐도 그러했다. 서양의 낭만주의Romanticism 시인들은 고통과 번뇌 속에서 낭만을 구가하는 여유를 보였다. 날로 교활해진 절대군주들의 인권 탄압과 산업혁명의 부작용으로 나타난 인간의 소외 문제가 우리를 환멸 속에 몰아넣었지만, 그 고통 속에서 낭만주의의 아름다운 꽃을 향기롭게 피어냈던 것이다. 서구의 낭만주의는 고통을 극복하는 변증법적 영광이며, 김영랑 시인의 표현대로 "찬란한 슬픔의 봄"이었던 것이다. 1950년대의 학생들은 세계열강들의 무책임한 힘의 논리에 울분을 터트렸고, 민주주의를 제물로 민주주의를 호언하는 집권층에 분노하였다. 출구 없는 감옥에서 자신의 탈출을 찾아 불안한 가슴을 안고 정처 없이 헤매었던 것이다. 국가의 경제규모가 작고 산업체가 없다보니, 어렵게 대학을 나와도 갈 곳이 없었다. 힘겹게 보살펴준 가정과 사회의 여망에 어떻게 부응하랴? 나는 어느 책상 위에 다음과 같은 낙서가 무수히 반복되어 적혀 있는 것을 봤다. "해운대의 갈매기야, 너는 왜 우노? 너도 나처럼 갈 곳 없어 우는 거가?" 나는 낙서에 담긴 내용이 석양의 갈매기 울음소리처럼 처량하게만 들렸다. 청운의 뜻을 접어버린 젊음의 호소였다. 아닌 게 아니라 5급 공무원(지금 9급에 해당) 임용고시나 신문사 기자 채용 시험 때, 수 만 명의 젊은이가 몰려다니는 정경은 비단 젊은이들뿐만이 아니라 온 나라의 비극이었다. 당시에는 큰 사업체가 없었기 때문에, 아무래도 공무원 임용고시와 신문사의 임원채용시험이 젊은이들에게 가장 큰 탈출구가 되었었다.

나는 대학을 졸업하고 바로 대학원에 진학하였다. 학교 당국에서는 직장을 갖지 말라고 경고하였지만, 현실은 그렇지 못 했다. 등록금과 생활비를 조달해야 했기 때문에 취업을 쉽게 단념할 수가 없었다. 대학원 1학기 말의 일이다. 서울 소재의 S여고에서 국어, 영어, 수학, 사회, 과학 등 소위 중요 과목에 각기 약간명의 교사를 채용한다는 광고가 일간신문에 게재되었다. 다행히 나는 중등교사 자격증을 소지하고 있었기 때문에 응모하기로 하였다. 서류심사를 거쳐 면접 해당자가 통보되었다. 면접장에 나가보니 영어 부문에만 137명이 응모하였다는 말이 나돌았다. 시골에서 근무하는 현직 교사가 많이 응모하여 지원자가 늘었다고 했다. 면접을 마친 후 4일 만인가 우편물이 전달되었다. 최종으로 공개수업을 하러 오라는 통보였다.

영어과 지원자는 2명이 공개 수업을 하게 되었다. 다른 한 지원자는 S대학교(국립)의 대학원에 재학 중이라 했다. 공개수업이 방과 후에 시작된 데다 영어과가 제일 나중으로 순서가 잡혀서 우리는 제법 늦게까지 기다려야 했다. 밖에는 이미 어두워지고 있었다. 초조하게 기다리고 있던 다른 지원자가 나에게 말했다. “우리 둘은 다 뽑겠지요?” 그 지원자의 계산도 무리는 아니었다. 모집요강에 모집인원을 “약간 명”이라 밝혔기 때문이다. 초조하기는 나도 마찬가지였다. 나는 초조한 마음을 자제하며 대답했다. “글쎄요. 그랬으면 얼마나 좋겠어요.” 최종 합격 통보가 와서 학교에 나가보니 S대학교 대학원에 다닌다는 지원자는 보이지 않았다. 잠깐 동안이라도 같이 고생을 겪는 중에 정이 들었던지 아니면 같은 시대의 젊은이로서 동병상련이라서 그랬는지 섭섭하고 왠지 입맛이 씁쓸했다.

상경분야나 이공분야에 비하여 상대적으로 취업이 더 어려웠던 인문분야 대학생들은 고통이 더욱 심할 수밖에 없었다. 그래도 그들이 그런 대로 어려움을 견뎌낼 수 있었던 것은 인문대학 특유의 저력 때문이었는지 모르겠다. 강의실 내에는 문학 강의가 있었고, 강의실 밖에는 자연이 있었다. 연세대학교의 숲은 셰익스피어의 아든Arden 숲이다. 아든 숲의 버드나무 대신에 연세대학교의 숲은 길가에 백양나무가 줄지어 있었고, 아든 숲의 목자 관을 감싸고 있는 감람나무 대신에 연세대학교의 숲에는 무궁화가 본관 앞을 감싸고 있었다. 연세대학교의 아든 숲에서 젊은 남녀가 목동과 목녀처럼 학문과 예술을 논하며 미래를 속삭이고 있었다. 평화로운 모습이었다. 젊음에는 그러한 망중한忙中閑도 있었던 것이다.

우리가 연세대학교에 다닐 때에는 “숲 속의 향연”이라는 연세방송국YBS의 음악 프로그램이 있었다. 이 프로그램은 연세대학교 학생들뿐만 아니라 인접해 있는 이화여자대학교 학생들로부터도 큰 호응을 불러 일으켰다. 지금은 도로가 크게 나서 경계선이 넓어졌지만, 그 때만하여도 이대와 연대는 같은 캠퍼스나 다름이 없었다. 지금의 청송대聽松臺 근처로 기억된다. 갈대가 부드러운 숲을 이루고 있었고, 떡깔나무 낙엽이 초가을 미풍에 실려 갈대밭 여기저기에 함부로 나뒹굴던 오후 4시경이었다. 방송된 곡명은 멘델스존Jacob Felix Mendelssohn-Bartholdy의 『한여름 밤의 꿈』, 부수음악 13곡 중에서 "결혼 행진곡"이었다. 가슴을 감미롭게 파고들던 낭만적인 멜로디가 끝나자, 일시에 터져 나온 젊음의 환호성이 연세 숲을 진동시켰다. 그 많은 청춘들이 그 동안 어느 곳에 자취를 감추고 있었던가? 그 감격, 50년이 지난 이 순간에도 움츠릴 줄 모르고 더욱 강하게 끓어오른다. 젊음과 하나oneness가 되었던, 그 감동적인 연세의 아든 숲이 지금은 도대체 다 어디로 갔는가? 그저 아쉽기만 하다.

연세의 숲 못지 않게 문학 강의 역시 우리에게 낭만적 카타르시스 효과를 주었다. 현실적으로는 감내하기 어려운 고통을 정신적 가치로 초월할 수 있었던 것이다. 지금은 타계하신 이봉국 교수님의 영시 강의가 떠오른다. 선생님은 언제나 깔끔하고 말쑥한 차림으로 강의를 하신다. 너무나 정열적으로 강의를 하시기 때문에 일단 강의에 빠져들면 어떠한 외적인 여건도 다 승화되기 마련이다. 우리는 비극의 주인공이며, 선생님은 우리의 연극을 연출하시며 동시에 배우가 되신다. 우리는 비극의 주인공이자 관객이 되어 카타르시스의 놀라운 효과를 얻게 되는 것이다.

바이런George Gordon Byron의 "우리 둘이 헤어질 때"를 강의하실 때였다. 선생님은 "우리 남 몰리 만났으니, 남 몰리 괴로워해야지!" 대목에서부터 몇 차례의 위험한 고비를 넘기셨다. 선생님은 더욱 상기되신 얼굴로 시 구절을 읽어 가셨다. “나는 그대를 너무나 잘 알건만, 세상은 이 마음 몰라줘. 가슴 아파 말못하겠네.” 선생님의 얼굴은 홍시처럼 붉어지고, 두 눈가에는 이슬이 맺히기 시작했다. 그래도 용하게 위험은 넘기셨다. 강의는 시의 마지막 행에 다다랐다. “먼 훗날 우리 다시 만나면, 우리 뭐라 인사할까요? 말없이 눈물로 인사하지요.” 선생님은 참으셨던 감정이 복받쳐 드디어 위험의 경계선이 무너졌다. 선생님은 “나 더 이상 강의 못하겠어. 주제 분석은 다음 시간에 해요. 공부해 오세요!” 힘들게 겨우 한 말씀하시고는 강의실을 빠져나가셨다. 우리는 선생님의 뒷모습을 보고 모두 가볍게 웃었다. 그러나 내적으로는 우리도 모두 함께 울고 있었던 것이다. 그 때 우리는, 그렇게 생활하고 사색하면서 현실적인 난관을 극복할 수 있었다.

학생의 입장에서는 성적관리가 매우 중요하다. 특히 대학교의 학점관리는 더더욱 중요할 것이다. 현실적으로 취업이나 대학원 진학에 반영이 될 것이며, 최종 학부가 되다보니 성적표가 평생 동안 주인을 그림자처럼 따라다니기 때문이다. 그런데도 우리가 대학에 다녔던 50년대에는 대부분의 학생들이 학점에 그리 연연하지 않았던 것 같다. 지금과 달리 그때에는 중간고사가 없었고 기말고사 한번만으로 성적이 평가되었는데도 학교 강의실에서 배운 공부보다는 각자의 계획에 따라 규정된 강의 이외의 일반 서적을 통하여 공부를 많이 했었다. 지금은 성적표라고 했지만, 그 때는 성적표보다는 이수표라는 말을 많이 사용했었다. 성적 자체가 중요한 것이 아니라 어떤 과목들을 이수했느냐가 중요하다는 표현인지도 모르겠다. 사회가 전반에 걸쳐 지적 고갈에 처해 있었던 시대이었던 관계로 대학생들에 대한 여망과 보이지 않은 압력도 컸었다. 우리 대학생들은 한편으로 학도로서의 자부심을 느끼기도 하였지만, 다른 한편으로는 지적 결핍으로 인하여 불안하기도 했다. 사실, 고등학교를 갓 졸업한 우리로서는 아는 것이 너무 적었기 때문이다. 불안을 달래는 유일한 것이 바로 책이었다. 당시로서는 주위의 여망에 부응하기 위하여 무엇이 되었거나 책에 매달릴 수밖에 다른 방법이 없었다. 당시의 학생들은 "책벌레"는 좋아했지만, "학점벌레"는 그다지 좋아하지 않았다. 고등학교의 공부 방법을 지양하고자 하는 심리적 메커니즘에서 나온 반응이었을 것이다. 학점에 관한 풍자적인 일화가 나돌았지만, 당시의 학생들은 하나의 해학으로 받아드리는 여유를 보였다. 학생들 사이에 나도는 이런저런 믿기지 않는 이야기들은 모두가 이름 모를 선배들로부터 전해 들었다는 일화들이었다. 그 사실여부에 대해서는 아무도 모른다.

한학漢學을 강의하시던 J 교수님은 특히 군밤을 좋아하셨나 보다. 학기마다 기말이 되면, 그 정보를 아는 학생은 군밤 봉지를 싸들고 교수님을 찾아가는 모양이었다. 소속과 성명을 밝히고, 시험을 잘 못 치렀다고 걱정을 늘어놓고 돌아오면 성적이 의외로 후하게 나온다는 것이다. 시험을 그르친 어느 선배가 군밤 봉지를 사들고 J 교수님을 알현했다 한다. 여차여차하여 시험을 잘 못 치렀다고 통사정을 드리고 돌아와서, 홀가분한 마음으로 이수표(성적표)를 기다렸다 한다. 그런데 크게(?) 놀란 것은 성적이 겨우 60점밖에 안 나왔다는 것이다. 선배님은 너무 의아하여, 교수님의 연구실을 다시 찾았다. 선배님은 인사를 드리고 나서 정중하게 여쭈어 봤다. "지난번 군밤은 맛있게 드셨는지요?－." 교수님은 대답하셨다. "음, 그래. 그런데 어찌 밤이 잘못 구워졌더군.." L 교수님은 영시를 강의하셨다. 연구하시는 과제가 많은지 강의 시간에 늦으시기 일쑤였다 한다. 15분이 경과하면 자동으로 휴강이 되는 것이 관례였는데, 교수님은 대체로 10분이 다 지나고 13-4분쯤이 되면 그 때서야 언더우드 동상 옆을 허둥지둥 지나오신다는 것이었다. 교수님의 채점 방법은 아주 신속 간편하였다. 시험지 뭉치를 위로 힘껏 던져서 그 떨어지는 시험지를 손에 닿는 대로 주어서 적당히 분배하여 90점 80점 — 순으로 성적을 주셨다 한다. L 교수님 과목의 경우에는 성적이 나쁘게 나와도 너무 언짢아할 필요가 없고, 성적이 좋아도 우쭐할 것이 못된다는 것이다.

Y 교수님은 미국 문학을 강의 하셨는데, 성적 제출이 늦으셔서 언제나 교수님들 중에서 꼴찌였다고 한다. 교무과에서는 언제나 두세 차례 독촉을 해야 성적대장을 받을 수 있었다고 한다. 그런데 이번에는 세 차례나 독촉을 했는데도 성적보고를 안 해주셔서 조금 다급하게 말씀을 드렸다한다. 교수님은 묘안을 내셨다. "채점은 다 되었는데 내가 지금 학교로 가기가 쉽지 않으니 전화로 먼저 성적을 보고하고 성적 일람표는 나중에 제출하면 안 될까?" 교무과에서는 그렇게만 해주어도 고마워서 냉큼 그렇게 하시라고 대답했다. 교무과 직원이 학생의 성명을 부르면, 교수님이 점수를 부르기로 하였다. 예컨대, "홍 길동" "70점" "김 온달" "80" 이렇게 전화로 구두보고를 계속하여, 마침내 교무과 직원이 마지막 학생의 이름을 불렀다. "최춘향" "60." 최춘향이가 마지막 학생이었으니까, 당연히 교무과 직원의 호명이 더 이상 있을 수 없었다. 그런데도 교수님은 재촉하셨다. "어서 불러요!" 직원은 말했다. "다 끝났지 않아요?" "내 정신 좀 봐. 수고했어요." 사실, 교수님은 채점도 아직 못 하신 상태였던 것이다. 교수님의 기발한 순발력이 빛난 일화다. 믿거나 말거나 식의 일화들이

나돌고 있었지만, 당시에는 그 일화들이 비판적 시각의 대상이 아니었다. 듣고 웃으면 그만이었다. 좋게 보면, 한없이 여유 있는 인생 태도라 할 수 있다. 학점에 얽매이는 편협하고 미시적 연구자세가 아니라 광대한 학문을 조망하는 거시적 자세였다고, 일단 그렇게 접어 두자.

상상력은 풍성한 정신적 체험을 제공하고 현실적 고뇌를 초월할 수 있어 인간의 중요한 소양이 되지만, 현실 자체를 극복할 수 있는 것은 아니다. 현실은 냉혹한 것이며, 냉혹한 현실에 대처하기 위해서는 우리의 행위가 각을 짓듯이 분명하여야 한다. 낭만과 현실을 혼돈하여서는 안 된다. 한서에 "지욕원이 행욕방智欲圓而 行欲方"이라는 말이 있다. 마음智慧은 둥글게 갖되 행동은 모나게 해야 한다는 말이다. 우리 대학은 낭만과 현실을 혼돈하는 모호성을 전통으로 물려주었다. 교육에 있어, 평가는 강의 못지 않게 중요하다. 평가의 결과에 따라 강의계획을 재편성해야 하기 때문이다. 그보다 더 중요한 것이 있다. 성실과 정직성이다. 학점은 성실성의 대가이고 정직성의 발로이다. 그런데 안타깝게도 우리의 대학에서 시험부정쯤은 애교로 보아 넘기는 판국이 되었기 때문에, 답안을 보여주지 않는 자는 "치사한" 이기주의자로 경멸을 받는다. 바꾸어 말하면, 부정행위에 협조하지 않으면 치사한 졸장부가 되는 것이다. 대학에서 중간고사나 기말고사를 치르고 나면, 책상과 벽에는 깨알같은 글씨로 도배가 되어 있다. 누구도 항의하지 않고 누구도 고발하지 않는다. 시험에서 부정행위쯤은 아예 스릴로도 느끼지 않는다. 예삿일이 되었기 때문이다. 이러한 상황에서 대학생의 자존심은 어디서 찾을 것인가? 아마도 뭇 세계인들의 멸시를 받고 있을지도 모르는 지난번 수능시험 부정행위도 이러한 부정적인 전통과 무관할 수 없다. 선진 외국의 명예법전Honor Code처럼 우리도 자긍심을 고양시키는 법전이 나와야 할 것이다. 우리나라 대학생들 중에는 적지 않은 구성원들이 민족주의와 국가주의를 혼돈하고, 민족공조와 국가안보를 혼돈한다. 낭만과 현실을 구별 못하는 모호성이 바람직하지 못한 전통으로 이미 굳어졌기 때문이지도 모른다. 삶의 이상인 낭만이 무책임한 감상으로 둔갑을 해서는 안 된다. 낭만은 인생의 여유요 삶의 멋인 반면에, 감상은 인생의 이탈이요 삶의 덧이다. 인생에 덧이 나면 안 된다.

일제로부터 광복이 된 후, 우리나라의 대학은 초기의 조야하고 방만했던 학구적 태도가 바람직한 방향으로 승화되어 후배들에게 전승되지 못 한 것은 매우 안타까운 일이다. 대학교육이 점차 세분화하여 전문성을 제고하면서 통합능력을 가질 수 있도록 기조를 잡아가야 했는데, 교수인력과 시설도 갖추지 못한 채 양적 팽창에 압도되어 질적인 교육이 이루어지지 못 했던 것이다. 교수들은 학생들에게 자율만 강조하였지 학문의 바람직한 모형도 제시하지 않았다. 그렇다고 구체적인 연구방법을 지도한 것도 아니었다. 그런가하면 선배들이 후배들과 함께 연구업적을 쌓아 가는 제도의 개발도 없었다. 우리의 대학에서는 학구적 공동체 의식이란 아예 찾아볼 수 없었다. 12세기에 유럽에서 시작한 대학의 본질적인 근원은 교양교육에 있었다. 당연히 우리나라 대학도 교양교육을 통하여 어떤 모양으로든 가치인식과 윤리기준이 제시되어야 했다. 그런데도 전임교수는 교양교육을 기피하는 실정이었고, 교양과목은 하나의 도구과목으로 전락하여 암기 수준에 머물러 왔다. 교양교육은 나이가 지긋한 원로 교수가 경륜과 인격으로 강의를 해야 한다. 학행일치가 되지 않는 교양교육은 별

의미가 없기 때문이다. 어느 대학에 가 봐도 교양과목은 대학원을 갓 나온 초년병들의 몫이었으니, 가치규범과 윤리의식에 대한 심도 있는 교육이 이루어질 수 없었던 것이다.

지금 생각해 보면, 1950년대의 대학교육은 망망대해를 떠도는 일엽편주와도 같은 것이었다. 교수님마다 대학생은 최고의 지성인이므로 무엇이나 혼자 알아서 해야 한다고 치켜세우고, 자신이 책임을 져야한다고 역설하였다. 학문적으로 일천하고 고독한 신입생은 학문에 대한 접근 방법도 몰랐고 목표 설정 또한 여의치 않았다. 대학이나 학과 차원에서 신입생이 활용할 독서 가이드가 마련된 것도 아니고, 선배들이 세미나 등을 통하여 같이 공부할 수 있도록 연구 분위기를 조성해 주는 것도 아니었다. 답답하고 불안하였지만 혼자 방향을 찾아 나설 수밖에 없었다. 나는 고등학교 때 영어선생님으로부터 배운 쟌슨Samuel Johnson박사의 학문에 대한 충고만을 기억하고 있었다.

18세기의 영국 학도들은 당대의 최고 문호이자 학자이었던 쟌슨을 찾아가 무엇을 어떻게 공부하면 좋으냐고 조언을 구했다. 쟌슨은 이렇게 대답하였다. "모든 분야에 대하여 개략적인 지식을 쌓고, 특정 분야에 대해서는 전문적 지식을 쌓아라.Know something of everything, everything of something." 말하자면, 쟌슨은 교양지식과 전문지식을 동시에 갖도록 권면했던 것이다. 내가 이 말에 매력을 갖게 된 것은 내용보다는 간결하고 명료한 문장 때문이었다. 매 분야마다 교양차원의 지식을 갖고, 일부 분야에는 전문적 식견을 갖는 다는 것은 듣기처럼 그렇게 용이한 일이 아니기 때문이다. 경우에 따라서는 전혀 판이한 상황으로 나타날 수 있다. 나는 많은 고민 끝에 일단 부딪쳐 보는 것이 가장 분명한 해결책이라고 생각하였다. 일차적으로 우선, 교양 분야에서 당시 귀 동량으로 익숙하게 들어 왔던 책 몇 권을 골라 목록을 작성하였다. 펄 벅Pearl Sydensticker Buck의 『동풍-서풍』*East Wind: West Wind*), 그래햄Billy Graham의 『하나님과의 평화』*Peace with God*, 카라일Thomas Carlyle의 『영웅 숭배론』*Heroes and Hero Worship*, 레거David St. Leger 편저의 『지혜와 영감의 보고』*A Treasury of Wisdom and Inspiration*, 싱어Peter Singer 편저의 『윤리학 지침서』*A Companion to Ethics*, 공자의 『논어』論語 등등으로 기억이 된다. 비록 나침판도 없이, 또 밤에는 전조등도 없이 감행한 무모한 항해였지만, 도서관(실)에서 이들을 붙들고 밤늦게까지(밤 10시 퇴실) 씨름하노라면 절로 동키호테의 기개가 솟아올랐다. 지금은 건물이 꽉 들어서서 전망이 살아졌지만, 아현동 고개 정상에서 전등이 명멸하는 서울 시내의 야경을 굽어보면 나는 그날 하루 최고의 기분에 도달하여 모든 다른 시름을 날려버릴 수 있었다. 차마 내뱄기에 쑥스러운 말이지만, 그것이 학문의 희열이었던가? 케자르Julius Caesar가 루비콘 강을 건너, "나는 왔노라, 나는 보았노라, 나는 정복하였노라," 하고 외쳤던 자만심을 이해할 수 있었다.

근자에 와서, 우리나라 교육계에 국제적인 망신이 연일 보도되고 있어 안타깝다. 세계적 시각에서 바라본 한국 대학들의 저조한 평가 순위가 그렇고, 전국 규모로 확대된 대학입시 수능시험의 부정해위가 그렇다. 언론에 발표된 바 서울대, 연세대, 고려대 등 소위 한국 명문대학들의 평가 순위가 각기 200대, 400대, 500대 선의 등급으로 가혹하게 나타나고 있으니, 그 동안 우리의 인식 수준이 우물 안 개구리이었음을 시인하지 않을 수 없다. 부정해위 또한 연례행사처럼 대물림 현상까지 나타났다고 하니 우리의 윤리의식과 준법수준이 어떠하였는가를 심각하게 반성하지 않을 수 없게 되었다. 우리나라 대학사의 초기에 해당하는 1950년대의 대학을 거쳐 온 한 사람으로서, 필자는 면학과 윤리적 가치를 전통으로 구축하여 후배들에게 전수하지 못한 죄책감을 함께 느끼지 않을 수 없다.

사랑과 환상

인류의 철인 플라톤Platon도 인간의 감성적 가치를 완전히 부정하지는 않았다. 그는 『향연』*Symposium*에서, "인간은 사랑에 접하면, 누구나 시인이 된다."라고 말했다. 정서情緖는 사물에 대한 이성과 감성이 함께 아우러진 유기체의 전신적全身的인 반응이다. 이성적 판단을 거친 감정인 것이다. 요즘 우리나라의 언어생활에서는 감정과 정서를 동일시하는 경향이 있다. 잘못된 언어 습관이다. 오래전에 비틀즈라는 영국의 한 보컬 그룹이 선풍적인 인기를 끌며 세상을 떠들썩하게 만들었던 때가 있었다. 이 무렵에 14-5세쯤 되는 여학생들 몇 명이 "비틀즈를 미국의 대통령으로 뽑아라."라고 쓰인 피켓을 높이 들고 백악관 앞에서 시위를 하였다는 기사를 미국의 한 시사잡지에서 읽은 기억이 난다. 이 소녀들의 충동은 이성적 판단을 거치지 않은 감정에서 나온 반응이다. 감정feeling과 정서emotion는 엄밀히 구별하여 사용하여야 하는 어휘들이다. 엘리엇T. S. Eliot이 지적한 대로, 인간의 정서를 다루는 진정한 의미의 문학은 사상과 감성의 등가물equivalents이며, 감수성의 통합에 의해서만 창작이 가능한 것이다. 그러한 시각에서 보면, 플라톤의 사랑관은 바이런Byron과 달리 포괄적이다. 바이런은 "젊음 없이 사랑이 어떻게 존재하며, 사랑 없이 젊음이 어떻게 존재할 수 있는가?"라고 외쳤다. 전자는 사랑을 정서적 반응으로 파악하는 반면에, 후자는 감정적 반응으로 파악하였다. 바이런은 사랑의 개념과 속성에서 이성적 판단을 배제한 것이다.

셰익스피어는 사랑을 두 사람의 영적 교감으로 파악하면서도, 현실적인 측면을 결코 간과하지 않는다. 그는 『뜻대로 하세요』*As You Like It.*에서, 올리버와 실리어 사이에 발전한 사랑의 빠른 진행과정을 이렇게 설명한다. "그들은 만나기가 무섭게 서로의 내면을 바라봤고, 내면을 바라보기가 무섭게 사랑에 빠졌으며, 사랑에 빠지기가 무섭게 한숨을 몰아쉬었고, 한숨을 몰아쉬기가 무섭게 서로 사유를 물었으며, 사유를 알기가 무섭게 치유책을 찾아냈다." 라고 말한다. 첫 눈에 반하여 "현기증이 나도록" 빨리 발전한 이들의 사랑은 소위 "선별적 친화력elective affinity"으로 설명할 수 있다. 선별적 친화력이란 화학상의 용어이다. 대기 중에는 허다한 분자들이 혼재해 있지만, 특정한 분자들끼리만 유의미적 충돌을 일으킨다. 예컨대, 많은 수소 분자와 산소 분자들이 서로 섞여 있지만 그렇다고 그저 아무 분자라도 합해져서 물H2O이 되는 것은 아니다. 특정한 수소 분자와 특정한 산소 분자가 합해져서 물이 되는 것이다. 즉 선별적 친화력이 있는 분자들끼리만 유의미적 충돌을 일으키어 물이 되는 것이다. 그러나 어떤 분자들끼리 선별적 친화력을 갖는가에 대해서는 현대의 화학이론으로도 밝혀내지 못하고 있다. 그저 선별적으로 친화력을 갖고 있다는 사실만을 파악할 뿐이다.

두 사람 사이에 욕망이나 편견 등 이해관계가 개재되지 않은, 순수한 영혼간의 교감은 물질적이든 인식적이든 어떤 가식을 초월한 선별적 친화력에 의하지 않고서는 이루어질 수 없다. 그렇다고 해서, 셰익스피어는 정신적 영역만을 유난히 강조한 이른바 플라토닉 러브를 주장하는 것이 아니다. 우리는 진실한 결혼 상대자를 찾는다고 말하면서도, 외모, 학벌, 가정환경, 편견 등 인간의 진실성과는 무관할 수 있는 조건들을 따진다. 이들은 우리의 눈을 가리는 가식들인 것이다. 셰익스피어가 말하는 치유책remedy이란 다름 아닌 결혼을 의미한다. 사랑은 그 자체가 목적이자 수단이며, 수단이자 목적이다. 사랑은 여타의 수단이나 목적을 거부한다. 결혼은 사랑의 목적이라기보다는 합목적적인 치유책이라 말하는 것이 더욱 적합할지 모르겠다. "합목적적"이라는 말은 원래 칸트Kant가 예술 유희설을 논할 때, 예술의 목적을 설명하며 사용한 "무목적의 합목적성purposeless purposiveness"을 주려서 사용하는 말이다. 본래 의도한 목적은 아니지만 결과적으로 목적에 부합되는 상황을 의미한다. 결혼은 두 남녀 사이에 사랑을 조화시키는 촉매인 동시에 결과적으로 사랑의 목적에 부합되는 것이다.

셰익스피어는 사랑이란 한숨과 눈물, 신뢰와 봉사, 그리고 환상fantasy으로 이루어진다고 말한다. 남녀간의 사랑이 선별적 친화력에 의한 영적 교감이라 할지라도, 그 중대한 사안에 고뇌와 번민이 없을 수 없다. 심각한 고민을 극복해야 신뢰를 쌓을 수 있고, 신뢰가 싸여야 온 몸을 내던져 서로가 서로에게 헌신할 수 있다. 그러나 사랑은 스스로 영원할 수 있는 것은 아니다. 쌘드버그Carl Sandburg의 말대로 "사랑은 시작이 있고, 끝이 있기 마련이다." 그래서 디즈레일리 Benjamin Disraeli는 "첫 사랑의 마력은 사랑도 언젠가는 끝날 수 있다는 사실을 우리가 모르고 있기 때문에 존재한다."라고 말한다. 우리는 사랑이 영원히 지속하도록 끝없이 노력해야 한다. 사랑의 영원성을 저해하는 복병들은 어느 때나 어디에나 잠복해 있기 때문이다. 그 중의 하나가 타성이다. 사랑은 어느 한 여자가 다른 여자와 다르다고 생각하는 남자의 착각에 의하여 가능하다는 말이 있다. 물론 여자의 경우도 마찬가지이다. 착각이 되었든 환상이 되었든, 그것은 사랑을 위하여 참으로 위대한 착각이며 위대한 환상이다. 이 환상이 깨어지지 않도록 노력하여야, 사랑은 청신함을 유지하며 타성과 권태를 영원히 물리칠 수 있는 것이다.

어느 날 우리 부부는 외식을 즐기고 있었다. 우리 집사람은 "분위기 있는" 곳을 좋아하는 편이기 때문에, 나는 특별히 신경을 써서 장소를 고르곤 한다. 그런데 식사가 거의 끝날 무렵에 갑자기 집필중이던 논문의 생각이 났고, 때마침 좋은 생각이 떠올랐다. 이러한 현상도 하나의 의식의 흐름인지 모르겠다. 빨리 집에 돌아와 그 생각을 논문에 반영하려고 서둘다보니 마음이 바빴던 모양이다. 아내가 마지막 음식을 입에 넣고 삼키는 순간, 나의 입에서 불쑥 말이 튀어나왔다. "다 먹었어?" 그와 동시에 나는 일어나는 시늉을 하였다. 그러나 우리 식구는 느긋하게 앉아서 나를 꾸짖는다. "당신, 요사이 매력이 없어졌어!!" "왜?" "왜라니? 전에 같으면, 천천히 먹으라 했고 또 음료수를 마시며 잘 먹으라고도 했는데 요즘에는 숟가락 놓기도 전에 다 먹었느냐고 다그치지를 않나—" 내가 생각해봐도, 나는 참

멋없는 소리를 토한 것이다. 어느 경우에도 상대방을 배려할 줄 알아야하는 건데, 나는 모든 관심을 나의 그 잘난 논문에만 집중시키고 있었다. 가까운 사이라는 생각만 했지, 가까울수록 예의를 지켜야 하고 관심을 모아야 한다는 철칙을 내가 그만 깜박했다.

나는 예의와 관심이 바로 사랑이라는 평범한 진리를 잊고 있었던 것이다. 공자는 인仁을 애인愛人이라 했다. 예의와 덕을 가지고 남을 사랑하는 것이 인이다. 나는 잘난 선생질 좀 한답시고, 부부애를 아예 나만의 일상 속에 묻어버렸던 것이다. 서양 사람들은 시간과 장소를 가리지 않고 사랑을 확인한다. 말끝마다 "사랑한다." 말하고 등을 도닥거리며 기회만 있으면 눈치껏 키스를 한다. 우리가 배워야할 현명한 처사다. 여성은 특히 매사를 확인하는 성격을 지니고 있다. 남성들은 아무리 바빠도 잠시 자신의 일상을 떠나 환상적인 분위기에 몸을 담그고 자신의 사랑을 아내에게 확인해 주어야 한다. 부부간의 사랑을 늘 새롭게 간직하는 데 절대적인 계기가 되는 것이다.

개인의 차이는 있을 수 있지만, 전반적으로는 인생에 있어 30대 종반에서 40대 초반은 가장 바쁜 기간이다. 마음도 바쁘고 육신도 바쁘기 마련이다. 자녀를 길러야 하고, 직장의 지위도 확보하고, 재정적 기틀도 마련해야 한다. 일분일초가 새롭고, 단돈 일 푼도 쪼개 써야 한다. 시간적으로나 경제적으로 일상을 벗어 날 틈이 없다. 행복한 내일을 위하여 모든 것을 희생하며 참고 있지만, 그러다 보면 사랑은 어느덧 저 만큼 권태 속에 빠져 들 수 있다. 아내의 생일도 잊고 지나칠 수 있고, 결혼기념일도 망각할 수 있다. 아내는 참는 것 따로, 섭섭한 것 따로 둘 다 모두 쌓아 두고 있다. 적당히 얼버무리며 지나가는 것이 결코 아니다. 남편들은 특히 이점에서, 정신을 바짝 차려야 한다. 어설픈 시나리오 하나를 생각해 보자.

남편은 자신의 바쁜 일과 중에서도, 평소에 나들이 한 번 제대로 못 시킨 아내에 대하여 미안한 생각이 머리에 스친다. 그는 아내에게 전화를 건다. 하루 종일 주방을 정리하고, 세탁물을 돌려대고, 자녀들의 성적을 점검하고 학원 비를 궁리하며, 답답한 한숨을 내쉬던 아내는 시무룩한 기분으로 남편의 전화를 받는다. 6시까지 쉐라톤 호텔로 나오라는 명령(?)이다. 아내는 눈이 활짝 뜨이며 확인한다. "그 곳은 왜?" "오늘이 당신 생일이잖아? 오늘 저녁 명월관에서 식사하고, 캉캉 쇼도 구경하고, 일박하고 갈 거니까 그렇게 알고 어서 정리하고 나와!" 그 순간, 아내는 와락 미안한 생각이 들면서 가슴이 벅차온다. 그녀는 속삭인다. "저이가 내 생일을 기억하고 있었구나. 나는 그런 줄도 모르고, 괜히 속을 썩이며 혼자 심술이 나서－" 남편의 목소리가 다시 들린다. "시간 늦지 않게 대충대충 하고 빨리 나와. 6시까지야! 알았지?" "알았어요." 아내는 가슴이 뛰기 시작하고, 그녀의 눈가에는 작은 이슬이 맺힌다. 그러나 이러한 흥분도 잠시. 약속시간이 가까워 오면서 그녀의 마음은 흔들리기 시작한다. "호텔에서 식사하고, 쇼를 보고, 일박을 하면, 적어도 50-60만원은 부서질 텐데－ 아니야 그 돈이면 둘째의 과외비가 해결되는데－ 안돼, 이 달에는 안돼－" 그녀는 전화기를 든다. "여보, 당신 마음 고마운데요, 나 오늘 저녁 안 나갈래요. 나는 간 것이나 다름없어요. 다음에 해요, 네?" "무슨 소리야 지금. 그러지 말고 어서 나와!" "여보, 정말이에요. 당신 고마워요. 여보, 사랑해요!" 아내는 일방적으로 전화를 끊어 버린다. 그녀는 한편으로 아쉽기는 하지만, 마음은 홀가분하다. 아내는 특급호텔 대신에 시장으로 가서, 남편이 좋아하는 매취순 두 병을 사들고 생선가게 앞을 서성거린다.

인생은 일상과 환상(예컨대 축제 분위기)으로 구성된다. 암울하고 권태로운 일상을 축제적 분위기를 통하여 치유하고 새로운 활력을 얻는다. 우리는 일상과 환상 사이를 적절히 넘나들며 사랑이 일상에 매몰하지 않도록, 사랑을 세심하게 돌보고 가꾸어 가야 한다. 공영방송의 인기 프로종목 중의 하나로 "아침 마당"이라는 순서가 있다. 매주 어느 요일엔가는 갈등을 겪고 있는 부부를 화해로 유도하여 가정문제를 해결해 주기도 한다. 어느 날이던가 참으로 안타까운 장면이 방송되었다. 방송에 출현한 부부는 40대 후반에서 50대 초반으로 보이는 중년의 부부로 기억되는데, 부인이 남녀문제로 실수를 저질렀던 모양이었다. 이 부부는 무슨 뜻으로 공개방송에까지 출현하였는지는 알 수 없다. 부인은 교양이 있어 보였고 말하는 품위에서도 자세가 전혀 흐트러짐이 없었다. 그저 자신이 저지른 과오에 대하여 겸손하게 시인하고 죄송함을 표할 뿐이었다. 법적으로나 사적으로 남편의 동정을 구하고자 하는 태도는 엿보이지 않았다. 그런데 사회자가 자꾸 거북한 질문을 거듭하여 시청자의 한 사람으로서 조금은 민망하였고 연민의 정을 느꼈다.

사회자는 계속하여 꼬집고 늘어졌다. "그래 다른 남자를 만나보니 좋던가요? 무엇이 어떻게 다르던가요?" 부인은 무척 당혹스러웠겠지만 자제하며, 겸손하게 질문을 피해 갔다. "좀, 실수가 되었습니다." 시청자가 보기로, 그 정도면 됐다 싶었는데도 사회자는 같은 질문을 반복했다. 부인은 여전히 고해하는 태도로, "제가 실수를 했습니다."라고만 대답하였다. 맞는 이야기다. 부인은 실수했고, 실수치고도 너무 큰 실수를 저지른 것이다. 나는 안타깝기 짝이 없었다. 저 정도의 자제력을 지닌 부인이 어쩌다가 그런 큰 실수를 할 수 있었는지 모르겠다. 남편 되시는 분이 평소에 자신의 사랑을 좀더 명쾌하게 확인하여 주고 아내의 인격을 좀 더 존중하였더라면, 그처럼 당혹스런 상황까지 가지는 않을 수도 있지 않았겠는가 하는 아쉬운 생각이 들었다. 사랑은 부단한 노력을 통하여 새로운 활력을 불어넣어야 영원할 수 있다. 사랑은 스스로 영원한 것이 결코 아니다.

역사적으로 가장 영화롭게 살았다는 기지의 왕 솔로몬Solomon은 말년에 세상의 허무함을 역설하였다. 그가 누렸던 영광만큼이나 실망도 컸던 모양이다. 그는 『구약성서』 "전도서"에서 갈파한다. "헛되고, 헛되고, 헛되니 모든 것이 다 헛되도다." 그는 세상사에서 일체의 새로운 가치와 존재를 부정한다. "이미 있던 것이 후에 다시 있겠고, 이미 한 일을 후에 다시 할지라. 해 아래 새것이 없나니 무엇을 가리켜 이르기를, 보라 이것이 새것이라 할 것이 있으랴?" 그는 오직 초월자만이 세상의 허무를 극복할 수 있다고 믿는다. 그가 신봉하는 초월자는 유일신인 여호와Yahweh이지만, 신의 형상에 따라 창조된 우리 인간은 우리들 인간대로 상상력imagination을 통하여 일상을 초월할 수 있다.

상상력은 공상이나 망상과는 달리 논리적 판단력을 지니고 있다. 상상의 세계는 일상의 이상적 연장이며, 인생의 고통과 간난을 초극하는 환상의 세계인 것이다. 셰익스피어가 말하는 환상은, 구체적으로 상상력을 동원한 축제의 이벤트 또는 그 분위기festivity를 의미한다. 축제 없는 세상은 오아시스 없는 사막이나 다름없다. 끝없이 걷는 사막 길에서 오아시스를 만나보라. 맑은 공기와 신선한 물을 마시고, 녹지에 거하면 지친 영혼과 육체가 청록처럼 생기를 얻는 것이다. 사랑은 일상의 분진에 막혀 질식하기 전에, 아니 권태에 눌려 사색死色이 되기 전에 오아시스를 찾아 새로운 활력을 얻어야 한다. 환상은 사랑에 기적 같은 활력을 낳게 하고, 영원성을 부여하는 것이다. 셰익스피어가 말하는 환상은 이러한 변신을 의미한다.

바울선생은 "사랑은 오래 참고 온유한" 것이라 설파하였다. 그의 사랑관은 불멸의 진리로 만인이 인정하는 바다. 우리나라 여인상에도 그대로 수용된다. 징용에 끌려갔던 남편이나 군에 입대한 낭군이 돌아왔는데도 그리웠던 감정을 억제하느라 부엌의 문설주만 부여잡고 전전긍긍하는 한국의 여인상에서 사랑의 인내를 찾아볼 수 있다. "정든 임이 오셨는데 인사를 못해 행주치마 입에 물고 입만 빵긋"했던 인내와 절제의 여인에서 우리 한국인은 부덕의 극치를 찾았던 것이다. 그러나 다른 면에서 보면, 사랑은 야성과 조급함impatience을 나타내기도 한다. 인생에서 사랑의 기쁨만큼 값진 체험도 없을 것이다. 사랑의 기쁨은 원시림처럼 고요하고 은은하기도 하며, 쏟아지는 폭포수처럼 파괴적이고 시원하기도 하다. 사랑은 이 같은 양면성의 조화와 보완으로 나타난다.

우리나라 성리학의 두 거장이라 불리는 이율곡李栗谷과 이황李滉은 부부생활이 너무나 상이하였다고 전해진다. 전자의 경우에는 자제와 인내가 극에 달하여 부부생활이 있기나 하였는지 의심쩍었다고 하며, 후자의 경우에는 요란하기로 그 소문이 문하생들에게까지 나 있었다고 한다. 이율곡은 바울이 규명한 종교적 사랑에 기울고, 이황은 셰익스피어가 규명한 환상적 사랑에 기운다. 잘 알려진 이야기 하나 다시 되짚는다. 결혼을 앞둔 딸이 목사인 아버지에게 물었다. "결혼을 하면 남편에게 어떻게 대해야 하지요?" 목사는 답하였다. "낮에는 천사처럼 행동하고, 밤에는 요부처럼 행동하라." 사랑의 엄청난 양면성을 이율배반적二律背反的으로 파악하지 말고 상호조화相互調和로 파악하라는 아버지의 교훈이었다. 천사와 요부의 멀고도 상이한 간격을 인간적인 노력으로 메워야 하는 것이다.

사랑은 가꾸기에 따라 천사도 흠모할 고귀한 덕목이 되는 반면에, 동물도 경멸할 추악한 타락으로 변질될 수도 있다. 햄릿은 모친인 왕비를 겨냥하며 탄식한다. "약한 자여, 그대 이름은 여자던가? 이성의 작용이 없다는 짐승도 이 보다는 더 오래 애도의 뜻을 표하였으련만, 남편(아버지)의 영구를 뒤따르며 울어 예던 눈에서 충혈이 채 가시기도 전에 개가를 해야만 되었단 말인가?" 햄릿은 어머니의 조급한 개가改嫁를 혐오하여, "오, 간악한 속도여!"라고 탄식한다. 『신약성서』의 어느 영역 본에 보면, "고린도 전서" 13장 4절의 말씀, "사랑은 오래 참고"를 "Love struggles long"으로 번역되어 있다. 여기서 "struggle"은 "노력하다"의 뜻이다. 마치 전쟁을 치르듯이, 혼신의 노력을 다하는 성실성이 없으면 사랑은 "간악한 속도"를 타고 무상하게 배신해버리는 것이다.

인간

문자의 기원은 상형문자象形文字에 있다. B.C. 2300년경에 메소포타미아에서 사용된 수메르 문자와 B.C. 1200년경에 중국 은나라에서 사용된 갑골문자甲骨文字는 각기 당시의 사람들이 유형물의 형상을 그려 문자로 만든 것들이다. 상형문자는 그 후 선형문자線形文字와 설형문자楔形文字의 단계를 거쳐, 계속적인 발달과 변형을 거듭한 끝에 오늘날 우리가 사용하는 표의문자와 표음문자로 변용된 것이다. 표의문자는 의미마다 자체의 글자를 가져야 하기 때문에 그 무수한 글자를 습득하기가 어려운 단점이 있지만, 의미전달에는 그 자체로서 명쾌한 효과를 지니고 있다.

중국 한자의 사람 인자人는 사람이 손을 내밀고 곧게 서 있는 옆 모습을 본뜬 것이다. 오늘날 우리가 사용하고 있는 "人"자는 의미의 해석이 다소 발달된 변형의 모양이지만, 원래는 예를 들어 "亻"자에서 인변처럼, 손을 앞으로 내민 사람의 측면을 묘사한 상형이었던 것이다.

짐승들은 모두 네 발로 몸을 지탱하고 또 네 발로 걷지만, 사람은 두 발로 몸을 지탱할 뿐만 아니라 두 발로 곧게 서서 걷는다. 사람은 유일한 직립동물이다. 사람은 거동하는 자세부터가 다른 동물들과 엄연히 구별되는, 만물의 영장임을 잘 나타내고 있다. 어쨌든 오늘날 사용되는 "人"자는 사람들의 생활 철학이 담겨있는 자형이다. 사람은 혼자 사는 것이 아니라 둘이 서로 의지하며 살아가는 존재임을 나타낸다. "삐침"으로 표시된 한 존재(사람)와 "패암"으로 표시된 다른 존재(사람)가 서로를 의존하여 지탱하고 있다. 어느 한쪽이 의존함을 거부하거나 협력함을 거절하면 양쪽 모두 균형을 잃고 쓰러져버린다. 양자는 서로를 부양하여 안정을 취하고 있는데, 양자의 접촉 부분이 의미심장하다. 한 쪽의 머리 부분이 다른 한 쪽의 가슴에 맞닿아 있다. 한 쪽이 다른 한 쪽의 가슴에 자신의 머리를 깊이 묻고 있는 것이다. 양자가 머리끼리 마주치면 한랭전선寒冷前線이 형성되고, 양자가 가슴끼리 마주치면 화염전선火炎前線이 형성될 것이다. 두 경우 중 어느 경우든 서로 다투고 폭발하기 일쑤다. 차가운 이성과 따뜻한 감성이 마주쳐야 조화와 생성의 만남이 이루어지는 것이다.

실제의 생활에서 사람을 한자漢字로 표현할 때, 단순히 "人"이라 하지 아니하고 "人間"이라 표시한다. "人"은 동물과 구별되는 존재로서 사람을 가리키는 뜻이다. 밤길을 걸을 때. 인기척에 놀라 "거 누구요?" 하고 묻는 경우가 있다. 이때 "길가는 사람行人이요."하면 될 것을 "길가는 인간이요."라고 대답하면 이상하게 들린다. 그렇기 때문에 한문에서 "人"자는 "나와 아무런 관계도 없는 사람" 곧 타인 또는 세상 사람을 가리키기도 한다. 사회적 동물로서 사람의 정체성은 사람을 人間이라 부를 때에만 드러난다. 사회적 측면에서 보면, 사람의 참된 면목은 "사람 사이" 곧 人間인 것이다. "間"자는 "閒"자의 속자이다. 閒자는 "사이 간"으로 읽히고, 또 "한가할 한"으로도 읽힌다. 閒(간)자는 두 대문 사이로 달빛이 새어 나오는 형상을 본뜬 것으로 "틈새" 또는 "간격"을 의미한다. 어두운 밤에 닫친 두 대문 사이로 밝은 달빛이 흘러들면 그 빛이 얼마나 영롱하고 감동적인가? 두 문짝 사이의 틈새가 시각적으로나 정서적으로 극명하게 드러날 것이다.

人間의 어의 속에는 사람이란 타자와 관계를 정립하며 생활한다는 뜻이 함축되어 있다. 사람은 신과의 관계, 자연과의 관계, 다른 사람과의 관계, 내면적 자아와 외형적 자아와의 관계 등 무수한 관계 속에서 살아가는 것이다. 타자와 관계를 정립한다는 말은 자신이 타자와 적당한 간격을 정하고 그 간격을 유지한다는 말이다. 우리는 흔히 이러한 일상적인 대화를 듣게 된다. "너 그 사람과 어떤 사이냐? 혹시 사랑하는 사이는 아냐?" "아니에요. 우리 아무런 사이도 아니에요." 여기서 말하는 "사이"는 특별히 맺은 "인간관계"를 지칭한다. 이러한 관계를 서양 사람들은 "존재의 사슬The Great Chain of Beings"의 질서개념으로 파악하였고, 동양 사람들은 삼강오륜三綱五倫이라는 윤리개념으로 파악하였다. 우주만물은 무질서하게 아무렇게나 존재하는 것이 아니라 상하질서와 수평질서에 따라 거대한 사슬을 이루며 존재한다는 것이다. 기독교는 우주의 모든 질서를 여호와Jehovah의 창조질서에 수용하였다. "존재의 사슬"은 기독교 사상에서 나온 연역이다.

"존재의 사슬" 이론에서 보면, 우주의 위계질서 중에서 가장 상단에는 신(창조주)이 존재하고 그 아래에 군주가 있으며 군주 아래에는 각기 제후와 기사가 자리하고, 그 아래에 평민이 있고 농노가 존재한다. 이 모든 지위가 사슬처럼 이어져 있어, 질서 있게 움직인다. 만약 어느 한 부분이 절단되면 우주의 질서가 연쇄적인 반응을 일으키는 것이다. 어느 누가 어느 지위에 존재하느냐 하는 문제는 전적으로 신이 정하여 처리하는 일이다. 왕권신수설王權神授說도 기독교의 이러한 위계질서 사상에서 나온 이론이다. 신의 임명에 따라 군주가 출연하고, 신의 명령에 따라 군주는 백성을 다스리며, 백성은 오직 군주에게 순종할 뿐이다. 인간관계에는 하늘이 맺어준 천륜의 관계도 있고, 양자의 임의에 따라 맺어진 인륜의 관계도 있기 마련이다. 어떻게 맺어진 관계이든 사람은 사람 사이를 잘 유지해야 바람직한 인간이 되는 것이다.

결혼식 순서에 신랑신부 맞절이라는 절차가 있다. 나는 가끔 주례를 보는 경우가 있는데, 나는 이 순서에서 신랑신부를 마주보게 한 다음 "신랑과 신부는 각기 *적당한 거리*를 두고 뒤로 물러서세요." 라고 말한다. 부부유별夫婦有別을 일깨워 주고자 한 말이다. 부부일신이라 해서, 신랑 신부 어느 누구도 각자가 지닌 인격과 존엄성을 어느 다른 한 쪽으로 흡수 통합시킬 수는 없는 일이기 때문이다. 나는 내 눈앞에 서있는 신혼부부가 단순한 "人"의 단계를 떠나, "人間"이라는 새로운 차원의 성숙한 단계에 오르고 있음을 강조한다. 가깝기로 말하면, 부부처럼 가까운 처지도 없다. 하지만, 가까우면 가까울수록 지켜야할 예의가 있는 법이다. 가깝다고 한 타령으로 군다면 구별됨이 없는 것이다. 부부는 인격체의 만남이다. 서로 구별됨이 있어야,

인격과 존엄성이 인정받을 수 있는 것이다.

참된 사람의 모습은 왕이든 신하든 그가 처한 지위가 아니라, "사람 사이"를 바르게 유지하는 참된 인간에서 드러난다. 유교의 삼강오륜에 보면, 군주는 신하의 베리줄(기준)이 되고 아버지는 아들의 베리줄이 되며 남편은 아내의 베리줄이 된다고 했다. 그러나 예컨대, 네로Nero Claudius Caesar Augustus Germanicus와 같은 엽기적이고 패륜적인 폭군에서 어떻게 참된 인간의 기준을 발견할 수 있겠는가? 그는 이복동생 브리타니쿠스Britannicus를 살해하고, 잇따라 생모 아그리피나 Julia Agrippina Minor와 왕비 옥타비아Octavia를 살해하였다. 뿐만 아니라 그는 불이 타오르는 광경을 화폭에 담기 위하여 자기 스스로 민가에 불을 질러 놓고, 로마시를 불태우는 대화재로 화마가 번지자 기독교인들이 방화하였다고 화재의 책임을 전가하여 수많은 기독교인들을 처형하기도 하였다. 그는 한 말로 저질적인 폭군이었다. 그의 인간관계도 저질이 아닐 수 없었다. 하기야 인간관계를 오도하는 폭군이 어디 네로뿐이겠는가? 하늘이 군왕을 택한다는 왕권신수설에 강한 회의와 경멸을 보내야 할 정도로 포악한 국왕이나 통치자들이 도처에 널려 있지 않은가? 세상은 알다가도 모를 일이다. 그 같은 네로도 재임기간에는 내 노라 하는 수많은 문필가들로부터 성군聖君으로 추앙되고 칭송을 받았다고 하니 말이다.

진정한 "사람 사이"는 아첨과 교언영색巧言令色으로 이루어지는 것이 결코 아니다. 이해득실을 따지는 것도 아니다. 참된 인간관계는 사랑과 이해understandng에 바탕을 둔 헌신인 것이다. 얼마 전에 있었던 아시아 태평양 지역 해안지방의 쓰나미tsunami 피해로 고통 받는 형제들에게 보인 인류애를 상기해 보자. 국적도, 민족도. 얼굴 색깔도 아랑곳없이 생명의 위험을 무릅쓰고 구조에 나선 지구촌의 자원봉사자들, 엄청나게 쏟아져 들어오는 구조비와 구호품을 바라볼 때, 우리는 참 "사람 사이"가 과연 무엇인가를 실감하였다. 역시 우리 인류에게는 장래가 있구나 하는 생각이 들었다. 가브리엘Amadi Gabriel이라는 사람은 타임지*TIME* 최근호Feb. 14, 2005의 기고에서 "아마도 쓰나미 재앙은 겉보기에 불행인 것 같아도, 실제로는 축복인 것 같다. 사랑과 지원이 쇄도함으로써, 인류는 일치단결하여 일할 수 있을 것으로 이미 판명이 난 것이다." 라고 술회하였다.

오늘 아침 조간신문 C일보에는 두 산악인의 흐뭇한 인간관계가 독자의 가슴을 격동시켰다. 히말라야 산맥의 촐라체봉Cholatse 6440m을 정복한 한국 최정상급 빙벽 등반가 박정헌 씨와 후배 최강식 씨가 하산하는 도중에, 최강식 씨가 실족하여 깊이 50m의 크레바스 속으로 빨려들어 갔다. 이들은 급경사에서 내려와 헬멧과 스쿠르 등 장비를 풀고, 두 사람을 연결한 자일만 그대로 남아 있는 상태였다. 정상 정복의 승리감에 아직도 도취되어 있었던 상태라 할까? 그런데 갑자기 자일이 끌려가며 박정헌 씨를 경사면에 내려치는 바람에 박씨는 갈비가 두 대나 나가고, 자일이 몸을 옥죄고 있어 숨을 제대로 쉬지 못할 지경이었다. 그 순간 "선배님, 살려줘요!" 하는 소리가 빙벽 사이를 메아리치며 들려 왔다. 박씨는 생명의 위기를 직감하였다. 그 순간 자일을 잘라버리고, 나만이라도 살아야 되는 것 아닌가 하는 각박한 생각이 박씨의 뇌리를 스쳤다. "친구의 자일을 끊어라!" 한 사람이라도 살아남기 위해서는, 비정한 결심을 해야 하는 것이 세계 산악인의 고전 중의 고전이기 때문이다. 그러나 박씨는 "고전"을 따를 수가 없었다. 최강식 씨와의 진한 인간관계 때문이었다. 최씨는 두 다리가 붙어진 상태였다. 그들은 죽어도 같이 죽고 살아도 같이 살아야 된다는 "사람 사이"를 확인하며, 악전고투 끝에 극적으로 살아났다. 인간관계의 승리였다. 두 선후배 산악인의 이야기는 생명을 넘어 생명으로 귀환한 하나의 부활 체험이 아닐 수 없다. 인간의 사회에서는, 목숨보다 더 귀한 인간관계가 분명히 있는 것이다.

스승과 제자 간의 고결한 관계는 세상을 여러 번 바꾸어 놓았다. 공자, 소크라테스, 석가, 예수, 마호메트 등 소위 인류의 대성들은 각기 제자들과의 공의로운 인간관계로 인하여 종교적 경지에 이를 수 있었다. 공자가 훌륭하다 하나 자공, 자금, 안회 등 친의를 다한 제자가 없었던들 그의 학문이 유교라는 종교적 차원에 이를 수 있었겠는가? 소크라테스는 생시에 단 한 권의 책을 써본 적이 없다. 소크라테스에게 플라톤Platon을 위시하여 10철十哲로 불리는 제자들이 없었다면, 그의 형이상학이 어떻게 인류에게 전승되고 발전되었을까? 플라톤은 사회혼란의 죄목으로 형장의 이슬로 사라져간 스승의 철학을 여러 저서를 통하여 교묘하게 전승하였다. 불교의 경문은 석가가 열반한지 수 백 년이 지난 후에야 아난, 우바리 등 10대 제자들의 손에 의하여 완성된다.

성서학적 측면에서 볼 때, 기독교는 과연 예수주의냐 아니면 바울주의냐 하는 논란이 야기될 정도로 바울은 기독교의 교리에 영향이 크다. 12사도에 속하지는 않지만, 바울 같은 제자 없이 과연 기독교가 가능하였겠는가? 회교는 마호메트의 생시에는 종교적 형태를 갖췄다고 볼 수 없었다. 마호메트가 포교한지 10년이 될 때까지도 신도의 수가 10명 선에 머물렀다고 한다. 코란Koran을 완성하여 회교가 세계 3대 종교로 발전하는 계기를 마련한 것은, 순연히 마호메트가 죽은 후에도 아브 바쿠르, 오스만 등 여러 제자들의 연연히 이어온 스승에 대한 충정에 기인한 것이다. 성인의 반열에 오른 대각들의 제자들은 스승이 온갖 박해와 멸시를 다 당해도, 굳은 신념으로 자신들의 목숨을 돌보지 않고 스승을 따르며 존경하였다. 예수의 제자 베드로Peter는 로마의 폭군 네로에 의하여 처형을 당할 때, 자신을 거꾸로 십자가에 매달아 달라고 애원하였다 한다. 부족한 제자가 어찌 스승처럼 똑바로 십자가에 매달릴 수 있겠느냐 하는 차별화가 그 이유였다. 베드로는 죽는 방법에서조차도 스승과 적절한 "사이"를 두었던 것이다.

요즈음 우리는 가슴 아픈 소식에 접한다. 선생이 담임 반 시험감독을 할 수 없게 되었다는 것이다. 나라가 요란하게 외쳐 대던 "참교육"은 다 어디에 가고 이렇게 참담한 교육계의 꼴이 되었는가? 세계의 어느 곳에 이런 나라가 다시 있을지 상상이 되지 않는다. 사연인 즉은 이렇다. 어느 학교에서, 한 담임교사가 자진하여 적극적으로 시험부정을 유도하였다는 것이다. 교실에서 수험생들을 다 내보낸 후에, 어느 한 학생에게 평소에 성적이 우수한 학생들의 답안지를 가져다주며 베껴 쓰라고 했다는 것이다. 그 학생의 아버지는 현직 검사라는 것이다. 사실은, 학부형이 부탁하지도 않았는데 후일의 대가를 기대하여 담임선생이 자발적으로 이런 어처구니없는 부정을 저질렀다는 것이다. 우리나라 국민의 가치의식이 이처럼 타락하였다는 말인가? 비록 어린 중학교 학생이라 하지만, 그 선생을 고맙게만 볼 것인가? 선생을 고맙게 생각한다면 그것도 문제이고, 선생을 경멸한다면 그것도 역시 문제이다. 인간관계는 은인관계에서 원수관계에 이르기까지 다양한 양상으로 나타나겠지만, 이 경우는 참으로 비참한 관계이다. 인류를 키워온 교육이 말살되고 스승의 이미지가 진흙탕 속에 여지없이 묻히고 만 상황이기 때문이다. 그 어떤 경우보다도 사제간의 인간관계는 공의로움과 친밀함이 융합되어야한다. 스승으로부터 단련된 제자의 머리가 스승의 공의로운 가슴에 깊이 묻힐 때, 세상의 그 어떤 부당한 박해와 멸시도 이겨내는 인간관계가 형성되는 것이다.

얼마 전에 교육계의 원로들이 스스로 종아리를 걷고, 자신에게 매질을 하던 모습이 고맙고도 눈물겨웠다. 원로들의 고민과 기도가 헛되지 않도록 올바른 인간관계가 회복되기를 빌어 마지않는다. 우리도 이제는 수치를 알아야 한다. 자신의 치부를 볼 줄 아는 참된 시각이 있어야 한다. 타락이란 다름이 아니라 부끄러워할 줄 모르는 의식인 것이다.

노년 유감

세상 참 많이 변했다. 세상이 너무너무 무서워졌다. 우리나라에도 얼마 전까지는 노인, 장로, 원로하면 권위를 인정받고 공경을 받던 때가 있었는데, 요즘에는 젊은 층으로부터 멸시와 천대를 받는 것만 같아 격세지감을 느끼는 데에 그치지 않고 분노까지 받혀온다. 5. 16 정변에 따른 소위 군사 정권이 아무리 세상을 혹독하게 몰아댔어도, 김수환 추기경이나 한경직 목사와 같은 원로들이 말을 하면 들어주는 시늉이라도 하였다. 그런데 지금은 김수환 추기경 같은 원로분이 세상을 걱정하며 무슨 말씀을 하면 면박을 주기 일쑤다. 노인 행세는커녕 노인이라는 말을 꺼내기조차 겁이 나는 세상이 됐다. 위계질서가 무너진 것만 같다.

며칠 전에, 한 장거리 버스 속에서 두 여인의 대화를 스쳐들었다. 수십 년 간 형님 아우하며 잘 지내오던 사이이었다는데, 예사로 던진 말 한마디 때문에 그만 사이가 벌어져 영영 회복이 안 된다는 것이다. 아우 격에 있는 여인은 형님이라는 여인에게 이렇게 말했다 한다. "형님은 칠순 노인인데도 노인태가 전혀 안 나니 얼마나 좋아? 참 큰 축복이야 형님은!" 그랬더니 형님이란 여인은 정색을 하고 "나 노인 아니다, 너-"라고 크게 노하시더란 것이다. 거기서 아우란 여인이 그저 듣고만 있었으면 좋았을 것을, "인생 칠십 고래희人生七十古來稀라 했는데, 칠순이 넘었으니 노인은 노인이지. 형님이 관리를 잘 해서 노인태가 안 나서 그렇지-" 그랬더니 형님이란 여인이 화를 발끈 내며 노발대발하면서 "나 노인 아니란 말이야!! 나보고 노인이라고 하는 사람하고는 말상대도 안 할 거야!" 하고는 토라져버렸다는 것이다. 그 이후로 전화를 걸면, 형님이라는 여인은 다짜고짜로 "나 노인 아니다, 너 똑똑히 알아둬라!" 하고는 일방적으로 전화를 끊어버린 다는 것이다. 형님이라는 여인은 참 기개가 대단한 분이시다. 어떻게 생기신 분인가 은근히 보고도 싶어진다. 그렇다. 마음부터 젊게 가지고 매사에 젊게 살면 나이야 상관없이 누구나 다 젊은 것이다. 반대로 노인을 자처하고 스스로 노인인 것처럼 행세하면 50의 나이에도 노인이 될 뿐만 아니라, 태도 여하에 따라서는 노인 중에도 상노인이 되는 것이다. 노인은 스스로 빠져드는 모래 함정인 동시에, 마음으로 얼마든지 극복하고 치유할 할 수 있는 일종의 성인병이라 할 수 있다.

2004년은 노년에 이르신 분들, 달리 말하여 어르신네들에게는 참으로 곤혹스럽고 굴욕적인 한 해였다. 언론 매체에 의하면, 여당의 어느 실세라는 정치인은 노인을 아예 깔아뭉갰다. 그는 국회의원 선거유세에서 육십이 넘었는데 투표하면 무얼 하겠느냐고, 날씨도 춥고 하니 집에서 쉬라고 권고하더란 것이다. 문제의 정치인은 노인을 위해서 한 말이라고 변명을 하겠지만, 그 말을 음미해보면 참으로 기막힌 이야기가 아닐 수 없다. 발언자의 신분을 감안해 볼 때, 우리나라 헌법에 엄연히 보장된 참정권을 제한하려 드는 불순한 의도로밖에 볼 수 없기 때문이다. 일이 그렇게 되었으니 마치 벌집을 들쑤셔 놓은 것처럼 세상이 떠들썩한 것은 너무나도 당연한 귀결이다. 발언자는 부랴부랴 노인회를 찾아가 임원들에게 무릎을 꿇고 사죄하였지만, 노인회의 분위기는 그리 쉽게 노기가 진정되지 않았다. 발언자는 급기야 국회의원 출마를 사퇴하고 석고대죄席藁待罪하는 자세를 보여 험악한 분위기가 간신히 진정되기는 하였다.

그러나 안타까운 것은, 이러한 일이 있은 후 삼사 개월이 지났을까 하는 시점에 와서 이번에는 국회의원에 당선된 다른 여당 의원이 "60이 넘으면 뇌세포가 달라진다." 라는 발언을 하였다. 이 기고만장氣高萬丈한 국회의원은 도대체 언제 한국 노인의 뇌세포를 해부하여 그렇게 정밀한 검사를 하였는지 묻고 싶다. 뇌세포가 달라지니 어쩌라는 말인가? 60세가 넘은 사람은 모두 줄지어 한강에 투신이라도 하라는 말인가, 아니면 문을 꽉 처닫고 방안에 들어앉아 스스로 알아서 일체의 사회생활을 포기하라는 말인가. 가소롭기 짝이 없다. 당돌한 두 젊은 정치가여! 부디 독일의 초대 수상이었던 아데나워Konrad Adenauer의 회고록이라도 한 번 읽어주기 바란다.

아데나워는 우리의 나이로 74세1949에 수상에 당선되어 88세1963 미수米壽에 이르기까지 수상의 직무를 훌륭하게 수행하였다. 앞에서 지적한 "그 잘난" 국회의원의 말대로라면 아데나워는 뇌세포가 달라

져도 여러 번 달라졌을 것이다. 그러나 그는 그의 수상 재임기간에 패전국의 비극과 고충을 깔끔히 극복하고 경제정책에 성공하여 이른바 라인 강의 기적을 일구어냈고, NATO 가입, 독불 간의 우호, 서유럽의 연합, 대영관계의 개선, 대미협력 등의 외교정책을 성공적으로 추진하였다. 아마도 독일 정치가들 중에서 가장 존경받는 인물이 아닌가 생각한다. 외국에서는 미수米壽의 노인에게도 수상의 중책을 허용하는데 어찌하여 우리나라의 여당인사들은 60이 넘었다는 이유로 투표권을 제한하려드는가? 뇌세포 운운하며 노년을 괴물로 취급하는 그 선량은 세월을 붙들어 매는 초월적인 힘이라도 가지고 있다는 말인가. 허세치고는 너무들 한다. 자유 민주주의 입헌국가에서, 이순耳順의 연로들에게 공대恭待는 하지 못할망정 인생의 황혼으로 몰아붙이는 것은 너무 매정하지 않는가? 연로했다하여 사회활동에서 매장하려 한 저간의 처사들은 신판 고려장이라 평하여도 딱히 변명할 구실을 제시하지 못할 것이다.

고려장Korean funeral은 한국 역사에 있어 가장 치욕적인 장례 문화의 한 양상이다. 어찌하여 이러한 추악한 장례 문화가 하필이면 "한국의"Korean 장례 문화로 국외에 소개되었는지 안타깝기 그지없다. 고려장은 근원을 따져 올라가면 거란, 여진, 몽고족 등 소위 기마 민족들의 장례 문화라 한다. 유목민들은 일정한 처소가 없이 초지를 따라 양이나 염소 등 동물들을 몰고 수만리를 이동하며 말을 타고 다녔다. 무성한 초지를 선점하기 위해서는 경쟁적으로 말을 달려야 했다. 말을 타고 이동하는 데 불편한 가족 층은 어린이와 노인이었다. 어린이는 앞에 앉히고 태우면 그래도 조금은 낳은 데, 노인네는 그럴 수도 없으니 난처할 때가 많았다. 기마 민족의 노인들은 평생을 두고 말을 타다보니 허리에 디스크 환자가 많고, 늘 말에 오르고 내리다 보니 무릎 관절염 환자가 많다고 한다. 숨만 크게 들이마셔도 통증을 느낀다는 디스크 환자를 말에 싣고 다니는 일은 그야말로 힘든 일이 아닐 수 없다. 고통을 참다못하여 입을 떡떡 벌리며 통증을 호소하는 아버지 또는 어머니를 어떻게 하면 좋다는 말인가? 생계를 포기할 수도 없고, 그렇다고 연로하신 부모를 포기할 수도 없는 일이다. 당사자나 가족들 모두에게 현실적으로 난감한 일이 아닐 수 없었다. 이러한 상황에서 누가 먼저 시작하였는지도 모르게 나타난 발상이 그 사악한 "고려장"인 것이다.

연유야 어찌되었든, 소위 고려장은 한 동안 유목민들 사이에 알게 모르게 행하여 오다가 농경사회로의 변화 등과 함께 점차 정착생활로 발전하면서 고려장은 사라져갔다. 사실상 고려시대에는 법률도 강화되고 민간의식도 계몽되어 "고려장"을 행하는 자는 극히 소수에 달하였다 한다. 그럼에도 불구하고 "고려장"이라는 불명예를 우리나라가 앓게 된 것은 한국이 서양 등 보다 넓은 외부 세계로 알려지기 시작한 시기가 바로 이때부터이었기 때문이 아닌가 생각된다. 국가에서도 고려장을 없애기 위하여 무척 노력하였다 한다. 법률도 제정하고 계몽과 홍보도 하였다 한다. – 한 아버지가 나이 어린 아들에게 고려장의 무덤 속에 넣어드릴 음식이며, 깔 것들이며, 잠시 켜둘 등불이며 괭이와 삽 등 매장에 필요한 연장을 지게하고, 자신은 자기의 어머니를 지고 가서 고려장을 치렀다. 부모를 매장하고 돌아올 때에는 의례 지고 갔던 지게는 장지에서 태우는 것이 관습이었다 한다. 이 관습에는 속죄의 의미가 담겨 있었을 것이다. 그런데 나이 어린 아들이 지게를 태우지 못하게 하더라는 것이다. 이유인즉 얼마 안 있으면 아버지도 고려장을 해드려야 할 터인데, 그 때 써야할 지게를 왜 아깝게 태우느냐는 것이었다. 아버지는 아들의 말에 크게 뉘우치고 매장한 어머니를 다시 자신의 지게에 지고 집으로 돌아왔다는 것이다.—이러한 내용들이 국가가 국민을 각성시키기 위하여 국민들에게 소문처럼 퍼뜨렸던 계몽성 시나리오라 한다. 국가의 다방면에 걸친 노력에 힘입어, 고려장은 고려 초기에 이미 근절된 상태였던 것이다.

그런데 그 추악한 고려장의 악령이 신판으로 미장되어 우리나라에 다시 나타났다. 아니라고 변명하면 그 것은 비겁한 자의 궤변이다. 그러나 노년들 또한 성찰해보아야 한다. 아득히 먼 옛날 기마 민족들 사이에 만연되었던 그때처럼, 혹시 그 빌미를 우리들 자신이 제공한 것은 아닌지 노년들은 반성해볼 필요가 있다. 우리는 우리의 아들과 딸들에게 기氣를 살린다하여 만용을 길러주지는 않았는지 살펴보아야 한다. 우리는 그 동안 우리의 부모님들과 더불어 갖은 탄압을 다 받고 살았었다. 야만적인 외세에 의하여, 살인마 같은 빈곤에 의하여, 우물 안 개구리 식 무지에 의하여 허리를 제대로 펴보지 못하고 살았던 것이다. 그 와중에서 보상심리가 작용하여, 혹시 우리가 자녀교육에 치명적인 과오를 저지르지는 않았는지 냉철하게 과거를 뒤돌아보아야 한다.

나는 지금도 기억이 생생하다. 우리 어머니께서 품앗이 일로 동네의 어느 이웃집에 나가셨을 때의 일이다. 우리 어머니는 걷어올린 저고리 소매 끝에 보리밥 누룽지 몇 조각을 넣어 가지고 집에 오셔서, 저녁에 우리 자매들에게 꺼내주시었다. 그 미천한 것이나마 우리의 입에 넣어주시고, 행복해 하시던 엄마의 그 밝은 얼굴 표정이 지금도 지워지지 않는다. 따지고 보면 가슴이 터지는 아픔이 아닐 수 없다. 어머니의 그런 얼굴 표정을 더듬으며 가슴 아파하는 사람이 어찌 나 하나뿐이랴? 우리의 세대에 와서, "우리의 자식들만은" 허리 좀 펴고 살도록 기를 살려주겠다는 소박한 희망이 오히려 자식들에게 만용을 가르치지는 않았는지? 심각하게 반성해 보아야 한다. 다정도 병이라는 말이 있다. 우리의 얕은 정 때문에 버릇없는 자식을 길렀다면, 지금 우리가 받고 있는 노년의 천대는 일단 그 원인을 자업자득의 화禍로 돌리지 않을 수 없다.

그동안 우리가 앞뒤를 살필 겨를도 없이 힘든 세상을 헤치며 나가다보니 삶에 지친 나머지. 너무 일찍 자신을 포기하지는 않았는지도 살펴보아야 한다. 매사에 소극적이고, 주어진 의무와 권리를 스스로 포기하지는 않았는지 반성해봐야 한다. 우리 노년들이 꼭 지켜야 할 응분의 영역이 따로 있다. 그런데도 과거에는 마치 주눅이 든 듯 무력하게 살아오다가, 언젠가 우뚝 자란 우리의 자녀들이 너무 대견스러워 우리가 꼭 수호하여야할 권리와 의무까지도 우리 자녀들에게 넘겨주고 말았는지도 성찰하여 보아야 한다. 노년이라고 등한히 해서는 안 될 영역이 얼마든지 있는 것이다. 국가의 영토를 지키는 데에도 노년들이 참여하여야 하고, 국가의 정체성도 노년들이 지켜야 한다. 헌법도 노년들이 지켜야하고, 투표에도 노년들이 참여하여야 하다. 우리나라가 나아갈 길도 나름대로 노년들이 이끌어야 한다. 이런 일들이 모두 우리 노년이 소홀히 해서는 안 될 응분의 영역이다.

우리가 우리의 응분을 포기하지 않고 제대로 이행할 때, 우리의 정체성이 바르게 인식되는 것이다. 정체성이 분명하여야 존엄성을 잃지 않는다. 인간의 존엄성은 자신이 지키지 않으면 절대로 타인이 지켜주지 않는다. 남편도, 자식도, 딸도, 아내도 그 누구도 종국적으로 나를 대신할 수 없기 때문이다. 만일 우리가 알게 모르게 우리의 정체성을 잃었거나 그로 인하여 존엄성을 상실하였다면, 신판 고려장은 역시 자업자득의 자화自禍인 것이다. 나는 지난번에 노인회의 임원들이 보여준 의연한 기개로 미루어 볼 때, 설사 우리가 그 동안 잃은 것이 있다하여도 모두 다시 찾을 수 있을 것으로 굳게 믿는다. 권리는 의무 못지 않게, 의무는 권리 못지 않게 모두 소중한 것들이다. 역사적으로나 인륜적으로 그 치욕적인 "고려장"을 어떠한 모양으로든 다시는 이 땅에 불러드려서는 안 된다.

노인들은 먼저 책임의식부터 환기시켜야 한다. 의무의 이행과 권리의 행사는 국민의 본분이다. 노인은 가능한 한 모든 것을 타인에 의존하지 말고 자신이 해결하여야 한다. 세상이 투명하고 긍정적인 방향으로 달라진 것도 적지 않다. 기마 민족이 자신의 진로에 방해된다하여 노부모를 팽개치던 시대는 벌써 지났다. 사회주의나 민족주의의 미명하에 아직도 혁명적인 이념을 고집하는 소수의 낡은 "진보주의자"들을 제외하고는 서로서로 약한 자를 도우며 살아갈 줄도 안다. 그렇다고 해서 다른 사람에게 폐를 끼쳐서는 안 된다. 노인이 되었다하여, 배움을 포기하거나 게을리 하여 사회의 낙오자가 되어서는 더더욱 안 된다. 세상은 빠르게, 그리고 꾸준히 변하고 있다. 최소한의 변화에도 적응하지 못하면 천덕꾸러기가 된다. 신판 "고려장"을 원하는 자들에게 빌미를 주어서는 안 된다. 역사가 말해주지 않는가? 문제는 정신이며 의지이다. 영혼이 깨여 있고 정신이 살아 있으면, 우리의 존엄성을 침범할 자가 없는 것이다. 육신도 꾸준히 단련하여야 하겠지만, 육신의 쇠퇴는 크게 문제 삼을 것이 없다. 불가항력적

신의 섭리 앞에 육신이야 어찌 하겠는가? 자연의 순리를 따르는 것이 정도다. 인간이 노년에 달할수록 승부사적 기질이 요청되는 게 사실이지만, 승리와 패배는 원래 정신적 차원의 것이다.

2003년 12월의 일이었다. 필자는 서울에 소재한 연희교회 경로대학(노인교실)의 책임을 맡고 있었다. 학생들은 만으로 65세 이상 되신 분들이니 대부분이 70-80세의 어른들로 구성이 되어 있었다. 예배시간도 있고 교양강좌 시간도 더러 있긴 했지만, 대체로는 그저 진행되는 대로 자리에 앉아 계시다가 점심때가 되면 점심을 잡수고 귀가하시는 일이 일과의 전부이었다. 이 어른들에게 어떻게 자신감과 활력을 넣어드릴 수 있을까? 필자는 고민 고민 하다가 "예술제"를 열기로 작정하였다. 1부 음악회, 2부 시낭송, 3부 연극 공연 등 3부로 이어지는 1시간 30분 짜리 예술제를 해보기로 작정하였던 것이다. "70-80세의 노인들을 모시고 연극을 한다?" 필자가 아무리 생각을 해봐도 터무니없는 망상으로 밖에는 달리 생각할 수가 없었다. 그러나 모든 것을 주님께 맡기고 "일"을 시작하였다.

작품은 굿맨K. S. Goodman의 "길손"Dust of the Road이었다. 필자가 축역을 하여 극본으로 사용하였다. 작품해설을 대충 해준 다음에, 질의와 토의의 단계를 거쳐서 대사를 읽으며 불라킹blocking에 들어갔다. 모든 출연진에 있어, 연극이라고는 초등학교 학예회에도 출연해보지 못한, 말하자면 난생 처음으로 해본 연극이다. 그렇다 보니 대사의 암기며, 발성이며, 기본 동작이며, 감정이입 등 일체의 동작이 얼마나 어색하고 힘이 들었을 것인가? 연극에 관심이 있는 독자들은 짐작이 가시리라. 그러나 놀라운 것은 어떻게든 연출자가 지시한 부분을 익히려고 노력하는 배역들의 모습은 눈물이 나도록 진지하였다. 4개월의 연습 끝에 최종 연습dressing rehearsal을 마치고 마침내 막이 올랐다. 무대의 총 감독 위치에 있는 필자로서는 한 순간 한 순간이 불안과 우려의 연속이었다. 간간이 터져 나오는 박수소리와 코믹한 장면에서 들려오는 환호성도 들리는 둥 마는 둥 필자의 가슴은 여전히 타고 입은 말라들어 갔다. 드디어 남녀 주인공 피터Peter와 프루던스Prudence 부부가 위증과 배신을 스스로 단념하며 서로를 포옹하는 반전reversion의 장면에서, 우뢰와 같은 박수와 환호성이 장내를 뒤흔들었다. 그 때에야 비로소 필자는 안도의 한숨을 내쉬며 관객들에게 눈물로 깊이 감사했다. 아니, 사실은 7-80의 노인 배우들에게 감사의 눈물을 흘린 것이다.

우리는 결코 예술적으로 성공을 거두었다고 자만하지는 않는다. 그러나 "과연 우리도 할 수 있구나. 정말 우리가 해냈구나!"하는 노인들의 자긍심을 확인하였을 때, 나는 가슴에 벅찬 보람을 느꼈다. 필자는 대학에서 젊은 학생들을 데리고 수없이 공연을 하였다. 그 공연들 중 어느 공연 때보다 몇 갑절 더 큰 희열을 느꼈다. 꺼져 가는 듯이 보이는 노인들에게도 열정과 잠재력은 얼마든지 남아 있었던 것이다. 우리의 무관심과 태만 그리고 편견으로 인하여 그 값진 잠재력을 매장시켜버리는 것은 본인들이든 사회이든 모두가 창조주 하나님에게 큰 죄를 짓는 일이다.

통계청의 추정에 의하면, 앞으로 십 수년만 지나면 우리나라에도 노인 인구가 엄청나게 늘어난다고 한다. 지금까지 젊은 층에서 해오던 일을 노년층에서 떠 맡아야한다는 결론이다. 공익사업에서 노인들이 감당해야할 부분이 많아진다는 것은 노년들에게는 정말 소망스러운 전망이다. 이순의 경지에 도달한 노년층에서 서비스 업종을 맡게 되면 세상이 얼마나 부드러워질 것이며, 일들이 얼마나 평화롭게 처리될 것인가? 그 날이 속히 왔으면 하고 기다려진다. 이미 선진 외국의 경우에는 노인들이 백발을 휘날리며 지칠 줄 모르는 미소를 머금고 즐겁게 일을 하고 있지 않은가? 고속도로나 국립공원 등의 매표소에서 깔끔한 노인 근로자들의 모습을 보면 얼마나 아름답고 평화로운지 모른다.

우리가 좋아하든 싫어하든 간에 곧 우리나라에도 그러한 꿈같은 상황이 몰아닥칠 것이라 한다. 그러나 문제는, 노인들이 각기 주어진 일을 감당할 수 있는 능력을 갖추는 일이다. 문제는 의식의 변화다. 나이가 들면 으레 뒤편에 물러앉아 침묵을 지키고 있는 것이 미덕 중의 미덕이라고 생각하던 과거의 의식을 과감하게 불식시키지 않으면 안 된다. 먼저 자신감을 가지고 꾸준히 공부하고 노력해야 한다. 세상에는 노력과 능력 없이 되는 일이란 아무것도 없다. 지혜와 연륜으로 자긍심을 키워가며 뒤에 따라 올 노년 세대들에게 노년의 역동성을 위대한 유산으로 물려주어야 한다. 그 길만이 우리나라 노인들이 사회활동에서 다시 활기를 얻어 재생하는 회춘의 길이요, 목하 논란이 되고 있는 신판 고려장의 악령들을 물리치는 최고 최선의 대책인 것이다.

우리 대한민국은 이제 세계에서 11번째로 국부國富를 성장시킨 장한 나라이다. 경제적으로 이미 선진국들의 한 복판에 들어 서 있는 대한민국이다. 21세기의 이순과 고희古稀들이시어! 서두에서 언급한 바 있듯이, 필자가 어느 장거리 시외버스 안에서 얻어 들었던 그 기고만장하던 부인처럼 혹여 노인이라 부르는 자가 있으면 절대로 정겨운 눈길을 주시지 말기 바랍니다. 저는 경로대학 책임을 맡고부터 헤밍웨이의 창조적 허무주의에 대하여 숙고하게 되었습니다. 그가 쓴 『노인과 바다』의 주인공 산티아고Santiago 노인처럼 강인한 정신과 불굴의 의지를 가지고, 힘있는 발길을 지혜롭게 그리고 세차게 옮겨 나갑시다. "내"가 한번 노인이 아니라고 선언하면, 누가 무어라 하여도 "나"는 결코 노인이 아닌 것입니다. 인간사 모든 것이 다 "나" 자신의 생각에 달려 있기 때문입니다.

황진이와 네 남자들

황진이黃眞伊는 우리에게 너무나 잘 아려진 사람이지만, 정사에 기록된 인물은 아니다. 야사를 통하여 알려지다 보니 과장된 것도 있고 와전된 부분도 있어, 이설도 많고 신비스런 부분도 없지 않다. 생시에 그녀와 가까이 지냈던 이들이 자랑삼아 부풀리기도 하고, 특히 후대에 와서 작가들이 나름대로 무분별한 윤색을 가하는 바람에 본인에게 누가 되는 경우도 허다하다. 얼마 전에 어느 여자 탈렌트는 자신을 지목하여, "낮에는 사임 당 신씨가 되고, 밤에는 황진이가 되고 싶다."고 말하는 것을 방송에서 들었다. 듣기에 따라서는 황진이가 무절제한 여인이거나 요염한 여인으로 파악되고 있는 듯하다. 사실이 크게 왜곡되고 있는 것이다. 이제는 고인이 되었지만, 내가 존경하는 어느 사학자는 "황진이는 하나의 기녀라기보다는 애정윤리를 연구한 철학자에 가깝다."고 말한 적이 있다.

황진이는 출생년도와 사망년도부터가 분명하지 않다. 이에 관한 기록이 필자가 알기에도 6-7가지가 있지만, 안타깝게도 내용이 일치된 것이 하나도 없다. 그러나 몇 가지를 고려해 볼 때, 중종 7년1521에 출생하여 명종 11년1555에 사망한 것으로 추정이 된다. 황진이는 출생이 다소 불행하다. 아버지는 진사의 벼슬에 있었다. 진사進士는 이씨조선의 과거 제도에서 문과의 예비시험 또는 1차 시험 합격자로서, 오늘로 치면 6급 공무원에 해당한다고 볼 수 있다. 하루는 황진사가 나들이를 하고 돌아오는 중에 빨래터에서 한 절세의 가인을 만나게 되었다. 그렇게 하여 황진이를 낳게 되었다한다. 황진이는 어느 진사댁의 서출인 것이다. 황진이는 어머니를 닮아 역시 경국지색傾國之色이었으나 결혼이 어려웠다. 서출이었으니 양반 집안으로는 혼사가 이루어질 수 없고, 서출이라 할지라도 양반집(진사)의 딸이었으니 미천한 가정으로 출가할 수도 없는 일이다. 황진이는 그러한 고민을 안고 규방에서 학문과 가무를 익히고 있었다. 그런데 이 무렵에 그녀에게 엄청난 일이 발생하였다. 이웃에 사는 어느 한 총각이 상사병相思病에 걸려 죽고 만 것이다. 상사병이란 이성간의 짝사랑에 의하여 발생된 일종의 심리질환으로서 심하면 사망하게 되는 병을 말한다. 과거에는, 그러니까 필자가 10대 시절에만 해도 그리 드물지 않게 나타나는 병이었다. 이 병이 나면 전통적으로 사용된 소위 단방 약이 있었다. 소태나무 껍질을 다려먹었다. 맛은 몹시 쓰지만 약효는 그만이라고 한다. 황진이를 연모하다 상사병으로 죽은 총각의 장례는 당시의 관례에 따라 고인의 상여 위에 황진이의 속옷을 던져주는 등 일대 혼란을 일으키며 죽음에 이른 한 청년의 상사병 사고는 끝이 났다. 그러나 이 사건은 15세의 어린 황진이에게는 엄청난 충격을 안겨주었던 것이다.

남녀간의 관계에는 도대체 무슨 열정이 작용하기에 쌍방간에 단 한번의 상견도 없고, 단 한 마디의 말도 주고받은 일이 없는데도 죽음에 이르는 사모의 정이 발동한다는 말인가? 그러한 열정의 근원이 도대체 무엇이란 말인가? 끝없이 이어지는 회의와 번민 속에서, 황진이는 중대한 결심을 하게 된다. "결혼도 여의치 않은 데다 한 남자까지 죽였으니, 내가 어떻게 일부종사를 할 수 있을 것인가? 차라리 관기가 되어 일체의 정욕을 멀리하고, 학문과 가무를 통하여 공인이 되어 상대가 어떠한 남성이라 할지라도 남자로 대하지 않으리라!" 부모의 간곡한 만류에도 불구하고 모든 것을 다 뿌리치고 그녀는 관기가 되어버렸다. 황진이를 연모하다가 목숨을 잃은 그 이름 모를 청년은 황진이에게 인간의 애정윤리를 연구과제로 제시하며, 그녀의 운명에 돌이킬 수 없는 변화를 가져다주었던 것이다. 이 무명의 청년이야말로 황진이에게는 도저히 간과할 수 없는 첫 번째의 남자라 할 수 있다.

학문과 가무에 뛰어나고 온갖 미모를 두루 갖춘 황진이는 관기가 되어 "내 노라"하는 유학들과 풍류객들을 두루 만나며, 명성을 떨치고 있었다. 박연폭포, 서화담徐花潭과 더불어 송도삼절松都三絶이라 칭송되었으니 웬만한 남자는 얼굴 구경도 못할 정도였다. 황진이에 대한 소문을 듣고 누구보다 심기가 발끈한 풍류객이 하나 있었는데, 그게 바로 벽계수碧溪守였다. 벽계수는 중종의 친가 조카로서 이를테면 왕손이었다. 그는 한학이며 시조와 가무에 관한 한 누구에게도 뒤지지 않는 절대자로 자부하던 야심만만한 학자이자 풍류객이었다.

그는 기품이 당당하였고, 위세 또한 만장하였다. 그는 단 한 방을 날려 황진이의 콧대를 꺾어 놓겠다고 내심으로 장담하며 한양을 떠나 개경開京에 당도하였다. 그는 황진이가 자주 드나든다는 누각을 찾아가, 왕손답게 누각 입구에서 마상에 앉은 채로 어느 기녀가 마중 나오기를 기다렸다. 서산에는 노을이 붉게 타고 누각을 감싼 청산에는 야음이 깔리기 시작하였다. 이윽고 한 기녀가 소복을 하고 박꽃처럼 청아한 모습으로 벽계수의 말고삐를 잡았다. 그러더니 그녀의 입에서 간장이 꼬일 듯 한 선율이 흘러 나왔다.

청산리 벽계수야 수이 감을 자랑마라.(碧溪水)
일도 창해하면 다시 오기 어려워라.(一到 滄海)
명월이 만공산하니 쉬어간들 어떠리.(滿空山)

벽계수는 박꽃 같은 여인의 자태와 절묘한 은유로 이루어진 시 구절에 넋을 잃고, 그만 낙마落馬를 하고 말았다. 달리는 마상이 아니어서 그나마 다행이었다. 碧溪水맑은 개울 물는 자신의 호 碧溪守의 변형이며, 명월明月은 잘 아는 대로 황진이의 호인 바, 어느덧 청산의 동쪽에는 쟁반 같은 둥근 달이 마침 나뭇가지에 걸린 듯 한적한 공산을 채우고 있었던 것이다. 벽계수와 명월, 창해와 공산 등이 대칭을 이루며 시는 의미와 형식에 있어 너무 완벽하다. 의식을 잃었던 벽계수는 얼마의 시간이 지난 후에 희미한 의식을 간신히 회복하였지만, 물은 이미 엎질러진 후였다. 허세 강한 벽계수, 이 모멸감을 어찌 감당할 수 있으랴? 벽계수는 그 길로 말고삐를 돌려 한양으로 줄행랑을 놓고 말았다.

안타까운 일이다. 벽계수는 그의 당당한 기개답지 않게 자신의 모멸감을 비겁한 방법으로 극복하려하였다. 한양에 환도한 그는 친구 유학들을 모아 놓고 외쳐댔다. "황진이, 그 따위가 무슨 송도의 삼절이라고? 기가 찰 일이다. 그녀는 내 눈에 반에도 차지 않은 것 있지? 내가 오죽하면 말안장에서 내리지도 않고, 그냥 되돌아오고 말았을까?" 사람들과 친구는 속여도 자신은 속일 수 없는 법. 그는 아무리 속이려하여도 속일 수 없는 자신의 양심을 바라보며 얼마나 가슴이 저려왔을까? 지금 생각하여도 연민의 정을 금할 길이 없다. 이 터무니없는 이야기는 삽시간에 돌고 돌아 황진이의 귀에까지 들어갔다. 황진이는 복수심에 심장이 부풀기 시작하였다. 벽계수는 상사병으로 숨진 청년과는 너무나 대조되는 인물, 아니 대조되는 남자이었다. 시한 수에 뇌새惱殺 당하여 낙마까지 하였던 그 섬세한 미적 감각이 어찌하여 그리도 손쉽게 증오와 변명의 열정으로 변할 수 있는 것일까? 그것이 남정네의 허세일까. 아니면 공명심일까? 그 오묘한 종교적 권위도, 학문적 가치도 모두 그와 같은 기만과 가식에서 오는 허상일까? 황진이는 남녀의 사랑, 아니 남녀의 욕정을 미끼로 사용하여 종교적 경건과 학문적 숭앙을 추적해 보기로 결심하였다.

그 첫 시험대상은 지족선사知足禪師였다. 지족선사는 벌써 30년간을 지족암에서 수도생활을 하였고, 이미 10년 전부터는 득도를 하여 생불로 통하는 종교계의 거성이었다. 외람된 비교가 될지 모르지만, 요즘으로 치면 김수환 추기경쯤으로 추앙 받았을지 모르겠다. 황진이는 지족선사를 찾아가서 요청하였다. 물론 모두 꾸며낸 거짓이었다. "저는 남편을 여읜 여자입니다. 남편의 49제를 선사님이 계시는 지족 암에서 지낼 수 있도록 허락하여 주옵소서." 지족선사는 황진이를 거들떠보지도 않고, 암자의 보살실을 가리켰다. 사찰보살과 상의하라는 말이다. 뜻밖에 이야기가 잘 이루어져서 황진이는 모두가 거짓이었지만, 지족선사 바로 옆에서 남편의 49제를 열심히 드렸다. 가창과 무용에 뛰어난 그녀인지라 얼마나 우아한 동작과 선율로 제를 드렸겠는가? 그 연기가 얼마나 훌륭하였겠는가? 한 이레一週가 채 지나기도 전에 황진이는 지족선사의 주목을 끌게 되었고, 지족선사는 이내 통정通情을 호소해 왔던 것이다.

황진이는 조용히 타일렀다. "스님께서는 생불이 아니십니까? 소녀의 신심信心을 과소평가하시어, 여심을 시험하시고 계시는데 제발 그 일만은 거두어 주시옵소서." 지족선사는 법당을 버리고, 황진이의 숙소까지 따라와서 애정을 호소하며 치근덕거리기 시작하였다. 말이 그렇지, 지족선사인들 얼마나 번뇌가 컸겠는가? 그의 신앙적 공적과 인륜적 명예가 일시에 무너지는 허무한 순간이 아니겠는가? 그러나 황진이가 아무리 종용해도 지족선사는 마음을 돌이키지 못하였다. 그는 눈에 광기를 불태우며 황진이에게 대어들었다. 황진이는 야무지게 외쳤다. "스님은 득도한지 10년이 넘었다고 들었습니다. 그런데 이제 보니, 10년 공부 나무아미타불이로구료!!" 사실, 우리에게 잘 알려진 "10년 공부 나무아미타불"이란 말은 황진이가 이 상황에서 처음 사용한 말이라 한다. 지족선사는 파계승이 되었을 뿐만 아니라, 입에 거품을 물고 무엇인가를 중얼거리며 거리를 배회하는 폐인이 되고 말았다. 황진이의 마음은 서글펐다. 그렇게 거룩해 보이는 종교적 성벽聖壁도 남녀의 욕정 앞에서는 맥없이 무너지고 마는 것인가?

황진이는 다음으로 한국 성리학性理學의 최고 학자 서화담徐花潭을 찾았다. 서화담은 과거시험에 합격하였으나 벼슬에 뜻을 두지 아니 하고, 심산유곡에 들어가 학문에 몰두하고 있었다. 황진이는 첩첩 산중을 마다 않고 산중에 들어가 당대 최고의 한학자와 대면한 것이다. 황진이는 공손히 입을 열었다..“소녀는 겨우 사서삼경四書三經은 독파하였으나 학문이 극히 미천하오니 양해하시고, 소녀를 제자로 삼아 주시옵소서.” 서화담은 지족선사와는 달리 온화하고 관대하였다. 몇 마디의 학문적 담론을 거친 끝에 아주 중후하게 대하며 황진이를 제자로 받아드렸다. 사제의 관계를 맺고 2개월이 지나고 3개월이 다 되었다. 황진이는 품위를 잃지 않으며, 여인으로서 고도의 교태(?)를 시도하고 있었다. 그러나 서화담은 황진이를 여자로 보는 눈길을 전혀 보이지 않았다.

황진이는 자신의 모진 복수심을 불태우며 어느 때보다 더욱 적극적인 접근방법을 강구하였다. “선생님, 조석간에 기거를 달리하니 불편이 너무 많아서요. 앞으로 선생님과 한 방에서 같이 기거하면 안 될까요?” 힘겹게 질문을 끝내고 난, 황진이는 등골에 땀이 흠뻑 젖었다. 양심의 가책 때문이었을 것이다. 그러나 정작 서화담은 대수롭지 않게 받아드렸다. “자네 편할 대로 하게나.” 이렇게 하여 비록 사제간이라고는 하나 남녀가 한 방에서 기거를 하게 되었다. 그러나 독방에서 기거한 지 한 두 달이 지나도 서화담에게는 아무런 심경의 변화가 없었다. 황진이는 이상한 생각이 들었다. 혹시 서화담이 남자의 구실을 하지 못하는 목석이거나 성불능자가 아닌가하는 의심이 들기 시작한 것이다. 그것도 그럴 것이 서화담은 매사에 친절하고 호쾌하게 대하여 주면서도 이성의 눈길만은 전혀 보이지 않았기 때문이다. 황진이는 터무니없는 생각 하나를 고안했다. 서화담이 깊은 잠에 들었을 때 직접 확인을 해 보자는 생각이었다. 참으로 오만방자하기 그지없고 불손하기 짝이 없는 발상이 아닐 수 없다. 여성의 강렬한 호기심이랄가? 아니면 그녀의 복수심이 그 정도에까지 치달았다고 보아야 할 것인가?

황진이는 스승이 깊이 잠들어 있는 틈을 타서 바지의 앞자락을 살짝 내려보았다. 한복 바지의 앞자락을 내려보기란 감행하는 용기가 문제일 뿐이지 일 자체는 결코 어려운 일은 아니다. 한복이란 원래 평평한 바지자락에 허리띠만 느슨하게 매어놓은 상태이기 때문이다. 존경하는 스승의 바지 앞자락을 내려본 황진이는 송구스런 마음이 솟구치고 죄송스러워 숨조차 쉬기가 어려울 지경이었다. 내려진 바지 앞자락 아래에는 원기 왕성한 송이버섯이 탐스럽게 놓여 있었던 것이다.(이 부분은 필자가 아주 오래 전에 읽었던 어느 기록의 내용을 기억하여 요약한 것이므로 사실의 진위 여부는 확인할 수 없음.) 서 화담은 어엿한 남자였고, 게다가 건강한 남자였던 것이다. 황진이는 즉석에서 몇 자를 적었다. 집에 다녀올 일이 있어 급히 떠난다는 사연과 함께 한 동안 뵙지 못 하겠다는 내용이었다. 황진이는 그 날로 밤길을 재촉하여 스승을 떠나온 후로, 자신이 탐색한 애정윤리를 정리하며 근 1년 동안 스승을 뵙지 못하였다. 어느덧 계절은 중추에 접어들었고 세상이 더욱 을씨년스러워지자, 그녀에게는 유독하게 스승의 어진 모습이 그리워졌다. 황진이는 길을 나섰다. 몇 날 며칠을 걸어 스승의 거처에 당도하였다. 그러나 막상 스승을 뵈올 면목과 용기가 없어서 문 앞에서 조용히 멎어 그대로 서 있었다. 서화담도 황진이가 왔다는 것을 직감적으로 알아 차렸다. 가볍게 내려놓는 발걸음 소리며, 치맛자락 부딪치는 여운이 분명히 황진이의 용태였기 때문이다. 그 순간이었다. 방문이 벌컥 열렸다. 두 사람의 눈이 서로 반짝이며 마주쳤다. 그러나 황진이는 열린 문 작 뒤로 슬그머니 몸을 숨겼다. 서화담의 입에서 나지막하게, 그러나 또렷하게 시조 한 수가 떨려 나왔다.

마음이 어린 후니 하는 일이 다 어리다.
만중운산에 찾아 올 이 뉘 있으련만,
부는 바람 지는 잎에 행여 귄가 하노라.

서화담은 황진이의 거동을 애써 바람에 지는 낙엽 소리로 돌려버렸다. 열렸던 방문은 이내 다시 닫혔다. 서화담은 스승의 길을 지킬 줄 아는 역시 큰 스승이었다. 황진이의 두 눈에는 금방 찬 이슬이 맺히고, 두 입술은 가볍게 떨렸다. "사랑이란 도대체 열정熱情의 동반인가, 멸각滅却인가?" 사제간의 맑고 깊은 사랑은 달빛 스친 하얀 산길 위로 멀리멀리 뻗어만 갔다.

황진이는 더 이상 서화담을 만나지 않았다. 명종 1년, 서화담이 세상을 뜬 후에야 황진이는 서화담이 머물다 간 곳이면 어디라도 안 가본 곳 없이 두루 찾았다 한다. 스승이 지나친 길을 모두 답보하고자 한 진솔한 제자의 마음이었을 것이다. 황진이는 서화담이 세상을 떠난 지 10년 만에, 그녀의 나이 41세로 초로의 미모를 뒤로한 채 일생을 마쳤다.

"의자, 의자, 목사님 의자!"

얼마 전에 서울의 한 텔레비전 방송국은 어느 이색적인 죽음에 대하여 뉴스를 띄운 일이 있었다. 뉴스의 내용은 이렇다. 어느 목사가 병원에 입원한 신도에게 병문안을 하였다. 병실 침대에 누워 있던 환자는 자기 교회의 목사님이 병실에 나타나자, 고맙고 반가운 표정을 지으며 벌떡 일어나 앉았다. 그리고는 간병하던 딸에게 지시하였다. "의자, 의자, 목사님 의자!" 그런데 안타깝게도 이 여성 환자는 그 한 마디를 서둘러 말하고는, 침대에 다시 누우며 그 길로 영면하여버린 것이다. 죽음치고는 너무 허망하고 역설적인 죽음이다. 생명관리에 가장 안전한 곳, 바로 병원에서 손 한번 써보지 못하고 일어난 일종의 사고사事故死다. 심방을 갔던 목사와 같이 온 성도들은 이 어처구니없는 상황에 얼마나 당황하였을 것인가? 이 사건은 어찌 보면 평범한 한 환자의 죽음에 관한 것이었는지도 모르지만, 너무나 이례적인 죽음이었기 때문에 방송사 측에서 정보 가치를 느꼈던 모양이다. 방송사의 보도 의도가 무엇이었든 간에, 이 보도에 접한 시청자들에게는 여러 가지의 반응이 나타났을 것이다. 이 여인의 죽음이 과연 행복한 죽음인가, 아니면 그 반대인가? 이 갑작스런 죽음의 직접적인 원인이 과연 무엇인가 등 시청자는 각기 자신이 처하고 경험한 상황에 따라 여러 가지로 생각들을 들추어 볼 것이다.

우리는 "죽음 복"이라는 말을 자주 듣게 된다. 죽는 데도 무슨 복이 있다는 것인가? 당치않은 말로 들릴지 모르지만, 우리가 어차피 가야하는 길이라면 평화롭게 가는 죽음의 길도 있고 힘들게 가는 죽음의 길도 있을 것이다. 인간이란 오래 살겠다고 아무리 요동을 쳐 보아도 오래 살아지는 것도 아니고, 자학을 하거나 몸을 함부로 내어던진다 해서 꼭 일찍 죽는 것도 아닌 성싶다. 중국을 최초로 통일하여 천하를 장악하였던 진秦나라의 시황제始皇帝는 불로장수不老長壽를 누리기 위하여 국가적으로는 만리장성을 연장하여 흉노의 침략을 봉쇄하는 한편, 개인적으로는 불로초를 찾아 우리나라 제주도에까지 특사를 파송하였다. 당시에 이름이 높던 방사方士: 仙術을 닦는 사람 서복徐福으로 하여금 불로불사의 약초를 구해오도록 명하였던 것이다(『史記』에는 徐福이 아니라 徐市로 나옴). 그러나 진시황은 겨우 49세의 나이로 일생을 마쳤다. 죽고 사는 문제에 관한 한 인간의 의지와 능력만으로 결정되는 것이 결코 아니다.

필자가 어릴 때 할아버지로부터 들은 한 고담古談이 생각난다. 어느 스님 한 분이 나타나서, "당신 아들은 오늘 중으로 물에 빠져 죽을 운명이니 물가에 보내지 마시오." 라고 부친父親되는 사람에게 경고를 하였더란다. 스님의 말을 들은 아버지는 문을 단단히 걸어 잠그고, 아들이 일체 밖으로 나오지 못하도록 하였다 한다. 방안에 갇힌 아들은 문을 두들기고 난리를 치다가 밖으로 나오지 못하자, 체념을 하였는지 마실 물 한 사발만 달라고 청하더란다. 아버지는 물 사발을 안으로 넣어주고 다시 문을 굳게 닫았다. 그 후로 방안은 조용하였다. 하루가 지나고 다음 날 아침이 되어, 아버지는 안심하고 문을 열어 주었다. 그러나 아들은 밖으로 나오지 않았다. 자세히 들여다보니, 아들은 물 사발에 코를 박고 죽어 있더라는 것이다. 아들은 운명으로 정해진 날짜를 피하지 못하고 사발 물에 익사한 것이다. 그래서 인명은 재천이라는 말이 나왔을 것이다.

이 여성 환자의 경우에는, 종말이 너무나 극적이다 보니 사인死因이 궁금하지 않을 수 없다. 정확한 사인에 대해서는 당연히 담당 의사가 판단할 일이지만, 시청자들이 나름대로 이리저리 추측을 해본다 해서 크게 결례가 되는 일은 아닐 것 같다. 제일 먼저 생각되는 것은 하나님의 섭리다. 신의 세미細微한 음성에 따라 환자가 암연暗然히 자신의 마음을 모두 준비하고 있는 상태에서, 평소에 믿고 따르던 목사님이 나타난 것이다. 그녀는 기쁨으로 목사님을 맞고, 그 길로 천국으로 떠난 것이다. 그 한자는 목사님께 앉으실 의자를 챙겨드리는 예의까지 갖추고 아무런 고통 없이, 마치 잠이라도 들듯이 죽음을 받아드린 것이다. 가장 축복 받은 죽음이다. 주님의 뜻을 따르고 주님의 사자에게 고마움을 표시하고 갔으니 믿는 자로서 여한이 더 있으랴?

두 번째로 생각 할 수 있는 것은, 이 환자가 뜻밖에 목사님과 성도들의 병문안을 받고 감격한 나머지 심장이 마비되어 갑작스러운 죽음을 당하였는지도 모른다. 병문안이 죽음을 초래하는 변고變故라서 안타깝기는 하지만, 기독교 교리로 볼 때 목사님을 모신 가운데 성도와 교제하다 최후를 맞았으니 이 또한 복 받은 종말이라 말 할 수 있다. 성도의 교제만큼 중요한 교회의 목적도 없다. 교제가 길게 이루어지지는 못하였으나, 영적으로 이루어진 교제였다면 시간개념이 무슨 필요가 있을까? 산소마스크를 달고 일 이 년 동안 식물인간으로 연명하는 환자도 있다고 하던데, 이 환자는 죽음의 길이 짧아 깔끔한 뒷모습을 보여주었다. 사람은 뒷모습이 고와야 한다. 너무 갑자기 가셨다고 애통해 하시는 유가족들에게는, 이러한 견해에 대하여 정중하게 사과를 드린다.

셋째로, 이 환자의 죽음은 화려하였다. 장례의식이 풍성하고 화환이 많아서 하는 말이 아니다. 이 환자는 그녀의 깨끗한 뒷모습을 전국으로 나가는 방송으로 보여주었으니 얼마나 화려하냐는 말이다. 죽음의 형태도 참으로 가지각색이다. 추한 죽음도 있고, 비겁한 죽음과 처절한 죽음도 있는 반면에, 깔끔한 죽음도 있고 당당하고 위대한 죽음도 있는 것이다. 예수의 죽음과 가롯 유다의 죽음을 비교해 보라. 전자는 십자가에 매달려 온갖 고초를 다 받는 죽음이었지만, 인류를 구원하는 찬란하고 숭고한 죽음이었다. 후자의 경우에는 물욕에 영혼을 팔고 고목에 목을 매여 침통하게 죽은 추한 죽음이었다. 이 여성 환자의 인간성과 행위에 대하여는 우리가 잘 알지 못한다. 얼마나 봉사를 했으며, 얼마나 덕을 쌓고, 얼마나 선업善業을 행하였는지는 알 수 없다. 불가佛家에 따르면, 숙업宿業에 의하여 현세가 있고 현세의 업보業報에 따라 내세가 있다고 하였으니 진정으로 화려한 죽음은 봉사와 덕행과 선업에 의한 평가로 결정된다. 죽은 자는 말이 없다. 아무 변명 없이 중평衆評을 받아드릴 수 있는 최후가 진정으로 화려한 죽음인 것이다.

끝으로 다소 비약적인 생각이 하나 떠오른다. 이 여성 환자가 임종에 남긴 세 마디에는 리듬이 있고, 상징성이 강하다. 『햄릿』 중의 유명한 대사 하나가 연상聯想된다. 왕비는 햄릿 왕자와 레아티스의 검술시합을 구경하다 갑자기 갈증을 느낀다. 긴장한 탓이었으리라. 그녀는 왕이 마련해 놓은 포도주를 마신다. 그 잔은 왕자의 승리를 축하하기 위하여 왕이 직접 포도주를 딸아 놓은 잔이었다. 그러나 그것은 축배가 아니라 독배였다. 그런 사실도 모르고 왕비는 그 잔을 마신 것이다. 독배를 마신 왕비 거트루드는 자신이 마신 포도주가 축배가 아니라, 왕자를 독살하기 위한 독배라는 사실을 햄릿에게 알린다. 이미 혀가 굳어지고 몸이 뒤틀리며 오한이 전신을 엄습한 상태이었지만 온갖 고통을 참고, 아니 죽음을 물리적으로 거부하면서 아들의 안전을 위하여 최후의 일성으로 경고를 한 것이다. "저 잔, 저 잔, 저 잔, 나는 독약을 마셨다." 왕비는 힘겹게 이 한 마디를 간신히 내뱉고 죽지만, 이 임종의 일언은 부패한 사회를 강력히 규탄하는 고발장이 된다. 이 고발은 작게는 아들의 독살을 막아야한다는 모정의 발로에서 나온 천륜이며, 크게는 인륜과 사회정의를 압살하려는 국왕의 음모와 술수를 지탄하는 용단이다. 이중삼중으로 얽어놓은 살인마의 올가미를 벗어나지 못하여, 어차피 햄릿은 비극을 피할 길이 없다. 그러나 그녀의 다급한 경종에 의하여, 클라우디우스의 흉계가 만천하에 밝혀진다. "저잔, 저잔, 저잔,"하고 외치는 왕비의 임종과 "의자, 의자, 목사님 의자!"라고 외치는 이 환자의 임종이 어쩌면 그렇게 비슷할 수 있을까? 외형적 우연이기는 하나, 우연치고는 너무나 진기

한 우연이다.

이 환자가 임종에 남기고 간 말 세 마디는, 앞서 말한 왕비의 경우처럼 우리 사회에 어떤 경종을 남기고자 한 것은 아닌지 엉뚱한 생각으로 비약이 된다. 특히 "의자"의 개념이 의미 있게 떠올랐기 때문이다. 사실 요즘 우리나라에는 자기의 자리를 제대로 지키고 앉아 있는 사람이 많아 보이지 않는다. 대통령도 "대통령 못해 먹겠다."고 푸념을 하고, 정계에서도 의석의 과반수 선이 무너졌다고 아우성이며, 회사들도 더 이상 지탱하지 못 하겠다고 하소연이고, 시장에서도 못살겠다는 탄식이 터져 나온다. 군의 병영에서도 전에 없던 일들이 연일 발생하고, 교육자들의 노조결성에 이어, 공무원들의 노조가 결성되는 가 했더니, 심지어는 교역자(목사, 강도사, 전도사)들 조차도 노조를 결성하여 집단행동을 버리겠다는 그룹이 나타났다. 나라 어디를 둘러봐도 제자리를 굳게 지키고 있는 자가 거의 없는 것만 같다. 지금은 "의자"가 시사하는 의미가 어느 때보다 강하게 나타나는 시점이 아닐 수 없다.

의자의 개념은 누구나 다 앉는 기구를 뜻하는데, 연상이 왜 이렇게 확대되어 나타나는 것일까? 그 이유는 아마도 국민의 시선은 언제나 사회적 관심사에 집중되기 때문일 것이다. 지금 우리나라의 현실을 살펴볼 때, 권력층, 지식층, 부유층 할 것 없이 모두가 "사개가 무너진"out of joint 사회에 살고 있는 것 같이 보인다. 우리 다 같이 생각해보자. 유전油田과 무관한 철도공사에서 유전사업을 하겠다고 나섰다가 사기를 당하여 국위의 손상은 물론 국부의 손실을 가져오지를 않나, 일개 자문기관이 이권사업에 끼어 들어 소위 행담도사건의 막대한 의혹을 빚고 있질 않나, 공영방송인 KBS에서 며느리가 시어머니의 뺨을 후려갈기는 패륜극을 방영하지를 않나, 전통을 내세우는 MBC 방송국이 청소년들이 가장 많이 시청한다는 프로에서 하반신을 노출시킨 광란들을 공중파로 방영하지를 않나, 부동산 투기와 전쟁을 선포한 정부 내각에 총리와 장관들이 부동산 투기에 연루되어 있지를 않나, 그 실상들을 어찌 일일이 다 거론하랴? 세상이 앞과 뒤가 다르고 말과 행동이 다르니, 필자로서는 도대체 이 놈의 세상이 어떻게 돌아가고 있는 것인지 짐작도 못할 지경이다. 우리의 마음속에 도대체 무슨 마가 침노하였기에 이처럼 우리가 정체성을 상실하고 있는 것일까? 이 여성 환자는 죽음을 불과 1-2분을 남긴 중요한 경각에서 대단히 의미심장한 경종을 울리고, 혼란한 이 세상을 하직한 것이라 생각하면 지나친 억측일까?

요즘 정가에서는 우리나라 국정의 최고 책임자인 대통령께서 정권을 내놓고서라도 야당과 연정을 하겠다고 연일 강변을 토로하는 바람에 참으로 소란스럽다. 대통령의 자리가 어디 개인이 처리하고 말고 하는 위치인가? 대통령 책임제에서 대통령은 최고의 권력을 장악하고 있지만, 책임 또한 최고의 책임을 지는 자리에 있는 공인이다. 권력과 책임 모두가 국민의 투표에 의하여 나온 것들이기 때문에, 내가 싫다고 해서 또는 내가 좋은 착상을 했다고 해서 내 마음대로 자신의 권력을 양도하거나 내어 던질 권리는 없는 것이다. 대통령직의 거취는 결코 사사로울 수가 없다.

하기야 영국의 왕 에드워드 8세Edward VIII는 기혼녀인 심슨 부인Mrs. Wallis Simpson과의 사랑을 위하여 왕위를 내어 던지고 신하(윈저공)의 자리를 스스로 택하였다. 그러나 에드워드의 왕권은 국민의 투표에 의하여 얻은 권력이 아니었다. 국민의 투표에 의하여 권력이 결정되는 민주국가에서 국민의 뜻이 무엇인지도 물어보지 않고, 대권 포기를 운운하는 것은 대통령의 권한을 자신의 사적인 권력으로 착각하고 있는 환각에서 나온 발상이다. 노무현 대통령은 여소야대의 정국을 불만스럽게 생각하고 있는 점으로 보아서 국회의원 정족수의 90%가 넘는 절대적인 일당이 되어야 정치를 할 수 있는 것으로 믿고 있는 모양이다. 그러나 그러한 정당(열린우리당 + 한나라당)의 운영은 복수 정당의 의회 민주주의라기보다는 일당 중심의 전제주의에 가까운 통치형태다. 우리나라가 이처럼 온통 자리의 혼돈을 겪고 있는 실정이니, 병문안 오신 목사님과 성도들에 대한 감사에서 나온 소박한 환자의 인사말 한 마디도 비약적인 의미로 둔갑을 하지 않을 수 없다. 모든 길은 로마에 이른다는 말이 있듯이, 정국이 불안하면 국민의 관심은 온통 정국에 쏠릴 수밖에 없기 때문이다.

우리는 신의 세미한 음성을 들을 줄 알아야 한다. 세미한 음성은 명상의 소리다. 신의 목소리는 바람에 힘없이 날리는 갈대의 소리에서 들려 올 수도 있고, 굳은 바위의 장벽에서 나올 수도 있다. 어린아이의 재롱 속에서도 들려나오고 소박한 촌로村老의 입에서도 들려 올 수 있다. 물론 이 나약한 여성 환자의 나지막한 음성에서도 의미심장한 암시를 들을 수 있는 것이다. 문제는 우리의 정신적 자세에 달려 있다. 귀문을 열면 얼마든지 소망의 소리를 듣게 되는 것이다. 필자가 몇 년 전에 몸소 겪은 일 하나를 공개하겠다. 나는 결코 신비주의자는 아니다. 이 이야기로 인하여 나를 신비주의자로 불러도 변명하고 싶지는 않다. 나는 그때 겪은 사실을 지금도 소중한 체험으로 생각하고 있으니까.

20년 전쯤 되었을 것이다. 턱 밑 양쪽 목에서 콩알만한 것들이 잡혔었다. 예사로 알고 있었는데, 이 종양들은 점점 커져서 밤톨만 하게 커지고 돌처럼 단단해졌다. 심상치 않은 생각이 들었다. 세브란스 병원을 찾았다. 박 모 교수에게 진단을 받았다. 박 교수는 그 방면에 절대적인 권위를 가지고 있는 분이다. 박 교수는 나에게 이렇게 결과를 말해주었다. "저는 이런 경우에 학생들에게 암이라고 가르칩니다." 나의 증상을 암이라고 직언하기가 거북하였던 것이었으리라. 그 신중하고, 환자의 심리를 고려한 언어표현이 너무 감사하고 존경스러웠다. 수술 날짜를 잡고, 입원하여 수술 전 날 예비로 받는 제반 검사까지 다 완료하였다. 그런데, 막상 수술날짜로 예정하였던 당일에 와서 수술을 보류하고 투약이나 하면서 더 관망해 보자는 것이었다. 의사 선생님의 말씀이니, 여부가 있을 수 없었다. 일단 퇴원을 하였다.

그런 일이 있고 난 후, 아내의 성화에 못 이겨 서울대학교 부속병원에 가서 전문의의 진찰을 받았다. 결과는 암인 것 같다고 했다. 차트를 슬쩍 훔쳐보니, 종양의 크기가 각기 4cm, 경도는 돌처럼 단단하다stone-hard고 적혔다. 그런데 우리 식구가 어디에서 구해 온 약을 종양부위에 발랐더니, 부위가 쪽빛 같은 색으로 채색되면서 지워지지 않았다. 큰일이었다. 학생들 앞에 그 상태로 나가려니 도저히 용기가 나지 않았다. 어찌 되었던 학교 내부에서 알 사람은 다 알게 되었다. 그 무렵에 어느 권사님 한 분이 전화를 주셨다. 알고 보니 내 제자의 어머니였다. 안수를 받으면 낳을 거라고 꼭 와달라는 것이었다. 전혀 성미에 안 맞는 호의이었으나, 그 후에도 몇 차례 더 전화를 주셔서 성의를 생각해서 찾아가 보았다. 이 권사님은 어느 기도원 원장님이었다. 원장님은 딸 이름을 대시며, 이렇게 말씀 하셨다. "교수님, 참 잘 오셨습니다. 지금 상태가 암이라면 암이고 아니라면 아닌데 걱정하지 마세요. 기도하면 낫습니다, 교수님." 그렇게 말씀하시고, 안수도 하시고 기도도 해주셨다.

나는 집에 돌아왔다. 다음 날 아침에 나도 모르게 손이 그 종양 부위로 갔다. 종양들은 전과 똑같은 상태로 여전히 남아 있었다. 그런데 내가 종양 부위를 만지는 순간, 나는 우리 처로부터 호된 소리를 들었다. "성경에 하나님을 시험하지 말라 하였는데, 믿으려면 철저히 믿어야지 그거 무어 하는 거요!!! 하나님을 시험하는 거요, 지금?" 나는 아내의 말이 맞다 싶어서 종양 부위를 만지지도 않고, 생각도 하지 않기로 마음먹었다. 바로 그 다음날이었다. 세수를 하는 중에, 나도 모르게 손이 종양 부위로 갔다. 나는 놀랐다. 4센티 크기의 돌 같이 단단했던 종양들이 완전히 사라진 것이다. 안수를 받은 지 2일이 되는 날, 이른 아침의 일이었다. 크기가 점차 작아지는 것이 아니었다. 그 큰 돌맹이들이 일시에 없어진 것이다. 그 이래로 지금 이 순간까지도 아무 이상이 없다. 우연일까? 필연일까? 나를 신비주의자로 생각할 사람이 있을지 모르지만, 나에게는 사실적인 체험인 것이다. 우연으로 돌릴 수 없다. 어느 보이지 않는 힘이 작용한 것이다.

신은 살아계신다. 들으려고만 하면, 누구에게나 세미한 음성이 들린다. 세미한 음성은 주로 성서에서 쓰는 말이지만, 하이데거Martin Heidegger 등 실존주의 철학자들도 종종 사용한다. "의자, 의자, 목사님 의자!" 이 여성 환자는 목사님에게 진정한 성직의 자리가 어떤 것인지, 그 윤리를 밝혀드리고 있는지도 모른다. 어찌 보면, 그녀는 한국의 기독교에 경종을 울려주고 있는 것일지도 모른다. 한 가지 예로,

한국의 목사들 중에는 너무 물질주의와 물량주의에 빠져 있는 분들이 많다. 자신의 설교내용과는 전혀 달리 처신하는 목사들이 너무 많은 것이다. 우리나라 거의 모든 목사님들이 신성한 납세의 의무마저 무시하고 있다. 예수님께서도 국가에 세금을 내도록 가르마를 타주셨고, 바울 사도도 세금을 내도록 권면하였다. 목사들은 자신들의 급료는 봉급이 아니라 사례비라고 고집하지만, 엄밀히 말하면 봉급은 모두가 노력에 대한 대가요 사례비인 것이다. 성직자가 사례비를 고집하여 갑근세 납부를 거부하는 나라가 우리나라말고 세계 어느 구석에 또 있는지 모르지만, 윤리문제에 있어 기독교인은 성경을 표준으로 삼아야 한다. 납세의무를 기피하는 행위는 국법으로 탈세의 죄목이 된다. 하루 속히 폐기하여야할 아집이다. 목사들은 납세의 의무를 이행함으로써 국가와 국민 앞에 떳떳이 설 수 있으며, 자신도 배금사상에서 자유로울 수 있는 것이다. 더욱이 목사들의 "사례비" 지급에는 투명성이 제고되어야 한다. 어느 교회의 목사님은 사임할 때 신도들의 여론을 분열시키면서까지, 규정에 따라 적립한 퇴직금의 몇 배가 넘는 억대의 금액을 "예우"라는 명목으로 퇴직금과는 별도로 받았다는 소문이 나돈다. 삯군 목자가 아니고서는 상상도 할 수 없는 일이다. 신성의 모독이란 불경한 언어의 폭력만을 의미하지 않는다. 존경받던 목사님들이 수억 내지 수 십 억 원대의 추문을 꽁무니에 달고 다니는 모습은 기독교 성직자로서 참으로 안타까운 현실이 아닐 수 없다. 모두가 낭설이기를 바랄 뿐이다.

목사님들 중에는 몸소 영광 받기를 원하는 분들이 적지 않다. 영광을 받을 분은 오직 하나님 한 분뿐이시다. 목사는 자신을 작은 예수로 착각하도록 신도를 오도해서는 안 된다. 내가 아는 어떤 목사님은 예배드릴 때 성의를 입지 않는다. 이유는 형식에 구애받지 않기 위해서라고 설명한다. 그러면서도 성가대와 헌금위원들에게는 꼭 가운을 입힌다. 성가대와 헌금위원들의 가운은 성의가 아니라 제복이라는 것이다. 그러나 그 목사님이 성의를 입지 않는 실제적인 이유는 따로 있다는 것이다. 나도는 말에 의하면, 자신이 박사가 아니라서 남들처럼 박사가운을 입을 수 없기 때문이라 한다. 그 목사님은 설교 중에도 기회 있을 적마다 박사가운을 입는 목사들을 신랄하게 비난한다고 한다. 성도들은 작은 예수가 아니라 선한 인간 목자를 원한다. 목사들은 자신의 영달을 위하여 하나님의 영광을 가려서는 절대로 안 된다. 성의는 인간을 위한 것이 아니라 하나님께 영광을 돌리기 위하여 경건하게 자세를 가다듬는 중요한 예복인 것이다. 그래서 성의라 부른다.

목사님들은 언행과 심사에 있어 공의로워야 한다. 기독교는 사랑을 표방하는 종교이지만, 불의와 타협해서는 안 된다. 기독교는 불의를 용납하는 야합의 교회가 절대로 아니기 때문이다. 당회장 목사가 이 눈치 저 눈치를 살피며, 사랑의 실천을 내세워 공의로운 판단을 회피해서는 안 된다. 기도교인에 있어, “좋은 게, 좋은 것 아니냐?” 라는 말보다 더 경멸감을 주는 말은 없다. 용서는 자신의 과오를 솔직히 인정하고 통회하는 자에게만 베풀어지는 것이다. 사랑과 정의는 모순적 개념처럼 보이지만, 조화를 이루면 동일한 축에 놓인 두 가지 최고의 덕목인 것이다. 목사님들은 눈을 크게 뜨고 자신의 주변부터 정화하고, 거시적인 안목에서 몽매한 양들을 인도해야 할 것이다. 미국 새들백교회의 워렌Rick Warren 목사의 말처럼 자신이 시무하는 교회를 “건강한 교회로” 발전시키기 위하여, 목사님들은 기도

하며 주님의 족적을 따라야 한다. 그 큰 뜻을 전하고자, “의자, 의자. 목사님 의자!”하고 그 환자는 마지막 숨을 몰아쉬며 외쳤는지도 모르겠다. 선한 목자들을 욕되게 하는 아간Achan(수 7:1)은 두 말 없이 회개하여야 한다

블타바 강의 찰스 대교Charles Bridge에서

역사는 생체 리듬을 잃지 않는다. 천년의 빙하처럼 얼어붙었던 동구의 진영에도 급기야 봄소식은 찾아들었고, 그 봄기운은 프라하Prague의 문을 제일 먼저 두들겼다. 천여 연의 전통을 이어오던 음악과 낭만과 열정의 온기가 용하게도 결빙되지 않고 머물러 있다가, 프라하의 동토에 한 작은 틈새를 뚫어낸 것이리라. 체코에는 1960년대에 들어서면서 자유의 작은 물결이 아지랑이처럼 아른거렸다. 1968년 1월 당시 체코 공산당 제 1서기 노보트니가 물러나고 개혁파이었던 두부체크Alexandr Dubucek가 공산당 제 1서기가 되면서, 4월에는 구체적인 정치 개혁을 유도하여 자유와 독립을 표방하는 소망의 빛을 강렬하게 내비추었다. 1968년 프라하의 봄은 서방 세계에뿐만 아니라 동구권 국가들에게도 엄청난 충격을 안겨주었다. 그러나 같은 해 8월 21일 소련을 중심으로 한 바르사바 조약기구의 무장 병력 20만 명이 진격해 옴으로써 프라하의 봄은 심술궂은 꽃샘추위로 인하여 일단 퇴각하고 말았다. 그러나 이미 "부드럽게" 공산진영을 타격해 온 프라하의 봄기운은 1989년 11월에 베를린 장벽을 무너뜨렸고, 그 여세가 프라하에 다시 돌아와 1989년 11월 17일에 학생, 예술가, 학자, 시민들이 거리를 메우며 민주항쟁을 외쳤다. 프라하의 봄은 결국 소위 "우단 혁명"The Velvet Revolution을 이끌어 낸 것이다. 프라하의 봄, 그 것은 공산주의의 처절한 피폐상에서 자유와 민주를 재생시킨 불멸의 섬광이며 숨결이었다.

프라하는 "도시들의 어머니"The Mother of Towns라는 별명을 가지고 있다. 유네스코가 유적지로 지정한 문화유산이 12곳이나 되니 당연한 귀결이라 할 것이다. 8세기에 프라하의 성을 축성한 이래로, 이 도시는 고대로부터 현대에 이르기까지 각기 시대가 표상하는 모든 건축양식을 두루 갖추면서도 국민의 낭만적인 전통을 철저히 구현하며 도시를 아름답게 가꾸어 놓았다. 9-10세기의 로마네스크식 Romanesque 사원, 13세기의 비잔틴식Byzantine 대성당, 14-15세기의 고딕식Gothic 대성당, 16세기의 르네상스 양식Renaissance의 궁정, 18세기의 바로크식Baroque 궁전, 20세기의 기능주의functionalism 시설 등 각기 특색 있는 건축물들이 잘 배합되어 조화의 질서를 극대화하고 있다. 도시의 색상 또한 격조에 맞도록 현란하다. 프라하는 도심을 흐르는 블타바 강The Vltava을 중심으로 자연과 인공을 융합시킨 친환경적 문화도시로 발전하고 있다.

때때로 밖에 나가보면 한편으로 새로운 문화를 창조하며, 다른 한편으로는 기존의 문화유산과 환경유산을 소중히 보존하는 나라들이 많다. 지구촌의 한 외곽에 살고 있는 나와 같은 사람에게도 그 엄청난 보물과 문화적 가치를 공유할 수 있도록 노력하는 분들이 더없이 고마울 뿐이다. 나는 자주 북한산이나 관악산에 올라 서울 시내를 굽어본다. 시원한 전망에도 불구하고, 나는 마음 한 구석에 답답함을 금할 수 없다. 어느 방향 어느 곳을 바라봐도 시멘트를 비벼 부은 아파트 숲이 무성하다. 우리에게는 정부적 차원이나 시민적 차원에서 도시의 미학이나 공간철학 같은 가치문제를 다루는 곳이 없어 보인다. 문화적 가치는 아랑곳하지 않고 그저 아파트 값 타령이나 하는 수준을 벗어나지 못하는구나 싶어서 더욱 침울하다. 북한을 생각하면 더더욱 막막하다. 같은 공산주의를 한다 해도, 북한은 왜 그처럼 숨막히는 공산주의를 하는 것일까? 500여 만 명의 국민을 굶어 죽이고, 500여 만 명의 국민이 먹을 것을 찾아 생명을 걸고 탈출하도록 하고 있으니 하는 소리다. 우리에게는 대동강이나 한강 등 블타바 강보다 훨씬 뛰어난 천연 자원이 있는데도 우아優雅한 문화공간으로 승화시키지 못하고 있으니 애석한 일이다.

프라하의 정신적 기조는 블타바 강에 있는 것 같다. 체코의 국민적인 음악가 스메타나Bedrich Smetana의 곡 “나의 조국”에 흐르는 선율은 다름 아닌 블타바 강의 선율이다. 때로는 감미롭게, 때로는 강렬하게 흘러드는 선율에는 체코 국민의 애국심과 심미안審美眼이 여실히 발로되어 있다. “나의 조국”에 흐르는 블타바의 선율은 체코인들 모두의 가슴 속에 끊임없이 도도하게 흐른다. 찰스 대교 양쪽 난간에는 조형물들이 늘어서 있다. 그들 중에는 체코인들이 가장 존경하는 위인의 동상도 설치되어 있다. 성 요한 네포묵St. Nepomuk의 동상이다. 성 네포묵은 블타바 강과 찰스 대교에 깊은 관계가 있다. 네포묵의 동상 머리부분에는 일곱 별들이 원을 그리며 드리워져 있다. 이 성인에 대한 남다른 존경의 뜻을 담고 있는 증표일 것이다. 성 요한 네포묵은 1340년에 태어나 프라하 대학에서 법학과 신학을 전공하였다. 그는 신학 박사학위를 얻고 대학을 졸업하였으며, 졸업과 동시에 신부에 서품되었다. 그는 곧바로 대주교의 총 대리인에 선임되었다. 특히 그는 왕비의 고해성사를 담당하는 신부로 임명이 되었는데, 국왕 벤체슬라오 4세는 그에게 고해성사의 비밀을 보고하라고 명령하였다. 고해성사의 비밀은 누구에게나 누설해서는 안 되는 하늘의 명령이다. 네포묵 신부는 끝까지 왕명에 거역하다가 항명죄로 체포되어 처형되었다.

국왕 벤체슬라오는 타락하고 난폭한 성격이라서 그가 집권하는 동안 나라에 영일이 없었으며, 교황과도 논쟁이 잦았다. 반면에 왕비 소피Queen Sophie는 경건하고 온화하며 신앙에 충실하였다. 왕은 언제부턴가 의처증이 발동하여 왕비를 의심하기 시작하였고, 고해신부를 통하여 사통邪通한 사실이 있는지 확인하고자 사제에게 무례하게 굴었다. 네포묵 고해신부는 왕의 신성모독적인 요구에 처음에는 당황하였으나, 침착함을 잃지 않고 다음과 같이 말하였다. “성스러운 고해의 비밀을 누설하는 것은 하나님께서 엄히 금하신 것입니다. 그러므로 모처럼 명하신 것을 순종하지 못한 것을 대단히 유감으로 생각하는 바입니다.” 성 네포묵은 대주교와 함께 어느 수도원장 선거 장소에 갔다가 체포되어 전신에 성한 곳이 한 군데도 없을 정도로 혹독한 고문을 당하였다. 그러나 그 가혹한 고통을 다 당하면서도 고해의 비밀만은 누설하지 않았다. 국왕은 화가 치밀어 성 네포묵의 온 몸을 가재처럼 줄로 묶고 찰스 대교에 끌고 가서 떠오르지 않도록 몸에 마차 바퀴를 매달아 블타바 강물에 던져버렸다. 그 순교의 날이 1393년 3월 20일이었다. 고해의 비밀은 기독교의 교리로 보나, 오늘 날 사생활 보호의 차원으로 보나 대단히 중요한 사안이다. 육신이 다 찢기는 고초 속에서도 자신들의 고해 비밀을 끝까지 지켜주었다는 점에서, 체코인들은 예나 지금이나 한결 같이 성 네포묵을 체코 최고의 위인으로 숭상한다. 그는 교황 요한 젠젠슈타인에 의하여 1729년 3월 19일에 시성canonization되었다. 블타바 강이 체코인의 정신적 기조가 되고 있는 데에는 이러한 역사적 배경이 깔려 있는 것이다.

국민적 위인의 이면에는 항상 전설이 따르기 마련이다. 잘 알려진 전설 하나를 소개한다.

> 국왕은 고해신부를 깊은 강물 속에 집어던졌기 때문에 아무도 시체의 위치를 파악하지 못하였다. 그러나 연초에는 높아 있던 강의 수면이 갑자기 이상하리만치 크게 낮아져서 강바닥이 드러날 정도였다. 네포묵의 시체가 눈에 환히 보일 정도로 드러났다. 모두들 신의 섭리라고 생각하였다. 그러나 증오심에 가득 찬 국왕은 시체의 인양을 허락하지 않았다. 그런데 거의 한 달이 다 된 4월 17일과 18일 밤에 이상한 빛이 시체를 비추어 주었다. 모든 사람들이 그 불빛에 끌리어 몰려들었고, 그들은 하나같이 성스러운 시체를 볼 수 있었다. 성당의 참사원들은 국왕의 노여움을 염려할 필요 없이 시체를 인양할 수 있었다. 그들은 고해신부의 유해를 성 십자가 교회The Chapel of the Holy Cross에 잠시 옮겼다가 대성당에 안장할 수 있었다. 교황청에서 1719년에 시체를 발굴하였을 때, 시체는 완전히 탈골되어 흙으로 변해 있었다. 그러나 혀만은 그대로 형태를 유지하여 돌처럼 굳어 있었다고 한다. 너무나도 신기하여 면밀히 조사를 하고 있는 동안에, 딱딱하게 말라 있던 혀는 담적색의 살아 있는 사람의

혀와 똑같은 형태로 변하여 진홍빛을 발하였다 한다.

성서에 보면 혀를 다스릴 줄 아는 자는 온전한 자라 하였다. 신이 고해성사 신부의 혀에게 영화를 내려 주었으리라. 신에 대한 의무를 다하기 위하여, 오랫동안(근 400년) 침묵을 지켜왔으니 이제는 큰 소리로 속 시원하게, 아니 보다 강렬하게 사실을 있는 그대로 말하도록 신께서 배려하신 것이다.

인간이란 비밀을 지키기가 쉽지 않은 동물이다. 자기 혼자만 알고 있는 일이 있으면, 입이 근질근질하고 좀이 쑤셔서 참고 견딜 수가 없는 것이다. 오죽 참기가 힘들었으면 프리기아Phrygia의 왕 미다스Midas의 개인 이발사가 야음을 타고 들판에 나가 땅에 구멍을 파고 거기에다 "임금님 귀는 당나귀 귀! 임금님 귀는 당나귀 귀!"라고 외쳐댔을까? 그런가하면, 인간은 또한 남의 마음속을 들여다보고 싶어하는 호기심 많은 존재이기도 하다. 고해신부는 평범한 인간들과는 달리 누설 욕도 자제할 수 있어야하고, 호기심도 억제 할 수 있어야 한다. 고해는 하나님의 말씀을 준행하는 하나의 성사sacrament이기 때문이다. 고해는 고해성사라고 하는 신앙적 장치를 통하여 사생활의 비밀을 탐지하는 부도덕한 행위로 전용될 수도 있다. 타인의 사생활을 "훔쳐 듣는" 말하자면 도청의 방법이 될 수 있다는 이야기다. 도청에는 몇 가지 방법이 있을 수 있다. 당하는 사람이 전혀 눈치를 채지 못하도록 하는 방법이 있고, 강도처럼 위협적으로 사생활의 비밀을 강탈하는 경우도 있으며, 기만적인 장치를 사용하여 비밀을 끌어내는 사기 행각도 있을 것이다. 만약에 고해신부가 고해의 비밀을 누설한다면, 고해성사는 사기에 의한 도청일 수밖에 없다. 고해신부는 몸이 가루가 되는 한이 있어도 하나님께 맹세한대로 비밀을 지켜야 하는 것이다.

요즘 우리나라는 도청 문제로 난리가 났다. 헌법에 위배되는 한이 있다 해도 특별법을 제정해서 도청문제를 다루어야 한다느니, 국민의 70%가 도청의 내용을 알고 싶어하고 있으니 국민의 알 권리를 위하여 도청의 내용을 공개해야 된다느니, 헌법에 저촉된다는 사실을 알면서도 특별법을 제정해서는 안 된다느니 야단들이다. 수 천 년의 역사 속에 산전수전을 다 겪어 온 우리나라가 도대체 이처럼 위기관리 능력이 없다는 말인가? 우리는 이럴 때일수록 차분하게 마음을 갈아 앉히고 상식과 양식으로 돌아 가야한다. 어느 경우에나 법의 기조基調는 상식과 양식이기 때문이다. 사실, 훔쳐 들은 비밀을 알고 싶어하는 것은 인간의 속성인 호기심의 일환일 뿐 국민의 알 권리와는 전혀 무관하다. 훔친 물건인 줄을 알면서도 그 훔친 물건을 구입하는 자는 "장물 애비"의 범주를 넘을 수 없다. 도청의 내용을 공개하라는 주장은 "장물 애비"가 되겠다는 탈법적인 생떼에 불과하다. 우리는 결단을 내려야한다. 체코의 왕 벤체슬라오 4세처럼 고해신부 네포묵을 죽여서라도 자신의 호기심을 채우겠다는 무법자가 될 것인가? 아니면 끓어 오르는 호기심의 본능을 애써 달래는 양식 있는 성숙한 국민이 될 것인가? 단언하건대, 노무현 대통령은 성스러운 네포묵이 되어야 한다. 노 대통령은, 성 네포묵이 고해의 비밀을 지키겠다고 하나님에게 서약하였던 것처럼, 대한민국의 헌법을 수호하겠다고 국민에게 서약하였기 때문이다.

성 요한 네포묵은 성 비투스 대성당St. Vitus Cathedral에 안치되어, 묘역 전체가 순은純銀으로 봉축된 분묘 안에서 영면하고 있다. 그는 황금처럼 화려한 민족적 위인이 아니라 순은처럼 진솔한 위인이다. 체코인들이 자국을 강대한 국가로 융성시켰던 오타카 2세King Premy Otakar II 같은 성군, 드보렉Antonin Dvorak, 피비치Zdenek Fibich, 스메타나 등 세계적인 음악가, 역시 세계적인 국민 작가 카프카Franz Kafka 등 기라성 같은 화려한 국민적 위인들을 다 뒤로 제쳐두고, 순박한 성자를 국민 최고의 위인으로 받들어 모시는 것은 정직성과 책임성을 최고의 가치로 파악하는 그들의 질박한 철학을 웅변해 준다. 고해성사는 고해신부나 고해를 하는 신도 모두가 무엇보다 진실하고 자신에 대한 책임감이 분명해야 가능하다. 신도가 거짓 진술을 한다거나 신부가 이러저러한 이유를 내세워 맹세한 계율을 지키지 않으면 고해성사는 무의미한 사기극이 되고 만다.

네포묵이 순교한지 약 300년이 지난 1721년에, 조각가 크로코프 Johann Brokoff에 의하여 성자의 동상이 제작되었다. 이 동상이 찰스 대교에 설치된 이래로, 네포묵은 고해성사의 수호자일 뿐만 아니라 특히 유럽이나 남미 등지에서는 교량의 수호신으로도 추앙되고 있다. 이는 네포묵이 찰스 대교에서 순교한 사실에 연유한 것이기도 하지만, 다리bridge는 단절된 두 세계를 연결하는 화해의 역할을 하기 때문이다. 단절된 세계는 쌍방의 정직과 책임 없이는 화해도 재결합도 할 수 없다. 우리나라 정계가 머지않아 대 연정을 시도하려는 모양이다. 진정한 연정을 원한다면, 먼저 정직하고 자기의 말에 책임을 질 줄 알아야 한다. 도청자료를 연정에 이용하려 한다는 설까지 나돌고 있는 판이니 어디 될 법이나 한 말인가? 어느 전직 대통령은 그 일로 인해서 신병을 얻어 입원까지 했다니 이런 유치한 재변才辯들을 과연 사실로 믿어도 되는 것인지 모르겠다.

우리나라 정가에서도 "고해를 하는 심경으로" 또는 "고해성사를 받는 심정으로"라고 하는 등 고해를 인용한 말들을 가끔 들은 기억이 난다. 그 동안 우리나라 정치가 "정경 유착"이니 "합종연횡"이니 그리 달갑지 않은 일들이 많았던 터라, 반성하고 회개하는 뜻에서 나온 말들임에는 틀림없다. 고해성사는 천주교에서 행하는 일곱 성사 중의 하나이다. 신도는 영세(세례)를 통하여 원죄를 사함 받지만, 인간은 부족한 존재인지라 영세를 받은 이후로도 죄를 짓기 마련이다. 신도는 이러한 죄를 고해성사를 통하여 고해신부로부터 죄 사함을 받는다. 그러나 고해성사는 개신교와 교리적 논쟁을 일으키는 문제를 안고 있다. 인간이 어떻게 인간의 죄를 사하여줄 수 있느냐는 것이다. 사죄권을 신부가 가질 수 없다는 것이다. 이러한 주장에 대하여 천주교는 예수께서 사도들에게 물려준 사죄권을 신부가 이어받는다고 항변하고, 개신교에서는 일개 신부가 어떻게 사도들의 사죄권을 이어 받을 수 있는 가고 다시 천주교의 주장을 반박한다.

필자가 보기에는, 사죄권에 관한 문제는 그리 중요한 것이 아니다. 중요한 것은 인간끼리 서로 사랑하고 용서하여 화해하라는 것이다. 용서란 진정한 통회와 화해의 단계를 거쳐야 가능한 것이므로, 먼저 어느 한 쪽에서 진정한 사과가 있고 그 다음으로 다른 쪽에서 용납이 있어야 된다. 어차피 죄의 궁극적인 용서는 하나님만이 하는 것이며, 고해신부는 통회를 도와주고 충고함으로써 다만 인간적 차원에서 용서를 하는 것이다. 고해신부의 사죄권을 놓고 너무 심하게 의미를 부여하려는 것은 적절한 처사가 못된다. 심하면 본말이 전도되기 쉽다. 주기도문에는, "우리가 우리에게 죄진 자를 사하여 준 것 같이, 우리 죄를 사하여 주옵시고-"하는 대목이 들어 있다. 요한복음 20장 23절에도, "너희가 뉘 죄든지 사하면 사하여질 것이요, 뉘 죄든지 그대로 두면 그대로 있으리라 하시니라."는 말씀이 들어 있다. 이 중요한 두 구절을 고찰하여 보면, 먼저 사죄하는 자의 진정한 뉘우침이 중요하고 다음으로 용서하는 자의 너그러운 마음이 중요한 것이다.

인간은 육신을 소유하고 있음으로 생각이나 이념만으로는 진실성이 없을 수 있다. 실증이 중요하기 때문이다. 고해신부가 고해자의 옆에서 그의 통회를 충고한다면 현실적인 면에서 큰 도움이 될 것이다. 혼자 열 번 결심하는 것보다는 옆에 믿을만한 자가 함께 해 주면 마음의 자세는 분명히 달라지는 것이 인간의 속성이다. 하기야, 옆에 사람이 있으면 무슨 소용이 있나? 다 세상 나름이다. 우리가 사는 세상에서는, 매스콤을 통하여 세상이 다 알고 있는 사실조차도 그런 일 없다고 딱 잡아떼거나 기억에 없다고 우기면 통하는 세상이 되어 버렸으니 말이다. 체코인들이 성 요한 네포묵을 그처럼 높이 숭상하는 이유를 이제는 좀더 알 듯 하다.

문화가 있고 낭만이 있고 숨결이 강인한 체코여, 프라하여. 블타바 강이여, 다시는 탈 없이 잘 흘러가기를 기원한다. 나는 그대들이 그처럼 존경하는 성자의 동상 앞에서, 잠시 머뭇거리다 자리를 뜬다. 이제 그대들의 국민소득도 1만 불을 훌렁 넘겼다는 말도 들었다. 고마운 일이다. 나는 프라하의 봄을 잊지 않는다. 빙하와도 같은 동토에서 봄을 불러드렸던 그대들의 용기와 지혜를 높이 찬양한다.

선택

『구약 성서』, "창세기"에 보면, 창조주 여호와가 인간에게 부과한 최초의 시련은 선택選擇이었다. 선악과를 따먹지 말라는 신의 명령과 따먹으라는 사단Satan의 유혹 사이에서 인간(아담과 하와)은 선택의 시련을 겪어야 했다. 결국 사단의 말을 택하였던 아담과 하와는 낙원Garden of Eden을 잃고 평생토록 고통의 멍에를 짊어지게 되었다. 신의 저주를 받은 이들은 아들 가인Cain과 아벨Abel을 낳았고, 가인은 아우를 살해하여 인류 최초의 살인범이 되었다. 인간에게 살상의 비극이 시작된 것이다. 이 모든 비극전인 결과는 선택의 과오에서 기인된 필연이었다. 선택은 물론 우리의 자유의지에서 나오는 소산이다. 그렇다고 해서 우리에게 자유의지를 선물로 주신 신을 원망해서는 안 된다. 설사 우리가 열 번이 아니라 골백번의 선택적 과오를 저지른다 하여도, 우리는 자유의지를 포기할 수는 없다. 자유의지야말로 인간을 인간되게 하는 원천이기 때문이다.

선택은 언제나 어려운 것이다. 우리 인간은 누구나 오만과 유혹에 약하기 때문이다. 여호와 하나님은 인간에게 세상을 다스리는 권한을 주셨고, 동시에 금단의 열매도 주셨다. 인간은 근본적으로 권한과 제약, 자유와 책임 등 상반된 가치구조 속에서 살도록 창조되었다. 일종의 균형과 조화라고도 말할 수 있다. 그런데 인간은 신이 부여한 조화와 균형을 기회만 있으면 파괴하려든다. 오만과 유혹 때문이다. 신이 인간에게 "다스리는" 권한을 부여한 것이 오만의 화근이며, "간교한" 짐승에 노출시킨 것이 유혹의 화근이다. 인간은 작은 권력만 있어도 으시대고 오만을 부리기 쉽고, 미소한 이해관계만 있어도 그 유혹을 떨치기가 어렵다.

어릴 때의 이야기다. 중국 음식의 단골 메뉴이었던 자장면과 우동은 매번 말썽이었다. 중국집에 음식을 주문할 때는 항용 "자장면" 아니면 "우동"이기 마련인데, 우동을 먹을 때면 옆에서 아우가 먹고 있는 자장면 냄새가 그렇게 맛있게 느껴지고 거꾸로 자장면을 먹게 될 때면 역시 옆에서 우동을 먹고 있는 아우의 우동 냄새가 그렇게 시원할 수가 없다. 매번 이래저래 실망이 되어서 아예 한 가지로 통일을 하려고 하면, 그때에는 또 어느 쪽이 더 낳을까하고 달리 먹고 싶은 생각이 들어서 통일하기도 그리 쉽지가 않았다. 내가 그 작은 유혹마저도 제어할 수 있는 힘이 없었던 탓이다. 내가 "어릴 때"란 단서를 달긴 달았지만, 그 후 에도 철이 들었다면 얼마나 더 들었겠는가? 하기 쉬운 말로, 그저 "간교한 뱀" 때문이라고 그 책임을 전가해 두자.

삼손Samson은 이스라엘을 괴롭히는 블레셋Philistines을 퇴치하라는 사명과 함께 엄청난 힘을 여호와로부터 부여받았다. 그러나 그는 여인을 선택하는 데 실패한다. 할례를 받은 이스라엘 여인을 마다하고 할례를 받지 않은 블레셋 여인들을 취하였다. 흔히 할례는 남자 아이에게만 행하는 것으로 알지만, 여인의 할례는 더욱 혹독하였다. 여성에 있어서는 성감대를 제거하는 것이 할례였다. 삼손은 아버지 마노아의 명령에도 불구하고, 불감증의 이스라엘 여성을 기피하여 블레셋 여인을 취하였다. 자신의 욕정을 채우기 위하여 여호와의 명령과 아버지의 명령에 불복하고 블레셋의 여인을 택하였던 것이다. 치명적인 선택이었다. 그는 블레셋의 창녀 델릴라의 유혹에 넘어가 블레셋의 관헌들에게 잡혀, 고문으로 시력을 잃고 가죽 채찍을 맞으며 연자 맷돌을 돌리는 등 치욕적인 고난을 당한다.

그러나 삼손은 온갖 모욕과 수난을 당한 끝에 위대한 선택을 하게 된다. 영혼의 선택이었다. 그는 신을 원망하며 자신의 실명失明을 통탄하던 태도를 바꾸어 자신의 과오를 깨닫고 참회하며 하나님께 감사한다. "나에게 시력이 있으면 하늘도 바라보게 될 터인데, 이 추악한 죄를 걸머진 내가 무슨 낯으로 하늘을 우러러 볼 것인가?" 삼손은 오히려 여호와에게 감사했다. 그리고 기도하였다. "하나님이여, 한번만 더 그 힘을 저에게 주십시오! 하나님께 영광을 돌리는 데에 그 힘을 사용하게 하여 주시옵소서." 그의 기도는 응답을 받았다. 그는 블레셋의 다곤Dagon 신전을 무너뜨리어 블레셋의 고관들을 포함하여 3000명 이상의 적을 죽일 수 있었다.

다윗은 이스라엘의 성군이었지만, 개인적인 비위도 많았다. 가장 큰 비위사건은 아마도 자기의 신하 우리아 장군을 전쟁터에 내보내고 고의적으로 그를 고립시켜 적들의 칼에 찔려죽도록 한 처사일 것이다. 우리아의 처 밧세바를 아내로 삼기 위한 것이었다. 사실 다윗이 성군이 되는 데에는 나단과 같은 선지자 충신이 있었기 때문이었다. 나단은 우리아 사건에도 간언하였다. - 나단은 간한다."이 성에 부자와 가난한 자가 살고 있는데, 부자가 가난한 자의 한 마리밖에 없는 양을 빼앗아 자기의 손님을 대접하였습니다. 전하는 어떻게 하시겠습니까?" 다윗은 명령한다. "당장에 그 부자를 포박하여 처형하시오." 나단은 외친다. "그 부자는 다른 사람이 아니라 바로 당신이오!." 다윗 왕은 크게 놀라며 자신의 죄를 시인한다. "내가 여호와께 죄를 지었소." - 나단은 다윗을 혹독하게 책망하였으나 나단을 벌하지 않고, 직석에서 자신의 죄과를 회개하고 신에게 용서를 빌었다. 어려운 결정이었지만, 위대한 선택이었다. 다윗이 노쇠하여 후사를 택할 때에도 나단은 간언하였다. 다윗은 장자인 아도니야의 세자 책봉을 묵인하였었다. 아도니야는 연회를 크게 열고 자신이 왕위를 계승하게 된 것을 공공연히 발표하였다. 나단은 다윗에게 간청하였다. 솔로몬을 왕위 계승자로 강력히 천거하였던 것이다. 이 역시 어려운 문제이었으나, 다윗은 현명한 선택을 취하여 솔로몬을 세자로 책봉하였다. 지혜 있는 왕을 인류에게 봉헌한 것이다. 위대하고 현명한 선택들이었다.

요즘 열린우리당과 그 주변에서 지대한 관심을 갖고 진행 중인 과거사 정리차원에서 보면, 이승만 전 대통령의 치적은 아예 탄생하지 말아야 했던 정부를 탄생시킨 것처럼 폄하되는 모양이다. 광복 60년이란 비교적 짧은 기간 동안에 세계의 경제 대국 11번째로 부상한 국가가 잘 못 태어난 국가라면, 수백만 명의 백성을 아사시키거나 동사시키고 역시 수백만 명의 백성들이 허기진 배를 안고 먹을 것을 찾아 사선을 넘게 만든 국가는 어떻게 평가를 해야 할 것인지 도무지 어안이 벙벙하여 상상이 되지 않는다. 신문보도에 보니. 대체로 국민의 존경을 받아 온 백범 김구 선생께서도 "이 나라의 국부는 이승만 박사밖에는 없어."라고 단언 하셨다는 증언이 나오던데 말이다. 누가 무어라 해도 이 전 대통령이 우리나라에 민주주의의 터전을 마련한 것은 부인할 수 없는 사실史實이다. 이 당연한 이야기를 새삼스럽게 말을 꺼내고 있는 내 자신이 너무나도 우습고 바보스럽다. 세상이 정말 달라지려는 것인가 별의별 한심한 생각이 다 든다. 하기야 이승만 전 대통령도 커다란 선택의 과오를 범한 것은 사실이다.

상해 임시정부 때부터 이승만 박사에게 재정적 도움을 아끼지 않았던 이을식李乙植 옹의 회고에 의하면, 이승만 박사의 선택적 과오는 너무 딱하고 애석한 일이다. 금년으로 연세가 108세인 이 옹은 장수를 누리고 있지만, 건강의 축복도 받으신 것 같다. 이 옹은 110세에 육박하는데도, 사진에 나온 모습으로는 건강해 보였고 위품도 당당하였다. 이 옹께서도 실은 전신이 다 건강한 것만은 아니었다. 만세 사건 때 다친 다리의 부상으로 평생을 불편하게 지낸다고 했다. 이 옹께서는 배재고보培材高普 재학시절부터 이승만 전 대통령을 따라다녔고, 그 때문에 상해 임시정부 시절에도 재정을 댔었다고 한다. 뿐만 아니라 이승만 박사가 광복 후 귀국한 이래로 정치를 시작할 때까지 재정적으로 이 박사를 도왔다고 한다. 이 옹께서는 1951년에 전라남도 도지사로 임명을 받았는데, 다음 해에 이李 전 대통령이 정권 연장을 위하여 대통령선거제도를 직선으로 개헌하려고 할 때 단념할 것을 간곡히 진언하였다고 한다.

그는 몇 차례에 걸쳐 서울에 올라와 이 전대통령을 찾아가 강력하게 개헌 반대의사를 거듭거듭 밝혔다고 한다. "초대 대통령만 하시고, 미국의 워싱톤George Washington처럼 국부 노릇을 하시라고 진언했는데 이 박사가 그 말에 크게 노怒했어. 그 후 나는 사실상 사라진 자가 되었고 하야하실 때까지 뵙지 못 했지." 그런데 이 전 대통령은 하야하는 날에 이 옹을 보고, "자네가 옳았네."라고 아쉬워하더란 것이다. 이 전대통령은 이을식 옹의 진언을 받아드려 국부 노릇만 하였더라면, 그 치명적인 선택적 과오만 없었더라면 개인적으로나 국가적으로 얼마나 다행이었을까? 첫 단추가 잘 끼워졌더라면, 민주주의의 다음 단추가 순탄하게 끼워졌을 터인데 첫 단추가 잘못 끼워지는 바람에 걸핏하면 헌법이 유린되면서 정치질서가 뒤죽박죽이 된 것이다.

5. 16 군사행동을 감행하였던 박정희 장군은 국가재건 최고회의 의장직을 마치면서 진로 선택을 놓고 고민하는 흔적이 역력했었다. 소위 "혁명정부" 2년을 마치고 "혁명공약"에 명시되어 있는 것처럼 "군 본연의 임무"로 돌아갈 것인가 아니면, 군복을 벗고 민정(대통령 선거)에 참여 할 것인가를 놓고 무척 고민이 심했었던 것 같다. 몇 차례의 대국민 방송을 통하여, 번의에 번의를 거듭하고 다시 번의를 거쳐 민정에 참여할 것을 결심하게 되었던 것이다. 그의 선택은 난산이긴 하였으나 결과적으로는 국가의 근대화와 산업화를 강력하게 추진하는 위업을 달성한 것으로 평가되었다. 상대적으로 가장 피해가 컸던, 김대중 전 대통령마저도 공식 석상을 통하여 그 점에 대하여는 긍정적 평가를 내렸던 것으로 기억이 된다. 박 전대통령은 무엇보다도 "하면 된다."는 자신감을 국민에게 강력하게 각인시켜 주었다. 그

자신감의 철학이 한국을 기적의 나라로 만들었던 원동력이 된 것이다. 이 시점에 와서, 박정희 전대통령에 대하여 부정적 시각을 가진 국민도 적지 않는 것으로 알지만 외국인들마저도 "한강의 기적"이라고 칭송하는 업적을 우리 스스로 과소평가할 수는 없는 것이다. 분별력 있는 지식인과 양심 있는 국민이여, 가슴에 손을 얹고 생각해 보라. 1970년을 전후하여 경제 사정이 북한에도 못 미치던 우리나라가 경제 대국 11번으로 급성장하는 초석을 어느 지도자가 마련하였던가? 평가에서는 편견과 맹목을 버려야 한다. 이성과 양식만이 국가의 역사성을 제고하고 국민의식을 고양시킬 수 있는 것이다.

대학원 시절이었다. 서울대학교의 박 모 교수께서 우리 연세대학교 대학원 강의에 출강을 해 주셨다. 이 노 교수님은 시간관념에서부터 학사운영에까지 너무 정확한 분이셔서 학생들의 존경을 높이 받으셨다. 어느 날, 선생님은 밀턴Milton 강의를 하시다 말고 나에게 물으셨다. "황 군, 자네는 정치적 구조가 후퇴하는 경우가 있어도 경제발전을 추진하여야 된다고 생각하나 아니면 경제성장이 지연된다 해도 정치구조가 먼저 민주화되어야 한다고 생각하나?" 나는 갑작스런 질문에 다소 머뭇거렸다. 그러나 나는 분명히 말할 수 있었다. "상황에 따라서 다를 수 있겠는데요, 우리의 현실 속에서는 민생고 해결이 최우선 과제라고 생각합니다. 아사자가 속출한다는 미확인 소문이나, 보리 고개니 무어니 하고 장황한 이유를 늘어놓을 필요도 없이 우리 주변에도 하루 한 끼로 연명하는 학우들이 있으니까요." 박 교수님은 "황 군은 그렇게 생각하고 있구만." 하시며, 알쏭달쏭한 말씀만 하시고는 더 이상의 말씀이 없으셨다. 다른 학생들에게 묻지도 않으시고 창 밖을 한참 바라보시다가 다시 강의를 계속하셨다. 항산恒

産이라야 항심恒心이라 하였으니, 어차피 동시에 두 마리의 토끼를 잡을 수 없을 바에야 식족食足이 우선할 수밖에. 교수님은 아마도 현실을 수긍하시면서도 밀턴이, 크롬웰의 청교도적 강압 정치에 부역하였던 사실을 우리의 정치 현실에 연계시키면서 하신 말씀이 아닌가 생각된다. 선택이 우리를 괴롭히는 경우가 너무 많다.

이승만 전 대통령의 치명적인 선택적 과오가 사사오입四捨五入 개헌이었다면, 박정희 전 대통령의 비극적인 선택적 과오는 역시 유신헌법維新憲法 개헌이었다. 양자 모두 정권연장의 야욕 때문이었다. 국민을 어렵게 대하고 두려워하였더라면 그러한 야욕을 품을 수 있었겠는가? 특히 지도자의 금물은 오만이다. 아무리 유능한 지도자라 할지라도 국민의 협조 없이는 목표를 달성할 수 없다. 지도자는 마땅히 먼저 자기에게 협조해준 국민에게 감사하는 마음을 잊지 말아야 한다. 혹여 대단한 위업을 성취하였다 해도 그 자긍심을 먼저 국민에게 돌리고 그 자부심을 국민과 함께 나누어야 한다. 결과적으로 이 두 지도자는 현명한 지도자는 되지 못했다. 국민의 위력을 생각하기 전에 "나 아니면 인된다."는 오만으로 치달았던 것이다. 일단 오만해지면, 어떠한 아첨과 유혹도 떨쳐버릴 수가 없다. 셰익스피어가 구현한 한 비극적인 주인공 맥베드Macbeth는 타락해버린 자신의 마음을 이렇게 한탄한다. "아첨과 교언영색은 거머리처럼 달라붙는 법인데, 물리치고 싶어도 어디 물리칠 힘이 있어야지." 정권 세계의 말기적 현상은 어느 때 어디서나 매 한가지로, 자신에 대한 제어장치가 자율성을 잃기 마련이다.

민주주의 사회에 있어서는 지도자의 선택에만 책임이 있는 것이 아니다. 자유선거는 국민에게도 선거의 권한을 부여하지만, 권한 못지 않게 책임도 주어진다. 자유는 선거제도에서도 대가를 톡톡히 치러야 하는 조건적인 선물이다. 국민이 지도자를 잘 선택하였으면 그만큼 행복한 보상을 받을 것이요, 선택을 잘못 하였으면 그 만큼 불행한 시련을 받게 된다. 얼마 전에 몇 사람이 모여 앉아 나누는 잡담 속에서 들려온 이야기다. 요즘 살기가 힘들다는 투정 끝에 한 사람이 말한다. "다 내 탓이지 남 탓할 것 있나? 표 잘 못 찍은 이놈의 손가락을 그만 잘라버려야 하는데－" 옆에서 다른 한 사람이 받는다. "손가락은 왜 손가락이야? 발등을 찍어야지!" "무슨 말이야? 손으로 찍었으니 손가락을 잘라야지." 발등을 주장하던 사람도 그냥 물러서지 않는다. "이 사람 무얼 모르네. 제 발로 걸어갔으니 발등을 찍어야 될 것 아닌가 이 사람아!!" 제 3자가 나선다. "어, 허! 이러다가 큰 싸움 나겠네. 고만들 해 두어. 그렇게 마음에 걸리면 다음 번 선거에나 잘들 혀!!!"

큰 선거 때가 되면, 부부간에도 의외로 신중한 토론 시간을 갖고 누구를 찍을까를 진지하게 검토를 한다고 한다. 그런데 재미있는 것은, 막상 기표소에 들어가서는 수차례의 논의를 거쳐 내린 결론과는 달리 엉뚱한 쪽으로 찍고 마는 경우도 적지 않다고 한다. 우리나라에서는 이유야 하여간에 결국 정에 끌리는 쪽으로 표가 가버리는 것이다. 우리는 그 동안 학연이니, 지연이니, 혈연이니, 또 무슨 사모니 하는 소리를 수도 없이 들어왔다. 이제는 신물이 날 때도 되었다. 내가 스스로 무겁게 처신하고, 내가 스스로 높이 정좌하여 나의 정체성에 무게가 실릴 때, 남들이 내려보지 않는 법이다. 지금 우리에게는 무엇보다도 의연하고 성숙한 자세가 필요하다. 훌륭한 지도자는 바로 우리의 바른 선택에서 나온다. 국민의 위대한 선택이 위대한 지도

자를 낳는 것이다.

갑자기 작고하신 아버님 생각이 난다. 우리 아버지는 78세로 세상을 뜨셨다. 암이 전신에 번져서 수술도 못하시고 돌아가셨다. 우리 아버지는 기독교 신자가 아니셨지만 평소에 성경과 기독교에 관심이 많으셨다. 성경은 웬만한 신자 못지 않게 많이 읽으신 것 같았다. 가끔 특정한 성경구절을 지적하시면서 문맥상으로나 전체적인 논리에서 모순되지 않느냐고 나에게 물으시곤 하셨다. 나도 실은 성경을 읽다보면 의심스러운 곳이 한두 군데가 아니다. 나 역시 신학자도 아니고 목회자도 아니지만, 그저 평신도의 입장에서 판단이 되는 대로 말씀을 드리곤 하였다. "실증을 원칙으로 하는 과학의 세계에서도 불가지론적agnostic 상황이 많이 있지 않은가요? 좀 더 분명히 말하자면, 과학의 세계에서도 사람이 파악하고 있는 것보다는 모르는 것이 더 많다고 봐야지요. 성경은 영육과 내세를 다루는 서적(경전)이어서 모순으로 비치는 것이 더 많을 것 같습니다." 그럴 때마다 우리 아버지는 "글세, 잘 모르겠구나." 하시면서 웃으시곤 하셨다. 납득이 안 가시는 것이다. 그러나 우리 내외는 오랜 동안, 기회다 싶으면 노치지 않고 교회에 나가시기를 권고하곤 하였다. 그러던 사이에 아버님께서는 덜컥 중환을 앓게 되셨다.

입원하신지 3개월이 조금 넘었을 때였다. 암사癌紗가 중추신경을 마비시켜 말씀도 못하시고 글씨도 못 쓰시게 되었다. 다행이 청각에는 지장이 없었다. 어느 날 아침이었다. 나는 아버지로부터 어떤 호소의 눈빛을 발견하였다. 나는 아버님의 두 손을 꽉 쥐어드리며 여쭈었다. "아버지, 세례를 받으시겠어요? 목사님을 모셔 올까요?" 아버지는 고개를 끄덕이셨다. 아버님께서는 세례를 받으신지 정확하게 1

주일만에 소천하셨다. 우리에게는 얼마나 놀라운 축복인지 모른다. 아슬아슬한 순간에 구원을 얻게 되신 우리 아버지로서는, 일생일대에 최고의 위대한 선택을 하시고 주의 품에 안기신 것이다.

세상을 살다보면 크고 작은 선택들이 우리 앞에 수없이 놓여진다. 어떤 친구를 사귀어야 할 것인가, 어느 학교 어느 학과에 진학을 할 것인가, 나의 인생방향은 어느 쪽으로 정할 것인가, 어느 직종을 택할 것인가, 어느 배우자를 만나야 할 것인가, 종교 생활은 어떻게 정할 것인가, 이번 선거에서는 누구를 찍을 것인가 등등 참으로 무수히 많은 선택이 우리를 기다리고 있다. 서두에서 말했듯이 선택은 창조주가 우리 인류에게 맨 먼저 내리신 시련이다. 선택은 그 만큼 어렵고도 중차대한 것이다. 선택에서 과오를 범하면 꼭 그 대가를 치러야 한다. 매사에 신중한 습관을 길러서 인류의 조상 아담과 하와의 전철을 밟지 말아야 한다. 설사 실수를 하였다 해도 같은 실수를 되풀이하지 않도록 평생을 두고 연구하고 노력하여야 한다. 선택은 항상 어려운 결정이지만, 피하거나 쓸데없이 시간을 끌어서도 안 된다. 선택은 우리의 삶에서 피해 갈 수 없는 여정의 일환이기 때문이다.

화해

고대 희랍의 비극을 우리는 운명비극이라 부른다. 인간의 갈등과 파국을 묘사하고 있지만, 비극을 몰고 가는 궁극적인 힘은 인간이 아니라 운명이다. 문무文武와 성덕을 두루 겸비한 대왕이 운명Nemesis을 통괄하는 신들 앞에서 초개처럼 조락해 버릴 때, 인간의 무력함이 처절하게 느껴진다. 관객은 미약한 인간의 비극적 상황을 통렬히 체험하게 되는 것이다. 희랍 비극이 이처럼 신과 인간의 관계를 주제로 취하고 있지만, 작품이 주는 메시지는 우리가 흔히 생각하는 것처럼 운명의 변덕스런 횡포가 아니다. 오히려 철저한 질서 개념을 제시하고 있음에 주목해야 한다. 유럽 극의 아버지라 불리는 아에스킬루스Aeschylus가 쓴 "오레스테스 3부작"*The Oresteian Trilogy*은 아트레우스Atreus와 티에스테스Thyestes 형제 일가가 3대에 걸쳐 신으로부터 근친상간과 그에 따른 근친상잔近親相殘의 저주와 응징을 받는 비극이다. 신을 모독한 오만한 국왕이 죽고, 두 왕자 아트레우스와 티에스테스가 왕권쟁탈을 놓고 천륜에 어긋나는 혈전을 버린다. 권력에 대한 유혹은 대단한 것이어서 형은 아우의 처季嫂를 꾀어가고, 아우는 형의 아들을 죽여 그 인육을 형에게 먹인다. 신의 저주는 이 천륜을 어긴 형제에서 끝나지 않고 다음 대後代로 이어진다.

아가멤논Agamemnon은 용맹이 뛰어나 트로이군을 침공하여 개선하지만, 이미 사촌 시숙과 정을 통하고 있는 아내 클리템네스트라 Clytemnestra에 의하여 살해된다. 환장換腸을 한 클리템네스트라는 아들 오레스테스Orestes를 유배시키고, 딸 엘렉트라Electra는 궁중의 노예로 부린다. 마침내 오레스테스는 유배지를 극적으로 탈출하여, 생모를 죽이고 아버지의 복수를 수행한다. 그러나 어머니를 죽인 오레스테스는 자신의 패륜을 통회하면서 다음 차례의 희생자가 자신임을 깨닫고 번민한다. 그는 오만과 분노와 욕망의 맹목에서 눈이 뜨인 것이다. 깊은 통회와 사죄 끝에, 결국 그는 신과 화해하는 데 성공하여 저주로부터 해방되고 화평을 얻는다. 아에스킬루스는 제 3부에서 신의 저주와 복수를 더 이상 진행시키지 아니하고 극의 흐름을 반전시켜, 오레스테스로 하여금 신과의 화해를 성취시킨다. 작가의 탁월한 인간학humaitics을 잘 들어내는 구성이다. 케임브리지 대학의 클라크R. F. Clarke 교수가 지적한 대로 결국 세계를 지배하는 것은 신이요, 인간은 신과 화해를 이룰 때에만 평화를 이룰 수 있기 때문이다.

오레스테스는 아폴로Apollo 신에게 사죄하며 도와달라고 간절히 호소하는 가운데, 아테네 여신 앞에서 재판을 받게 된다. 복수의 여신 퓨리스Furies는 이 재판에서 오레스테스에게 불리하도록 탄원을 내며, 아폴로 신은 오레스테스를 변호한다. 이 문제가 표결에 부쳐졌을 때 가부가 대등하게 나타났다. 신들의 세계에서도 인간의 세계와 마찬가지로 자기의 주장에 철저히 몰두하였다. 쟁론이 결코 만만치가 않았다. 결국 아테네 여신의 결정투표에 의하여 오레스테스가 재판에서 승리한다. 오레스테스는 철창鐵窓 같은 저주의 속박에서 풀려나 드디어 자유의 몸이 된다. 복수의 여신들은 국가에 흉사를 몰고 오겠다고 위협하지만, 아테네 여신의 무마에 의하여 간신히 그들의 협력을 약속 받는다. 마침내 저주받은 왕가에는 저주가 그치게 되고, 신과 인간 사이에 새로운 화해와 협력의 기운이 감돈다.

인간이 신에게 범한 오만hubris은 구체적으로는 질서의 파괴였다. 고대 희랍인들은 물론, 희랍 신화에 등장한 신들 또한 질서개념에 최대의 관심을 보였다. 고대 희랍인들에 있어, 최고의 사회적 관심은 질서이었던 것이다. 희랍 신들이 추구하는 질서는 무엇보다도 위계질서hierarchy와 천륜natural moral laws이다. 위계질서나 천륜을 파괴하는 자는 예외 없이 저주를 통하여 신의 복수를 받게 되었다. 아가멤논처럼 한 인간이 전쟁에 승리하여 개선하였다하여 자주색purple 양탄자 위를 걷는 것은 신에 대한 도전이다. 자주색은 신을 숭상하는 색상이다. 아내 클림네스트라의 유혹 때문이기는 하였지만, 아가멤논은 자주색 양탄자를 밟고 당당하게 궁중으로 들어섰다. 아가멤논은 위계질서를 파괴한 것이다. 그가 자신의 아내 클림네스트라에게 살해된 것은 결국 신이 원격으로 조정한 신의 복수였던 것이다. 고대 희랍에서, 신들은 인간의 행위를 제재하였지만 그 제재는 다름 아닌 질서의 실현이었다. 인간이 질서를 파괴하면, 신은 복수를 통하여 파괴된 질서를 회복시킨다.

『오이디푸스 왕』*Oedipus The King*의 경우에서도 비극은 위계질서의 파괴에서 기인한다. 테베Thebe의 왕 라이우스와 왕비 조카스타는 신탁oracle을 무시하고, 그들의 어린 아들 오이디푸스를 살려 둔다. 갓 태어난 아이를 살해한다는 것은 어느 부모에게나 이행하기 어려운 고통이 아닐 수 없다. 믿음의 조상 아브라함도 아들, 이삭을 번제물로 바치라는 여호와의 명령에 내심으로는 전전긍긍하였을 것이다. 인간의 정리情理에서 보면, 왕과 왕비가 신탁을 무시한 처사는 불가피한 경우라 할 수 있다. 그러나 신의 세계에서는 그러한 인정이 용납되지 않았다. 신들에 있어 질서의 개념은 그처럼 엄격하고 냉정하였다. 결국 라이우스 왕 일가에는 저주를 통한 신의 복수가 시작되었다. 장성한 오이디푸스는 수도로 가는 도중에 일면식도 없는 생부 라이우스를 살해하고, 테베의 왕으로 추대되어 생모 조카스타를 아내로 삼는다. 이 얼마나 큰 비극이며 저주인가? 비극은 여기에서 끝나지 않는다. 끝으로 이러한 사실들이 밝혀지자 왕비 조카스타는 목을 매어 자살하고, 오이디푸스 왕은 "있어도 사실을 보지 못 하는 이놈의 눈, 무엇에 쓰느냐!"고 외치며 자신의 두 눈을 빼어 땅에 던져버린다. 라이우스 왕이 범한 신에 대한 오만은 그 대가를 혹독하게 치른다. 위계질서를 파괴한 죄과에 대하여 신이 복수하고 있는 것이다.

고대 비극의 주인공은 왕과 같은 지체 높은 인물이다. 고대 희랍의 신들은 군왕들이 질서를 파괴할 때, 저주를 통하여 응징하였다. 대부분의 고대 국가에서는 군왕의 의지와 행위가 바로 법이었으므로, 백성은 그 누구도 감히 그를 제지할 수 없었다. 신들만이 왕의 권력 남용을 억제할 수 있었던 것이다. 신들은 마치 헌법재판소에서처럼, 철저한 재판을 통하여 판결을 내린다. 신은 판정에 따라 예외 없이 복수를 감행한다. 복수는 원래 신들에게만 주어진 전횡이며 특권이었다. 인간(왕)에 대한 신의 제재는 상징적으로 국가의 기본법이었고, 달리 말하면 한 나라의 헌법과도 같은 것이었다.

인간들도 복수를 행하는 경우가 물론 많이 있다. 그러나 인간끼리의 복수는 어디까지나 사형lynch이며 불법적인 범죄행위인 것이다. 중세까지만 해도 영국의 앵글로-쌕슨 족에게는 가문복수vendetta라는 민간의식이 있었다. 가문 중에 어느 한 사람이 살해를 당하면, 어떤 대가를 치러도 꼭 복수를 이행하여야 했다. 만일에 복수를 행하지 않으면 그 가문의 명예는 끝장이 난다. 가문의 명예에 사활을 걸고 복수를 행하지 않을 수 없었다. "햄릿"에서 선왕 햄릿은 유령의 모습으로 나타나 아들에게 복수를 호소할 때, 왕자 햄릿에게 "vendetta"의식을 고취시킨다. "네가 이 아비를 사랑한 적이 있었다면, 복수를 해다오." 깜짝 놀란 왕자는 묻는다. "복수라고 하셨나요?" 유령은 답한다. "그렇다. 살인이란 아무리 명분이 좋아도 간악한 것이거늘, 나의 경우에는 천인이 공노할 패륜적인 살인이었다." 유령의 이 말을 들은 왕자가 지체 없이 복수를 결심한 것도 모두 이 "vendetta" 의식 때문이었다. 일본의 사무라이도 역시 복수에 철두철미하다. 자신이 모시는 주군主君의 복수를 위해서라면 일촌의 광음도 지체하지 않는다. 이 두 섬나라 사람들에게는 복수야말로 최고의 명예이며 최상의 가치이었던 것이다. 그러나 그 것도 다 옛날의 이야기다. 근세에 접어들면서 법치국가가 확립되었다. 인간의 복수는 법으로 다스려 금지되고 있으며, 복수의 개념은 반인륜적인 야만으로 고착되었다. 문화인은 복수심과 만행에서 탈피할 수 있어야 한다.

우리나라는 유난히 한이 많은 나라다. 강자와 약자 사이에서 맺힌 한, 부유층과 빈곤층사이에서 얽힌 한, 외침으로부터 억울하게 당한 망국의 한, 정적에게 짓밟힌 패배의 한, 등등 우리나라 사람들에게는 한으로 통하는 것이 너무 많다. 우리나라에는 서양처럼 결투 같은 복수의 장치가 없고, 일본처럼 포악한 사무라이 정신도 없다. 그저 속으로 앓고 속으로 곪아갈 뿐이다. 그래서 정계에도 "한풀이 정치"라는 말이 나오고, "오기 정치"라는 말도 들린다. 한풀이가 되었든 오기가 되었든 이들도 따지고 보면 복수의 범주에 속하는 야만인 것이다. 현 정권에서 치중하고 있는 과거사 청산문제도 현명하게 처리하여야 한다. 잘 못 된 것이 있으면 당연히 바로잡아야 하겠지만, 제 3자의 시각으로 볼 때에 "한 풀이" 소행으로 평가되어서는 안 된다. 예컨대, 맥아더Douglas MacArthur 동상에 손을 대려는 것 등은 누가 봐도 이념분쟁의 "한풀이"로 밖에 볼 수 없다. 장군은 6. 25 한국전에 참가하여 한국의 승전과 통일을 위해 분전하다가 상부의 명령에 거역하였다는 죄목으로, 트루만Harry S. Truman 당시 미국의 대통령에 의하여 강제로 퇴역되었다. 그가 퇴역을 앞두고 국회에 나가 증언한 "노병은 죽지 않는다. 그들은 다만 살아질 뿐이다."라는 제목의 퇴역 연설문을 읽어보라. 그의 인간적인 충정을 감동 없이 읽을 수 있는 사람은 거의 없을 것이다. 하물며 대한민국 국민이면 오죽하랴? 역사는 어느 경우에나 상황윤리학을 바탕에 두고 평가하여야 하는 것이다. 그렇지 않으면 "한 풀이"의 치졸한 궤적을 벗어 날 수 없게 된다.

지난 주 8월 15일을 전후하여 거행되었던 일련의 광복 60주년 경축 행사는 대단히 혼란스럽고 우려스러운 모습이었다. 남북 화합이란 이름으로 이루어진 이번 남북 공동행사에는 화합의 분위기라기보다는 오히려 60년 전의 갈등과 혼란을 연상시키는 광경이었다는 시각이 올바른 표현일 것이다. 한 곳에서는 "위대한 지도자 김정일" 이란 피켓을 들고 서울 시가를 행진한 모임이 있는가 하면, 어느 다른 한 곳에서는 북한 기를 찢으려는 청년을 경찰이 강제로 제지하는 장면이 신문지상에 보도되기도 하였다. 남북화합 친선축구 경기장에서는 태국기의 반입이 허용되지 않았고, 대한민국이라는 구호도 금지되었다 하여 논란이 일고 있는 모양이다. 노동 대표 측은 행사 도중에 "남북 힘 합쳐 미군 내몰자"고 외쳤고, "미군철수－외세배격" 이라는 북한의 구호에 남측 참석자들이 박수를 보냈다고 한다. 이 같은 구호나 주장은 북한의 상투적인 대남 정책의 일환이 아니었던가?

도저히 간과할 수 없는 것은 건전한 대한민국 국민이 모모 시민 단체들의 회원이라는 이유로 경찰의 감시를 받거나 또는 외출까지 금지 당했다는 사실이다. 도저히 믿기지 않는 사실들이 신문지상을 메웠다. 경축 행사인지 체제선전 행사인지 분간하기 어렵다. 상황이 이쯤 되었으면, 이제는 소관 부처에서 이념 정리를 해야 할 때가 아닌 가 생각한다. 이러한 일련의 양상들이 무법인지, 탈법인지, 위법인지, 아니면 합법인가를 놓고 사법기관의 명쾌한 해석이 있어야 한다. 더 이상의 무질서로는 안 된다. 고대 희랍의 복수는 질서의 회복을 위한 것이었고, 신과 인간 간의 화해는 질서의 파괴자가 먼저 뉘우치고 용서를 구할 때 엄격한 판결을 거쳐 내려진 결론이었다. 신들의 재판은 현대적 해석으로는, 일종의 헌법 재판이었다. 그들에 있어, 화해는 결코 값싼 사랑의 산물도 아니었고, 무질서한 방임은 더욱 아니었다.

금년 8. 15 경축사에서도 노 대통령은 과거사 정리에 대한 관심을 강도 있게 표명하였다. 법치국가에서는 상식에 가까운 공소시효

문제를 부정하려는 듯한 언급이라든지, "국민이 원한다면"이란 단서를 달기는 하였지만, 소급처리의 가능성까지 엿보이는 발언을 하였다. 과거사 편집증이 아닌가 하는 오해를 불러일으킬 수도 있는 발언 내용이다. 노 대통령은 이제 과거사는 과감히 떨쳐버리고, 양양한 미래사를 창조하여야 한다. 그래야 국익에 도움이 된다. 이웃 중국의 예를 보면, 과거지향적인 지도자 모택동毛澤東 1893-1976의 시절에는 경제와 외치 등 나라 발전이 크게 후퇴하였고 미래지향적인 등소평鄧小平 1904-1997 시절에는 나라 발전이 분부시게 급성장하였다. 그 발전의 여세는 날로 강대하여 중국의 미래상은 누구도 예측할 수 없으리 만치 경이적이다. 지도자의 철학과 비전에 따라 국가의 발전이 그렇게 달라진다.

우리도 과거사는 역사 학자에게 맡기고, 국가 발전에 원대한 전도를 열어 가야 한다. 여러 가지 실정으로 미루어 볼 때, 한국은 뒤를 돌아볼 시간이 그리 많지 않다. 아시아 지역에서도 우리의 경쟁자들은 하루가 다르게 추적해 오고 있다. 이러한 숨막히는 시대에 국력을 낭비할 수 없다. 노 대통령은 몇 단계 높이 크게 도약하는 대한민국의 미래상을 창건하는 성공한 대통령, 위대한 대통령이 되기를 기원한다. 나는 우리나라의 대통령이 "한풀이"라는 옹색한 평가를 받지 않기를 간절히 바란다. 대통령의 위상이 높아져야 국가의 위상도 높아진다. 역사는 당시의 시대적 상황을 다각적으로 검토하여야 역사성이 유지된다. 장기간의 심도 있는 연구가 필요하다. 역사를 졸속하게 다루다보면, 본의와는 달리 역사 왜곡의 중죄를 범하기 쉽다.

나는 개인적으로, 인촌仁村 김성수 씨에 대하여 안타까운 마음을 지울 수가 없다. 내가 알기로 김성수 씨는 조국을 위하여 크게 공헌하였다. 그는 막대한 사재를 털어 경영난에 빠진 중앙학교를 인수하여1915 민족의 보통교육을 육성하였고, 경성방직회사를 창설하여1917 민족자본을 형성하였으며, 취약한 보성전문학교(고려대학교의 전신)를 인수하여1932 고등교육을 통하여 민족정기를 고양시켰고, 동아일보를 창설하여1920 민족의 언로를 만방에 열었다. 이러한 김성수 씨가 국민총력 조선연맹 이사 총무 위원이 되어1940 학병제 등 징병제도를 찬양하였다는 기록이 나온 데에는 무엇인가 어떤 곡절이 있었지 않았을 가하는 깊은 의문을 지울 수 없다. 김성수 씨가 민족을 배반하여 의도적으로 반민족적 행동을 저질렀다고는 도저히 믿어지지 않는 것이다. 근자에 와서 그에 대한 반민족적 기록이 발견되었다하여, 그가 친일파의 명단에 올라 반역자 취급을 받고 있는 작금의 현실에 대하여 그저 놀랍고 안타까울 뿐이다. 나는 역사가가 아니기 때문에 깊은 내용을 알 수 없으나, 어떻게 그러한 불행한 기록이 발생하게 되었는지 세심한 상황연구가 필요하리라고 본다. 그의 동상이 다른 사람이 아니라, 비록 일부이긴 하나 고려대학교 학생들에 의하여 시련을 겪었던 사실은 망국의 통한으로만 볼 수 없는 참으로 가슴아픈 일이었다.

나는 우리 나이로 아홉 살 때 해방을 맞았다. 국민학교(초등학교) 일 학년 말이 아니면 이 학년 초에 해당 될 것이다. 불명예스럽지만, 따지고 보면 나도 친일파에 속한다고 볼 수 있다. 일본인 통치하에 학교를 다녔고, 한글 대신 일본어를 배웠으며, 운동장 조회가 있을 적마다 선생님의 구령에 따라 "뒤로 돌아!"를 하여 신사참배를 하였다. 가끔씩 담임 선생의 인솔에 따라 각기 반마다 학생 전체가 신사당에 가서 참배를 하기도 했었다. 그 뿐인가? 방과 후나 특정한 날에는 등교대신에 산에 가서 산나물을 뜯어 말려서 학교에 바치기도 하였고, 소나무 관솔을 따서 바치기도 하였다. 나중에 알고 보니 산나물은 전쟁에 광분한 일본군이 부식으로 사용하였고, 관솔은 기름을 짜서 군용차나 전차 등 무기의 운용에 사용하였다 한다. 학교 선생님의 지시에 다라 행한 짓이기는 하였으나, 결과적으로 나는 친일파요, 일제에 부역한 대역大逆을 범한 셈이다. 물론, 다 모르고 한 짓이었다. 그러나 나의 경우에도 행위 자체만을 절대시하여 당시의 나이 어린 정황을 제대로 참작하지 않으면, 변명의 여지가 없는 것이다. 역사에는 언제나 상황연구가 절실히 요구된다.

노무현 대통령은 우리나라 헌정사상 유일한 법조계 출신의 대통령이다. 판사로 재임한 경력도 있다. 판결의 경험도 많을 것이다. 나는 법치국가인 대한민국 국민의 한 사람으로서 법조계 출신의 대통령에 대하여 자부심을 갖는다. 자부심 못 지 않게 기대가 큰 것도 사실이다. 그런데 요즘 법 처리가 일관성 없이 다소 흐지부지 되는 경우도 있는 것 같아서 마음이 편치 않을 때가 많다. 아무쪼록 한 문외한의 기우이기를 바란다. 경축일 대통령의 특사特赦 규모도 너무 크지 않나 싶다. 특별사면이 대통령 고유의 권한이라고는 하지만, 국민의 법의식과 정서상 그 규모가 과대하면 사법권의 권위가 실추될 염려가 있어 하는 말이다. 앞에서 장황하게 늘어놓은 신神人 관계에서, 우리는 신들의 재판을 눈여겨봤다. 절차가 엄격했고 내용도 진지했다. 재판 과정에서 표결한 결과, 가부가 동수로 나타나 정의와 사랑이 팽팽히 맞섰다. 결국 재판장 아테네 여신의 온정으로 오레스테스는 신과의 화해를 얻을 수 있었다. 진지한 절차 속에 정의와 사랑이 조화된 멋진 재판이었다. 별칭 헌법재판소답게 그들의 재판은 권위를 그대로 갖추고 있었다.

우리의 현실에서, 혹 재소자의 정상이 참작될지라도 신들의 재판에서처럼 그 온정은 재판 자체에서 이미 수용되었어야 한다. 그야말로 특별한 경우를 제외하고는, 판결이 규정대로 집행되어야 국법의 존엄성이 훼손되지 않는다. 이것 역시 한 문외한의 기우라면 더 할 말이 없다. "끝이 좋으면 다 좋다."라는 말이 있다. 노 대통령께서는 남은 임기 동안 법조계 출신의 대통령에 걸맞도록 법질서를 확고히 하고, 헌법을 수호하는 법치국가의 장한 영도자가 되기를 바라마지 않는다. 헌법을 유린하는 언동은 누구에게나 절대로 용납해서는 안 된다.

사은회 유감

교단을 영어로 플랫폼platform이라 부른다. 플랫폼이라는 말은 일차적으로 안정된 자리를 뜻한다. 기차를 타고 내리는 곳은, 승강장이기 이전에 기차와 철길의 위험으로부터 안전하고 정돈된 곳이어야 한다. 교단의 일차적인 의미가 "안정된 곳"을 함축하는 언어구조는 시사하는 바가 크다. 비단 교육계에만 안정이 필요한 것은 결코 아니겠지만, 특히 교육에서는 교단이 안정되어야 한다. 교단이 안정되지 못하면, 학문과 정서가 일관되게 교류될 수 없기 때문이다.

교단이 안정되기 위해서는 첫째로, 선생(교사 및 교수)이 교육에 대하여 철두철미한 신념을 가지고 있어야 한다. 교육은 사람을 길러내기 때문이다. 우리는 교육을 통하여 작게는 보통사람을 길러내고,

크게는 인물을 배출하여야 한다. 선생은 어떠한 직종에 종사하는 사람보다도 성실하여야 하고 인내심이 강해야 하며 세파에 물들지 말아야 한다. 교육의 대상이 "값을 매길 수 없을"priceless 정도로 귀중한 존재일 뿐더러 각기 누구에게도 양도할 수 없는 절대적인 존재이기 때문이다. 선생은 이 치밀한 과업에서 한 순간도 방심해서는 안 되며, 어느 경우에도 감정을 억제할 줄 알아야 한다. 자기 직분에 대하여 천부의 사명감을 가져야 하며, 어느 치욕적인 경우에도 자부심을 잃지 않아야 한다. 이 모든 것들이 속세 가치에 한눈을 팔지 않을 때 가능하다. 직업치고는 참으로 고되고 힘든 직업이 아닐 수 없다. 속간에 이러한 표현이 있어 왔다. "선생의 '뭣'은 개도 먹지 않는다." 선생은 그가 떨구는 오물조차도 구별이 될 만큼 더 신물이 나는 모양이다. 오죽이나 힘이 들고 속이 답답한 직업이면 그런 속된 표현이 일상화되었을까?

그럼에도 불구하고, 교직은 손쉬운 직종이 아니라 존경받는 전문직이다. 교직은 또한 영예롭고 성스러운 직업이다. 그 유명한 영국의 낭만 시인 워즈워스1770-1850는 시인을 가리키어 이렇게 말하였다. "시인은 인류의 교사이다. 그 외에는 다른 아무 존재도 아니다." 그는 시인을 극도의 높은 위상으로 칭송하고, 그 비유의 대상이 교사 곧 선생이었던 것이다. 기독교 성서에 보면, 예수 그리스도도 제자들과 일반 대중을 가르쳤다. 그는 선생을 자칭하기도 하였다. 초대 교회의 직분에 보면, 교사는 목사와 동급의 직분으로 취급되었다. "가르치는 일"은 성령의 은사로 파악되었고, 내용이 "지혜"나 "지식"에 관한 것이면 은사 중에서도 최고의 은사로 인정되었다. 교사는 성직인 것이다. 다른 직종과는 분명히 다른 측면이 있다. 교단이 안정되기 위해서는 교사가 자신이 성직에 종사하고 있음을 인식하고, 그에 대한 확고한 신념과 자부심을 가져야 한다.

나는 우리나라의 일부 교원들이 자신의 직분을 스스로 일반 노동자를 자처하고 노조를 결성한 데 대하여 안타까움을 금치 못한다. 그들의 입장과 처지를 이해하지 못해서가 아니다. 궁극적으로 노조결성의 목적은 사용주로부터 노조원의 권익을 쟁취하겠다는 것인데, 파업을 강행하는 경우에, 예상되는 피해는 누가 보게 되는가? 사랑하는 제자들이 피해를 보도록 되어 있다. 이유야 어찌 되었든, 사제간에 교육적인 애정을 포기 할 수도 있는 관계라면 교직에 대한 사명감과 신념은 이미 무너진 것으로 볼 수밖에 없다. 교단의 안정은 위태로운 상태에 놓일 수밖에 없다. 교사의 신념은 교단의 안정에 필요조건인 것이다.

둘째로, 교단이 안정되기 위해서는 교사가 실력을 갖추고 있어야 한다. 대학가에 이러한 우스개 소리가 있다. — 조교수는 강의의 내용을 강의하는 자신도 모르고, 듣는 학생들도 모른다. 부교수는 자신은 알지만, 듣는 학생들은 모른다. (정)교수는 자신도 알고, 학생들도 안다. — 자칫하다가는 큰 빈축을 살만한 이야기임에 틀림없다. 조교수라 해서 (정)교수보다 학구적 업적과 능력이 떨어지라는 법이 없고, (정)교수라고 해서 부교수보다 실력을 더 갖추었다고 장담할 수 없다. 문맥상의 의미는, 선생은 그만큼 연조도 필요하고 연구실적도 있어야 한다는 소리다. 대단히 외람된 소리가 될지도 모르지만, 1950년대만 해도 낯 뜨거운 일들이 강의실에서 종종 일어났었다.

이런 일도 있었다. 영시개론 시간이었다. 운율학prosody을 강의할 때의 일이었다. 교수님은 영시의 약강 5보격iambic pentameter 등 보격

meter의 종류를 말씀하시다가 강약 4보격trochaic tetrameter을 설명하셨다. 교수님은 "tetrameter"로 판서하셨어야 할 것을 "t"자를 빠뜨리시고 "terameter"로 판서하셨다. 거기까지는 있을 수 있는 실수라 할 수 있을 것이다. 그런데, 교수님은 갑자기 이렇게 말씀하셨다. "여러분 약국에 가면 *테라*마이신이라는 약 있지요? 바로 그 "테라"입니다. 다들 알겠지요?" 우리는 너무 어안이 벙벙하여 서로의 얼굴을 바라보며 어리둥절하였다. 분명히 교수님께서 강의를 준비하실 때, 영어 철자를 잘못 기입하신 것이었을 터인데, 무슨 난데없는 "테라마이신" 인가? 너무나 무책임한 말씀으로 들렸다. 교수님께서는 "tetra"가 4를 나타내는 접두어인 것을 모르셨던 모양이다. 강의실은 순식간에 웅성웅성 수라장(?)이 되었고, 교단의 안정은 멀찌감치 날아가 버린 것이다. 어느 특정한 교수님의 작은 실수라기보다는 우리나라의 50년대 고등교육의 한 단면이었음을 부인할 수 없다.

나도 솔직히 고백하자면, 강의실을 나오면서 뒤통수가 부끄러울 때가 한 두 번이 아니었다. 셰익스피어William Shakespeare는 연극의 정의에서 아리스토텔레스Aristotle의 정의를 그대로 답습하지 않았다. 전자는 후자의 정의, 곧 "온전한 인간 행위의 모방"에 시간 개념을 첨가하였다. 셰익스피어는 연극이란 "자연을 거울에 비추는 것"이라 말하고, 인간행위 뿐만 아니라 "시대의 인상과 시간의 실체를 보여주는 것"이라 정의하였다. 그가 쓴 비극 "햄릿"에서 햄릿 왕자가 미친척하며 왕의 심복 폴로니우스Polonius의 주검을 놓고 왕과 언쟁을 하면서, "단지 왕이 거지의 창자 속을 어떻게 행차하시는가를 보여주자는 것뿐입니다."라고 말하는 대목이 나온다. 과문寡聞의 탓인지는 몰라도, 여기에 대한 주석은 외국 서적 어느 곳에서도 나와 있지 않았었다. 나는 단순히 햄릿 왕자가 자신의 양광(거짓 미침)을 은폐하기 위하여 일부러 논리에 닿지 않는 헛소리를 하는 것쯤으로 해석하고, 상당기간을 그렇게 강의해 왔다.

어느 날인가 서재에서 강의 준비를 하는 동안 나는 스스로 무릎을 쳤다. 햄릿의 그 알쏭달쏭한 대사는 다름 아닌 왕정의 혼란기를 표방하는 "시대상황"을 묵시한다는 사실을 뒤늦게 파악하였던 것이다. 20세기 후반에 나타난 문화 유물론Cultural Materialism의 비평 시각에서 보면, 셰익스피어는 봉건주의 왕정에서 절대군주 왕정으로 옮겨가는 중세 말기의 시대상을 연상시킬 뿐만 아니라 당시 영국의 정치현실을 비판하고 왕권 전복의 가능성까지 시사하고 있다. 어부는 시해 당한 왕의 시체를 뜯어 먹은 구더기를 미끼로 물고기를 낚고, 그렇게 잡은 물고기를 거지(신하)가 먹으니 거지는 결국 왕을 먹게 되는 셈이다. 왕은 거지의 장기에 완전히 흡수되는 것이다. 정변政變에 관한 비유이다. 절대왕정은 평민commons의 힘을 비러 봉건주의 왕정을 무너뜨리고 탄생한 절대군주제이다. 역사의 역설이 아닐 수 없다. 나는 결과적으로 강의 준비가 제대로 되지 않은 채 교단에 섰었던 것이다. 이런 부끄러운 자각이 있은 후에 나는 나의 셰익스피어 강의 수강생들을 다른 강의실에서 대하게 되면 그렇게 미안하고 쑥스러울 수가 없었다. 그렇다고 셰익스피어 강의 시간도 아닌데 지난 강의의 내용을 새삼스럽게 들추어 변명하기도 난처했다. 나에게 있어, 셰익스피어 강의는 가장 흥미로운 과목이면서도 항상 불안하고 긴장되는 시간이다. 셰익스피어 강의를 무려 35년 동안이나 해왔는데도 말이다.

셋째로, 교단이 안정을 유지하려면 특히 우리나라의 경우 정부의 교육정책이 건강해야 한다. 정책결정에는 많은 경우에 시행착오가 따르기 마련이다. 중요한 것은, 착오로 판명되었을 때 그 잘 못된 정책을 미련 없이 폐기하고 신속하게 새로운 정책으로 대처하는 결단이다. 쓸데없이 권위를 내세워 고집을 부리거나, 지엽적인 문제를 건드려 본질적인 과오를 호도해서는 안 된다. 그러다가는 또 다른 혼란만 가중시키는 결과만 가져오기 일쑤다. 고교 평준화는 분명히 실패한 정책이다. 애당초 이 정책은 교육의 본질을 실현하기 위하여 마련한 정책이 아니었던 것으로 알고 있다. 과외 등 사교육비가 천정부지로 치솟자 과외를 완화시키기 위하여 채택한, 말하자면 교육의 본질과는 거리가 먼 정책이었다. 사교육비도 줄이고, 교육의 본질도 살리자는 두 마리의 토끼를 잡자는 하나의 이상이었을지도 모른다. 세상일이 어디 그리 쉬운가? 지금에 와서 볼 때, 과연 사교육비가 감소되었는가? 사교육비는 여전히 늘어나고, 평준화의 부작용으로 조기외국 유학이 성행하여 막대한 국부만 소비되고 있다. 물론 평준화 교육이 백해무익하다는 말은 아니다. 고미야마 히로시小宮山宏 동경대학교 총장이 지적하였듯이, 여러 가지 문제점에도 불구하고 국민생활의 산업화 과정에서 도움이 되었던 것은 사실이다. 그러나 이제는 시대의 생활목표가 바뀌면서 시대적 욕구도 달라졌다. 더 이상 평준화 교육을 고집해서는 안 된다.

고등학교의 하향 평준화로 고교 졸업생들의 학력이 현저히 저하되어 서울대 등 소위 명문대학이라는 학교는 물론 모든 대학들이 저마다 입학생들의 수학受學 능력을 놓고 아우성이다. 기업체는 기업체대로 불량제품(?)을 양산한다 하여 대학을 불신한다. 시대적 욕구가 개별화와 전문화의 인력으로 바뀌었기 때문이다. 이러한 경향은 비단 우리나라의 경우만은 아닌 듯하다. 우리나라가 표준으로 삼았을 것으로 추측되는 일본, 독일, 프랑스 등이 하나 같이 평준화 교육의 시대적 낙후성을 인정하고 개선책을 강구하기 시작한지 오래다. 오직 우리만이 평준화 정책에 철벽같은 집착을 보인다. 시대적 변화와 교육목표의 유기적인 관계를 간과한 탓이다. 애꿎게 대학입시 정책만 시도 때도 없이 바꿔치는 바람에 수험생과 교사들만 고통을 받고 있는 실정이다. 더 이상의 국가적 낭비와 혼란이 없도록 교육정책을 속히 본 궤도에 올려놓아야 한다.

고교 평준화는 교육의 본질을 왜곡시키고 있다. 교육의 본질은 학생의 잠재능력을 발견하여 개발시키는 데에 있다. 인간의 지능은 종류도 다양하고 능력도 천차만별이다. 선생은 학생의 지능을 종류와 능력에 따라 치밀하게 판별하여 효과적인 교육을 실시하여야 한다. 옛날 서당식 교육은 완전히 능력별 교육제도라 할 수 있다. 어떤 학동은 3년만에야 『천자문』千字文을 겨우 떼는가 하면, 또 어떤 학동은 단 몇 개월만에 『천자문』을 다 읽어치우고 『명심보감』明心寶鑑을 읽는다, 동료들과는 엄청난 시간차를 벌려가며 계속하여 『통감강목』通鑑綱目을 읽고 『맹자』孟子를 읽어나간다. 개인적인 차원에서 보면 서당식 교육제도는 가장 능률적인 교육방법이 될 수 있다. 그러나 오늘날처럼 사회가 대중적 구조로 확대되면서, 개인 차원의 완전한 능력별 교육은 현실적으로 불가능하다. 개인별 교육방식 자체에 문제가 있는 것이 아니라, 대중화 사회가 그 방식을 수용할 수 없기 때문이다. 능력별 교육방식을 합리적으로 조정한 방안이 경쟁시험에 의한 입학제도다.

일전에 신문 기사를 보니까, 8세의 어린이(송유근)가 고졸 검정

고시에 합격을 하였다. 놀랄 일이다. 다른 아이들은 초등학교에 들어가는 나이에 이 어린이는 대학에 입학하게 된 것이다. 극단적인 경우이기는 하지만, 이와 같이 지능 차이가 많이 나는 학생들을 같은 교실에 밀어 넣고 어떻게 효율적인 교육이 이루어질 수 있겠는가? 한 말로 불가능한 일이다. 인간의 잠재능력을 개발하는 것이 교육의 본질이라면, 고교 평준화는 교육의 본질을 외면하는 결과만 낳고 있는 것이다. 일찍이 생명과학을 가리키어 제 4의 물결The Fourth Wave이라 예견했던 미래학자 알빈 토플러Alvin Toffler는 인류 최초로 인간의 배아 복제를 통하여 줄기세포 배양에 성공한 서울대학교의 황우석 교수와 전화 대담에서2005. 9. 1, 교육제도의 혁신을 강조하였다. 앞으로는 개개인의 특화 교육을 수용하는 교육 시스템이 절실히 필요하다는 것이다. 만시지탄이 없지 않지만, 우리도 이제는 고교평준화 교육의 집착에서 과감하게 벗어나야 한다.

더욱이 인간 개발의 존엄한 분야에 낡아빠진 이념적인 요인까지 끼어 들어서는 안 된다. 부유층은 고가의 질 좋은 과외를 받아 명문대학에 들어갈 수 있고 빈곤층은 질 좋은 과외를 받을 수 없어 명문대학에 들어갈 수 없다고 주장하여, 추첨식 입시 제도를 채택하여야 한다고 생떼를 부린다면 대화는 여기서 단절될 수밖에 없다. 개개인의 잠재력 개발과는 무관한 논리이기 때문이다. 인간은 빈곤층과 부유층을 가릴 것 없이 모두 존귀한 존재들이다. 다 각기 양도 할 수 없는 존엄성을 지니고 있기 때문이다. 부유층이라고 해서 모두가 명문대를 갈 수 있는 것도 물론 아니지만, 부유층이라고 하는 이유로 역차별을 받아서는 안 된다. 엄밀히 따지고 보면, 사교육 시설을 우후죽순처럼 난립하게 만든 것이라든가 학원관리를 제대로 하지 못한 과오는 결과적으로 행정력의 미흡에서 나온 결과이다. 교육에서 환경은 대단히 중요하다. 맹모삼천지교孟母三遷之教가 잘 말하여 주고 있다. 나는 교육환경 중에서 가장 주요한 것은 경쟁의식을 고취시키는 환경이라고 본다.

인간은 목적의식이 분명한 동물이기 때문에 경쟁관계가 조성되어야 발전할 수 있다. 유치원, 초등학교, 중학교 등 기초교육 기관에서는 개인의 잠재능력 개발에 주력하고, 고등학교와 그에 상당하는 중등교육 기관에서는 경쟁의식을 고양시켜 학력을 향상시켜야 한다. 그리고 대학이나 그에 상당하는 고등교육 기관에서는 자기의 특성과 재능을 최대한으로 발달시키는 경쟁의 기회가 주어져야 한다. 요즘에 논란이 되고 있듯이 같은 학교, 한 학년의 학력 석차에서 1등이 100명이 넘는 경우도 있고 200명이 넘는 경우도 있는 인위적인 평준화로 어떻게 높은 수준의 교육을 기대할 수 있겠는가? 그래가지고는 교육입국은 꿈에서도 기대할 수 없다. 어디 자신 있는 자 있으면 나와서 말해보라. 선심성 평가가 과연 "참교육"이라고 말할 수 있는가? 평가도 중요한 교육의 일환임을 망각해서는 안 된다. 평가를 통하여 학력을 높이고. 평가를 통하여 수업계획을 재편성 할 수 있는 것이다. 너나 할 것 없이 다 일등을 하는 난장판에서는 생산적인 경쟁이 있을 수 없다. 경쟁하는 교육환경이 마련되어야만 창의적인 탐구열이 작렬하고 학구적 욕구가 지속되는 것이다. 경쟁의 필요성이 사라지면 적어도 상위그룹의 우수한 학생들은 피해를 볼 수밖에 없고, 국가도 그만큼의 고급두뇌를 상실하게 되는 것이다..

넷째로, 교단이 안정되기 위해서는 사회의 격려가 있어야 한다. 위정자는 물론 사회의 각계각층에서 교육의 중요성 못지 않게 교단의 안정성을 중시하여야 한다. 독일에서는 3권 분립이 아니라 4권(?) 분립이라는 말을 자주 떠올린다고 한다. 물론 상징적인 말이다. 행정부, 입법부, 사법부 이외에 교육부가 엄존한다는 것이다. 독일에서는 국가의 지도자가 되려면 교육에 대한 탁견 없이는 불가능하다는 말이 나올 정도라고 한다. 온 국민이 교육에 지대한 관심을 갖고 있다는 말일 것이다. 중국은 중화민국 시대1911-1949에 공자孔子의 생일을 스승의 날敎師節로 제정하여 기념하였었다. 공자를 나라의 스승으로 모시어 숭상하고, 교사를 공자와 연계시켜 존대하는 그야말로 사려 깊은 착상이라 하지 않을 수 없다. 어느 일간지의 사설에서 언급된 내용인데, 지난 2002년 중국에서 열린 세계 수학자 대회에서 당시 국가 주석이었던 강택민江澤民은 테레비 카메라 앞에서 원로 수학자인 진성신陳省身에게 머리를 숙여 예를 표했다하며, 그는 또 중국 우주기술의 대부 전학삼錢學森의 생일을 축하하기 위하여 국가주석 재임 중에 세 차례나 그의 사가私家를 방문하였다 한다. 강택민 국가주석이 보인 학문에 대한 관심과 자세는 공산주의 국가의 추상같은 권위의식을 감안할 때 쉽게 믿어지지 않을 정도로 원대한 비전을 제시한 것이다. 오늘 날 중국이 세계의 과학계를 선도하는 위치에 오르게 된 것은 순연히 이러한 사회의 관심과 격려 때문이라 하여도 결코 지나친 말이 아니다. 우리의 현실처럼, 학생에게 다소의 체벌을 가했다하여 학부형이 찾아와 다른 학생들도 있는 자리에서 교사의 뺨을 후려갈긴 사회의식을 그대로 가지고는 교단이 안정될 수 없다.

위에서 교단의 안정을 위한 몇 까지 조건들을 논의해 보았다. 그러나 가장 중점적인 조건은 역시 교사의 자질에 있다. 자질 높은 교사는 고도의 지능지수IQ 못지 않은, 아니 그 이상의 정서지수EQ가 요구된다. 전자는 학문과 관계가 있고, 후자는 수용력에 관계가 있기 때문이다. 내가 존경하는 입학 동기가 있다. 그는 언젠가 나에게 자신은 학자일지는 모르지만, 교육자는 결코 될 수 없을 것 같다고 말한 적이 있다. 그는 강의 첫 시간에 이렇게 말하곤 한다는 것이다. "나는 하나의 학자로서 여러분의 앞에 섰습니다. 나는 교육자로서는 강단에 설 자격이 없습니다. 인격적인 면에서는, 여러분 중에서 나보다 훌륭한 분이 얼마든지 있을 수 있기 때문입니다." 두고두고 반추하며 음미해볼 말이라고 생각한다. 역시 교사의 지능과 정서가 조화를 이룰 때, 교단이 안정을 유지할 수 있는 것이다.

나는 이제 정년을 하였지만, 해마다 사은회 때가 되면 가슴에 뭉클하게 와 닿는 것이 있었다. 바로 앞에서 술회한 생각들이다. 참으로 무한한 잠재성을 지닌 젊은 지성들에게 과연 어떤 가능성을 개발해주었는가 통렬하게 반성해보는 것이다. 나에게 있어, 분명히 고맙고 즐거운 자리이면서도 형언하기 어려울 정도로 부담이 되는 자리가 곧 사은회의 자리이었다. 지금 내가 서있는 교단은 과연 얼마나 안정되어 있는가? 아무리 머리가 무겁도록 생각해 보아도, 사색의 실마리는 "스승의 노래" 멜로디 저편으로 늘 꼬리를 감추어 버리고 만다.

기다림의 미학

1980년 여름. 내가 직접 경험한 일이다. 뉴욕시의 번화가 브로드웨이에 갑자기 물기둥이 하늘로 치솟아 번잡하던 거리의 인파가 두 동강이로 갈라지고, 길을 재촉하던 행인들은 미처 피신을 못하여 삽시간에 물에 빠진 생쥐 꼴이 되고 말았다. 그리고 그 세찬 물기둥 아래에서는 10여 명의 흑인 남녀가 웃옷을 벗어 젖히고 소나기처럼 쏟아져 나리는 물벼락에 샤워(?)를 하고 있었다. 나에게는 분명히 진풍경이 아닐 수 없었다. 그 장면을 목격한 자들에게는 누구에게나 진풍경으로 느껴졌을 것이다. 7월 중순쯤, 무더위가 극성을 부리자 이를 견디지 못한 흑인들이 거리로 나와 소화전을 때려부수고 그 풍성한(?) 물살을 맞으며 시원하다고 껄껄대던 모습이었다. 화씨 100도가 넘는 수은주 탓으로만 돌릴 수 없는, 미국 흑인문화의 심각한 한 단면을 보여준 것이다.

나는 이 광경을 보는 순간 흑인 지도자였던 킹Martin Luther King. Jr. 목사가 자기들의 주장에 더딘 반응을 보인 백인들에게 더 이상은 참을 수 없다고 호소하던 그 말이 생각났다. – 텔레비전 화면에 원색으로 펼쳐지는 각종 어린이 놀이터를 보고 있던 여섯 살 난 어린 흑인 소녀는 왜 그녀가 거기에 갈 수 없느냐고 어머니에게 묻는다. 어머니는 왜 그녀가 그곳에 갈 수 없는지 그 이유를 설명해 주려다가 문득 가슴이 조여들고 등골이 저려오며 혀가 뒤틀려 말을 더듬거린다. 마침내 자기가 흑인으로 태어났기 때문에 그곳에 갈 수 없다는 사실을 알게 된 이 소녀는 그만 눈물을 쏟고 제 머리를 쥐어뜯으며 몸부림을 친다. 어린 가슴에 먹구름이 일고 이미 싹튼 열등감은 백인에 대한 반감으로 발전하여 소녀는 부정적인 인격으로 일그러진다. – 킹 목사는 "이래도 백인들은 우리더러 더 참으라고 하겠는가?"고 절규한다. 서로 수용하기 힘든 두 문화의 차이가 그렇게 컸던 것이다.

킹 목사는 웅변에 능하고, 신념이 강한 민권 운동가이다. 그는 교교 시절 15세가 되던 해1944에 어느 웅변대회에서 우승을 하여 흐뭇한 마음으로, 지도교사인 흑인 여교사와 함께 버스를 타고 귀가 길에 올랐다. 그러나 우승의 기쁨과 감격도 잠시였다. 백인들이 버스에 오르자 운전기사는 그와 여교사에게 자리를 백인에게 양보하라고 강요하였다. 그는 처음에 강하게 반발하였지만, 교사의 설득으로 앉아 있던 자리를 백인에게 내주고 말았다. 그는 3시간 가까이 서서오면서 민족차별의 치욕과 분노를 몸소 뼈저리게 경험하였다. 아마 그는 그때부터 민권운동을 결심하였을 것이다. 그는 강한 신념을 가지고 현실을 바라보며, 비폭력 저항과 인종차별의 철폐 그리고 식민지 해방

등을 주장한 간디Mohandas Karamchand Gandhi의 사상에 영향을 많이 받았다. 그는 1955년 12월, 시내버스의 흑인 차별 대우에 반대하였던 그 유명한 몽고메리 버스 보이콧 투쟁The Montgomery civil-rights bus boycott을 주도하였고 그 이듬해인 1956년 12월에 결국 흑인들의 시민권을 얻어내는 데 성공하였다. 1964년에는 "항상 비폭력주의의 원칙에 입각하여 투쟁한 끝에 시민권을 획득한 공로로" 노벨 평화상까지 수상하였다. 그러나 불행히도 1968년 4월 테네시주 멤피스 시에서 흑인 청소부의 파업을 돕는 중에 암살을 당하였다. 그 때 나이 채 40이 되지 않았다. 흑인이 백인과 동등한 권리를 갖는 시민권을 얻기까지에는 1963년 8월 28일, 워싱톤 DC.에서 진행되었던 역사적인 비폭력 평화행진 등 피나는 노력과 지도자의 희생이 따랐던 것이다..

이 숭엄한 공민권 투쟁 운동은 미국의 제 7대 대통령 잭슨Andrew Jackson의 재임 시절1829-1837에 활동하였던 노예해방 운동가들에게까지 거슬러 올라 갈 수 있지만, 결정적인 전기는 역시 링컨Abraham Lincoln 전 대통령이 1863년 1월 1일에 단행한 노예해방 선언Emncipation Proclamation으로 봐야 할 것이다. 노예선언의 내용은 1) 반란 상태에 있는 모든 주는 노예를 해방하며, 2) 해방된 노예는 폭력을 삼가하고, 적절한 임금으로 충실히 일할 것이며, 3) 그들에게 연방군에 참가할 기회를 줄 것 등이었다. 링컨 대통령은 이와 같은 규정을 선포함과 동시에 100만 명의 노예를 해방하여 버렸다. 남군에게는 사기 저하를 몰고 온 커다란 사건이었다. 흑인들의 운명이 갈라지는 전환점이 되었던 것이다. 링컨 역시 1865년 남군으로부터 항복을 받은 지 2일 후인 4월 14일에 워싱턴 포드 극장에서 관극하는 도중에 남부 출신의 배우로부터 피격을 받아 그 다음 날 사망하였다. 노예해방에 대한 원망이 가장 큰 원인으로 작용하였을 것이다. 양성적인 노예해방 운동사로 볼 때, 40여 년이 지나서야 노예해방이 선포되었으니, 흑인들의 입장에서 보면 오랜 세월을 기다린 셈이다.

이제 미국에는 제도적으로 흑백의 차별은 없어졌다. 그 대신 흑인들의 멀고 길었던 기다림을 이제 백인들이 걸머지게 되었다. 백인 마을에 흑인들이 진출하면 백인들은 정든 집과 마을을 그들에게 넘겨주고 물러서는 경우가 많다. 흑인들은 무전無錢으로 백인들의 주거지를 접수한 것이다. 그러다 보니 귀한 것도 없고, 정들었던 것도 없어서인지 주택도 세간도 함부로 다루어 문짝이란 문짝은 다 망가져서 성한 것이 없고, 불에 끄슬리고 망가져서 곳곳에 흉물들이 즐비하다. 백인들이 살 때에 가옥마다 정성껏 꽃을 가꾸어 창밖에 내걸던 도시의 미학은 자취도 찾을 길이 없다. 폐허에 방불하다. 특히 안타까운 것은 전통 있는 몇 몇 대학들의 우아했던 주변이 황폐되어 있는 모습이다. 세계적으로 학문적인 정평이 나 있는 시카고 대학의 주변도 그렇고, 뉴욕시의 콜롬비아 대학의 인근 주변도 그렇다. 백인들은 유서 깊은 허드슨 강변의 주거지 일부도 흑인에게 넘겨주고 기다린다. 아끼던 자연환경과 건축물들이 그들의 수중에 들어가 폐허가 되는 것은 몹시 안타까운 일이지만, 백인들은 교육을 통하여 그들이 교화될 때까지 기약 없이 멀고도 긴 세월을 기다리는 것이다. 다민족 국가로서 장점을 살리고, 평화와 화해에 의한 인도주의 대국을 건설하기 위함일 것이다.

하기야 미국의 백인들은 기다릴 줄 아는 국민이다. 줄을 서는데도 그렇고 상대를 이해하는 태도도 그렇다. 그들은 이치에 맞는 논리만 대면 설사 속는 줄 알면서도 기다리며 속아 줄줄도 아는 사람들이다. 그렇다고 해서 타고 난 성품이 순하고 느려터진 것은 결코 아니다. 그들은 대체로 앵글로-색슨 족의 후예들이다. 원래 앵글로-색슨 족의 성격은 불같이 급하고 격렬한 사람들이다. 걸핏하면 결투를 걸어오고, 가문의 명예를 위해서는 추호의 양보도 없이 복수에 나섰던 민족이다. 그러나 그들은 기독교 윤리를 통하여 또는 가정과 학교 등 사회교육을 통해서 감정을 통제할 줄 아는 문화 민족이 된 것이다. 문화란 무엇인가? 본능과 감성을 억제하는 능력이며, 그 생활화 과정이다. 미국의 흑인들은 백인들에 비하여 그 점에서 한두 수 아래에 있다. 수도관을 파괴한 흑인들의 판단으로는, 워낙 덥다보니 수도전이라도 깨뜨려서 목욕을 해야 되겠다는 결론이 최선의 것이었는지도 모른다. 그들에 있어, 공공시설물 파괴 죄로 체포되는 것은 나중의 문제다. 킹 목사의 워싱턴 평화행진 연설 문 "나에게는 꿈이 있다."를 읽으면 가슴 뭉클한 공감을 갖다가도 현실 생활에 나타난 그들의 성숙치 못한 문화를 보면 "이래서 백인들이 흑인들더러 기다리라 했었구나." 하는 생각을 떨쳐 버리기가 쉽지 않게 된다.

사실은 우리도 사돈 남 말하는 처지를 벗어나지 못한 입장이다. 우리의 조급성은 세계적 수준의 최정상에 놓여있다 하여도 과히 틀린 말은 아닐 것이다. "빨리 빨리" 문화는 이제 세계적으로 잘 알려진 우리의 모습이다. 줄서기는 많이 나아졌다고는 하지만, 아직도 갈 길이 멀다. 나이든 사람은 나이가 들었다고, 어리면 어리다고, 권력이 있어 보이는 자는 권력이 있다고, 심지어 무식하면 무식한 티를 내며 알게 모르게 줄서기 질서를 파괴한다. 식당에서는 음식이 늦게 나온다고 남이 듣든 말든 고성이 오가는 경우가 아직도 드물지 않다. 남자 화장실에 가보면, 변기마다 앞 벽에 "한 발자국만 앞으로!" 하고 호소 어린 글을 애교 있게 써 놓았건만 그것을 제대로 지키는 사람이 별로 없다. "한 발"을 못 참고 일을 보기 때문에 변기마다 주변이 심하게 지저분하다. 탄핵정국을 대하는 국민들의 모습이나, 과반수에서 겨우 4석 모자라는 국회 현상을 놓고 여소야대 정국에서는 일할 수 없다고, 국가의 원수가 권력이양을 운운하는 통치 철학 등을 보면 우리나라의 "조급성" 문화도 세계적으로 가히 메달감이다.

증권 시장을 보라. 등락이 깨춤을 추듯 요란하다. 이래가지고 기업 자금이 어떻게 안정될 수 있겠는가? 교통질서는 더 이상 말할 나위가 없다. 상대방 운전자의 가슴을 철렁 내려앉게 만들면서 끼어들기를 하거나, 규정 속도로 잘 달리고 있는데도 "빵빵" 대고 깜박거리며 협박하는 "얄미운" 족속들의 "교통" 문화는 "대충대충, 빨리빨리"의 건축문화와 더불어 국민의 이름으로 지탄을 받아야 마땅하다. 이들은 귀중한 생명을 앗아가는 미필적 고의未必的 故意의 중 범죄자들이기 때문이다. 나는 20년 무사고 운전자이다. 운전에는 다소 자신이 붙었지만, "얄미운" 족속들 때문에 타고 다니던 차를 폐차시키고 운전대를 완전히 놓아버렸다. 절이 떠나지 못할 바에야, 중이 떠나는 것이 상책이라고 생각하였기 때문이다.

기다림은 대체로 희망과 소망이 있을 때에 가능하다. 시간에 대한 우리의 인식은 주관적이어서 기다리는 시간이 다르고 보내는 시간이 다르다. 기다리는 시간은 하루가 천년 같이 지루한 반면에, 보내기가 아까운 시간은 천년도 눈 깜짝할 순간千年須臾이다. 감방에 갇힌 죄수의 시간과 신방新房에 누운 부부의 시간은 같을 수 없다. 산술적으로는 같은 시간일지라도 정서적으로는 하루와 천년의 차이가 있을 것이다. 우리 속담에 신선놀음에 도끼자루 썩는 줄 모른다 했다.

즐거우면 시간가는 줄 모르는 것이다. 그러나 기다리는 시간은 다르다. 언젠가 태백산의 어느 탄광이 무너져 갱 속에서 3주를 견디고 생환한 광부의 경우를 생각해 보라. 기적 같은 이야기이지만, 엄밀한 의미에서 보면 그것은 기적이 아니었다. 과연 외부와 연락이 차단되었어도 그 기적이 일어날 수 있었을까? 천만의 말씀이다. 3주가 아니라 3일도 견디기 어려웠을 것이다. 그 광부는 구조작업이 진행 중이니 참고 견디라는 외부의 격려에 소망을 갖고, 심지어 자신의 소변과 대변을 받아먹으며 그것도 구두쇠처럼 아껴 먹으며 3주를 버텨낸 것이다. 어떻게 든 살겠다는 희망과 살 수 있다는 소망이 합쳐질 때 강인한 삶의 의욕이 생기는 법이다. 광부의 경우는 자신의 의욕에서 발생한 희망과 외부에서 주입한 소망이 결합하여 개가를 이룬 기적이었다. 사람은 누구나 희망과 소망이 없으면 제 몸을 쉽게 내던져 버리는 것이다.

기다림에는 미학이 있다. 꿈이 실현되라는 소망에서 나오는 미학도 있고, 기다림 자체를 미화하는 시인묵객詩人墨客의 미학도 있다. 미국 백인들이 흑인들로부터 물려받은 기다림은 소망에서 나온 미학이라 할 수 있다. 이러한 미학은 인내심을 가지고 꾸준히 화초를 가꾸듯이 소망을 가꾸어 나가야 한다. 미국의 부시George Bushy 대통령은 제 1기 정부 내각에 흑인 출신의 콜린 파월 예비역 대장을 우리나라의 국무총리라 불러도 과언이 아닐 만큼 중직인 국무장관에 임명하였고, 제 2기 정부 내각에서는 흑인 출신의 여성 행정가 라이스Condoleezza Rice를 국무장관에 임명하였다. 라이스 국무장관이야말로 백인들에 있어, "기다림의 열매"라 할 수 있다. 라이스 장관은 19세에 덴버 대학을 우등으로 졸업하였고, 26세에 박사학위를 받은 즉시로 세계적인 명문대 스탠포드 대학교의 부교수에 임용되었다. 38세 때에 스탠포드 대학교의 역대 최연소 부총장이 되었으며, 46세에 첫 여성 백악관 안보 보좌관에 임명되었다. 백인 사회가 1956년 12월, 흑인들에게 백인과 동등한 시민권을 부여한지 약 50년 동안에 가꾸고 길러낸 "소망의 결실"이다. 참으로 멋진 기다림의 미학이 아닐 수 없다. 미국 사회에 있어, 기다림의 미학은 앞으로도 계속되어야 할 것으로 본다. 필자도 인류의 공동선을 위하여 좋은 결실이 나오도록 그들과 함께 기도할 것이다.

나는 어린 시절에 우리 어머니로부터 들은, 출처 미상의 옛날이야기가 생각난다. - 유복자로 태어난 아들이 하루는 난데없이 어머니에게 작별 인사를 하였다. 그때 아들의 나이가 겨우 열 살에 불과하였고, 어머니는 청춘과부라서 아들도 하나밖에 없었다. 그런 터에 앞으로 10년 동안을 집에 돌아오지 못한다고 하니, 어머니는 얼마나 놀라고 안타까웠을까? 젊은 어머니는 정색을 하고 아들을 가로막았다. 아들은 하는 수없이 그가 떠나야 하는 이유를 말씀드렸다. "저는 영영 떠나는 것이 아니라, 토굴에 가서 무술을 닦은 후에 천마를 타고 장수가 되어 돌아 오겠으니 염려하지 마세요. 그러나 이 사실은 어디 가서 절대로 남에게 말하지는 마세요. 꼭이요!" 어머니는 아들이 천마를 타고 돌아온다는 말에 다소 안도하며 눈물로 작별을 하였다. 아들은 어머니에게 발설한 것이 후회가 되었는지 가던 길을 멈추고 다시 돌아와서 어머니의 손목을 잡았다. "어머니, 이 말씀은 누구에게나 하시면, 절대로 안 돼요. 엄마, 절대로요!" 모자는 재삼재사 굳게 약속을 다짐하고 작별을 하였다. 어머니는 외롭고 쓸쓸하게 10년 간을 거의 다 보냈다. 마침내 10년이 다 되는 마지막 날 새벽이었다. 어머니는 목욕 재배하고 이른 새벽부터 대문 앞에 나가 아들이 돌아오기를 기다렸다. "꼭 오늘 돌아온다고 하였는데, 10년 동안을 하루같이 바로 이 손가락으로 헤아리고 있었는데-." 마침 지나는 행인이 초조해하는 여인의 모습을 보고 물었다. "도대체 누구를 그렇게 10년 동안이나 기다렸단 말이요?" "우리 아들이요. 천마를 타고- 아니, 이놈의 입방정 좀 봐!" 행인은 다름 아닌 그 고을 원님 밑에서 일하는 이방吏房이었던 것이다. 원님은 근처 토굴이라는 토굴은 샅샅이 다 뒤졌다. 어느 복잡한 토굴을 침입하여 들어가 보니, 천마가 나래를 펴며 뒷다리는 일어섰고 막 앞다리를 펴려는 바로 그 순간이었다. 침입자들을 본 천마는 그 자리에서 쓸어졌고 천마의 등에 올라 있던 아들은 말의 등위에서 굴러 떨어졌다. 유복자의 아들은 속삭였다. "아! 여인의 입술!" 애석하게도 아들은 숨을 거두고 말았다.-어머니는 그 한 순간을 참지 못하여, 10년 공부 나무아비 타불이 된 것이다.

기다림 속에는 철학과 인내가 서려 있다. 철학이 없으면 인내가 있을 수 없고, 인내가 없으면 기다림을 이어갈 수 없다. 김영랑의 애송시 "모란이 피기까지는"은 철학과 인내가 융합된 미학의 절창이다. 김영랑은 오직 기다리기 위하여 산다고 볼 수 있다. 해마다 모란이 피고 지듯이 우리의 일상은 언제나 낙망과 소망이 교차한다. 낙망을 달래어 소망을 키우며 기다리지만, 365일을 기다렸던 소망의 보람은 삼일이 멀다하고 우리 곁을 달아나 버린다. 모란꽃은 삼일 이상을 견뎌주지 않고 저버리는 것이다. 그러나 영랑은 좌절하지 않는다. 애써 눈물을 감추면서, 또 다른 365일을 기다린다. 모란이 피어 날 찬란한 봄은 슬픔을 밟고 왔다가 우리에게 슬픔을 안기고 떠나지만, 봄은 마냥 우리에게 슬픔을 넘어 소망의 기다림을 주기 때문이다. 이스라엘은 2000년 동안을 기다리며 살아왔다. 기나긴 기다림의 세월 속에 히틀러와 같은 몰인륜적인 인간을 만나 세인들을 경악시킨 엄청난 대학살도 당하였다. 그들 중에는 기다리다 지쳐서 쓰러진 영혼들이 얼마나 많았겠는가? 그러나 그들은 건강한 민족혼이 살아 있었기에 굳세게 살아갈 수 있었고, 국가를 건설하여 조국을 다시 찾았다. 2000년이란 길고 긴 기다림 속에서 찬란한 보람을 얻어낸 것이다.

이스라엘을 재건한 원동력은 무엇보다도 신앙을 통한 소망의 힘이었다. 소망을 잃지 않으면 무너진 삼풍백화점 콩크리트 조각 속에 묻혔다가도 살아나고, 소망을 잃으면 한강의 황홀한 명멸등明滅燈 앞에서도 생명을 포기한다. 기다림은 초조하고 무료無聊하며 지리支離한 고역일수도 있다. 그러나 소망을 가진 기다림은 언제까지나 힘이 넘치고 지칠 줄 모른다. 주나라 초기의 공신 태공망太公望: 속칭 강태공은 위수渭水에서 미늘이 없는 낚시로 수십 년 동안 낚시질을 하였다. "꾼"들은 손끝에 느껴오는 전율 때문에 "찌"를 바라보고 산다는데, 수십 년 동안 고기 한 마리 낚아 올리지 못 하였으니 강태공은 얼마나 무료하였을까? 그러나 그는 커다란 소망을 가지고 시간을 낚고 있었던 것이다. 때가 되어 그는 문왕의 스승으로 초빙되었고, 이어서 아들 무왕을 도와 은나라 주왕을 정벌하였다. 태공망은 그 공로로 제齊나라에 봉함을 받아 그 시조가 되었던 것이다.

프랑스의 실존주의 철학자 까뮈Albert Camus 1913-1960는 호머가 밝힌 『시지프스 신화』*Myth of Sisiphus*를 인간조건의 부조리와 허무로 해석한다. 하계下界의 왕 하데스Hades가 고린도Corinth의 왕 시지프스에게 잔인한 형벌을 내리는 희랍신화는, 아무런 목적도 없고 의미도 없는 허무한 인생의 현상을 상징한다는 것이다. 무거운 바위를 굴려서 하계의 가장 높은 산정에 올려놓고, 올려놓기가 무섭게 다시 굴러 내린 바위를 또다시 산정에 올려놓는 소망 없는 일을 평생 동안 반복하는 행위는 분명히 부조리하고 허무한 일임에 틀림없다. 그러나 쇠똥구리Gymnopleurus mopsus의 경우를 보라. 이 풍뎅이과 곤충은 자신의 체구보다 10배가 넘는 양의 쇠똥을 구형으로 만들어 험한 길(?)을 통하여 제집으로 굴려서 이동시킨다. 때로는 구형의 쇠똥에 깔려 죽을 곤역을 치르기도 하지만 굴하지 않고 사력을 다하여 제집으로 굴려온다. 이 곤충은 쇠똥 속에 산란을 하고, 새끼들이 깨여나 쇠똥을 먹고 자란다. 이러한 종족보존의 소망이 있기 때문에 쇠똥구리는 기나긴 고통과 무료함을 잊고 기다릴 수 있는 것이다.

자연 시인 신석정辛夕汀 1907-1974의 "촛불"에서처럼 우리는 "아직 촛불을 끌 때"가 아니다. 세상일이 우울하고 국가일이 답답해도 인내하며, 소망을 가져야 한다. 가련한 유복자의 어머니처럼, 참지 못하고 기다리지 못하는 나라의 큰(?) 입들 때문에 요즘 나라가 더욱 혼란스러워 보여도 "찬란한 봄"은 오기 마련이다. 기다림이 꼭 미덕일 수만은 없다고 주장하는 자가 더러 있지만, 지금은 기다림의 미학이 그 어느 때보다도 절실하게 돋보이는 세상이다. 하기야 김영랑은 "찬란한 슬픔의 봄"을 일년 365일 내내 기다리겠다지 않던가?

노년의 향기

인간에게는 기氣가 있다. 기는 숨결과 정신이다. 기가 빠진 사람은 형상은 사람 같을지 모르나 산 사람은 아니다. 아동兒童에게는 아기娥氣가 있어야 하고 청소년에게는 패기覇氣가 있어야 하며, 청년에게는 용기勇氣가 있어야 하고, 장년에게는 혜기慧氣가 있어야 한다. 그리고 노년에게는 향기香氣가 있어야 한다. 어린이들은 숨결도 곱고 생각도 아름다우며 용모도 밝아야 한다. 청소년들은 모험심이 강하고 진취력이 왕성해야 대망의 꿈을 펼칠 수 있다. 청년은 용맹스럽고 파괴력이 있을 때, 든든하고 신뢰감이 간다. 장년은 매사에 혜안을 가지고 성찰할 줄 알아야 하며, 어떠한 유혹에도 현혹되어서는 안 된다. 그리고 노년에는 몸 주위에 은은한 미향이 감돌아야 한다. 노년이 되면 밝은 색깔이 좋다. 옷도 밝은 색으로 입고 얼굴도 밝고 맑게 가꾸어야 한다. 화학의 발달로 인공적인 향수가 제조되어, 몸에 뿌리고 다니는 사람도 적지 않다. 필요하면 향수도 뿌리는 것이 좋다. 그러나 향수는 속임수模造品 향기다. 인위적이고 거짓된 향기다. 인간의 향기는 인격 내부에서 스스로spontaneously 배여 나와야 한다. 노년의 향기는 진솔한 인격의 향기를 말한다.

산전수전山戰水戰이라는 말이 있다. 인생의 온갖 어려운 일과 고비에 비유하는 말이다. 노년은 산전수전을 다 겪고 난 지장智將들이다. 삶의 지혜도 얻고, 남을 이해할 줄 아는 아량도 웬만큼 생길 나이가 된 것이다. 제대로라면, 이순耳順을 넘겼으니 주위에는 자연히 화기和氣가 돌고 언행이 온유하여 인덕이 풍길 나이다. 생각해보니 필자도 일상의 주변을 살피는 작은 안목이 조금은 생긴 모양이었다. 필자는 바로 얼마 전에서야 동양란의 향기가 밀향蜜香에서 나온다는 것을 처음으로 알았다. 내 나이 고희가 다 되다보니, 그 동안 이러저러한 연유로 동양란을 선물로 받은 경우가 제법 있다. 꽃이 피어 있는 화분이 대부분이었던 것으로 기억되는데, 우리 집에 들어오는 화분들은 꽃이 지면 그것으로 예외 없이 생명이 끝난다. 몇 번 물도 주어보지만 살아남는 난은 거의 없었다. 그래서 원래 동양란은 일단 문외한의 수중에 들어와, 꽃이 지고 나면 으레 일생을 마치는 것으로 알고 있었다. 무식도 이만저만이 아니었다. 그런데 정년을 하고 나서, 집안 여기 저기 구석에 처박힌 난분을 모아 보니 기특하게도 10개의 화분이 우리의 야만적인(?) 무관심을 이겨내며 연명을 하고 있었다. 나는 그들에게 물을 주고 먼지도 씻어내는 등 처음으로 생명대접을 해주며 응접실 창가에 가지런히 놓았다. 그랬더니 기적이 일어났다. 꽃대가 나오고, 꽃봉오리가 주렁주렁 맺히는 것이다. 우리 부부는 예기치 않은 경사에 환호하였다. 꽃을 맺은 화분이 무려 네 분이나 되었으니, 아무리 생각해 보아도 우리들의 분수分數에는 과한 경사가 아닐 수 없었다. 수분, 광선, 온도 등 삶의 조건들만 맞추어주면 생명체는 살아가며 제 구실을 하는 모양이었다.

자세히 관찰하여 보니, 꽃대에서 꽃줄기가 나오는 바로 그 분기점에 병아리 눈물 같은 하얀 물방울이 맺혀 있었다. 그러더니 물방울이 점점 자라났다. 어떤 경우에는 아침 이슬만한 것도 있었다. 나는 물방울을 살짝 만져봤다. 끈적거렸다. 혀에 대보니 물이 아니라 꿀이었다. 동양 난의 꽃은 꿀의 양과 밀도로 그 은은한 향기를 조정하고 있었다. 너무너무 경이로웠다. 콩 알만 한 돌조각으로 채워진 척박한 화분에 그저 물만 가끔 주는 데도, 어떻게 저런 역사가 일어나는 것인지 신기롭기만 하였다. 행복한 발견이었다.

갑자기 생각이 나서 그러는데, 죄송하지만 외람된 이야기를 하나 해야겠다. 30대 후반의 일이라 기억된다. 나의 직장 동료 중에 독문학을 전공한 분이 있었다. 그분은 가끔 나를 놀리었다. "선생님 옆에 있으면 항상 꿀 향기가 나는데, 그게 인격의 냄새입니까 아니면 좋은 향수를 쓰십니까?" 나는 거북하고 듣기에 민망했다. "아니. 선생님도. 인격의 냄새라니요!" 그 선생님도 물러서지 않았다. "정말이에요. 늘 느끼는 바인데, 선생님 옆에 오면 달콤한 향기가 나요." 착각도 자유라 했으니 나는 모든 것을 그 선생님의 착각으로 돌리고 싶었다. 나는 예나 지금이나 향수는커녕 얼굴에 로션 한번 바르지 않는 성격이다. 나는 그 선생님의 말을 평생의 경종警鐘으로 받아드리고 있다.

향기에도 여러 가지 종류가 있다. 천리향이나 야래향夜來香의 향기는 너무 강도가 심하여 호흡기가 예민한 사람은 기관지 협착狹窄으로 숨이 막힐 지경이다. 아카시아 향기는 강도는 다소 약하나 침투력이 강하여 아카시아 꽃이 피면 온 동네가 요란하다. 5월에 피는 밤꽃 향기는 독특한 체취를 풍기기 때문에 특히 과수댁의 마음을 파고드는 선정성이 있다고들 말한다. 오상고절의 국화도 기상은 높다하나 내뿜는 향기는 너무 현란하여 다소 천격이다. 양귀비 향은 최면성이 강하다고 한다. 19세기 영국의 낭만파 시인 키츠John Keats는 "가을에 붙이는 노래"Ode to Autumn에서 의인화된 가을을 가리키어 양귀비 향에 취하여 삼도천三途川을 건너 이상의 세계에 몰입한 초인超人으로 노래한다. 이 향기들은 모두 자기과시형에 속하는 향내들이다. 서양에서는 웃음에도 사람을 "죽여주는 미소"killing smile가 있듯이, "독약"poison이라는 이름을 가진 향수도 있다. 자기의 속임수 향기로 상대방을 사살시키자는 것이다. 자기과시형 향기는 자신의 열등의식이나 속내를 호도하려는 점잖지 못한 술책의 산물들이다.

그들에 비하여 전혀 과장이 없는 진솔한 향기가 있다. 춘란이나 한란 등 동양난의 향기가 그렇고, 소박한 다년초 방아의 향이 그렇다. 앞에서도 지적하였지만, 우리 집사람은 안타깝게도 난향을 못 맡는다. 나름대로는 문외한의 제한된 지식으로 난들을 가꾸느라 꽤 애를 쓴다. 꽃대가 보이면 그렇게 좋아서 어쩔 줄을 몰라 하면서도, 정작 꽃이 피면 그 향을 맡지 못하여 여간 섭섭해하지 않는다. 가까이 가서 맡아도 보고, 멀리 떨어져서 맡아도 보고, 아예 밖에 나가서 맡아도 보지만 전혀 감각이 없는 모양이다. 딱한 노릇이다. 다른 향기는 다 맡는데도 난향만은 맡지 못 하니 말이다. 나는 말해준다. 내가 자주 사용하는 말이다. "난향은 맡는 것이 아니라 듣는 거야. 난향문

십리蘭香聞十里라 했잖아! 마음을 비우고 들어봐요."

난향은 워낙 새침한 선비 형 향기이어서, 자기와 취향이 다른 후각은 완강히 거부하는 성격인 듯싶다. 방아 향은 아예 처음부터 시치미를 떼고 있다. 이 놈은 자신이 향내를 가지고 있다는 기미도 내보이지 않는다. 꽃이든 잎이든 어느 부분에 접촉을 가해주어야, 그때서야 그 소박하고 은은한 향기가 발동한다. 하다 못해 지나가는 바람이라도 강하게 부딪쳐 주어야 향을 내는 놈이다. 스킨쉽의 향이라 할가, 일단 발향이 되면 태도가 돌변하여 향이 점차 강해지는 것이다. 그렇다고 도를 넘기는 경우는 없다. 방아 향은 신토불이로 우리 후각에 매우 토속적이다. 향이 우리에게 너무 친근하여, 더러는 잎을 뜯어서 부침도 해먹고, 매운탕에 넣어 국물에 구수한 향을 내기도 한다. 노년의 향기는 아무래도 난향이나 방아 향과 같아야 한다. 인생 노년의 향기는 자기 과시형처럼 돌출적이어서도 안 되고, 문제를 일으키어 주위를 소란하게 만들어서도 안 되기 때문이다. 접촉할수록 감칠맛이 있어야 한다.

노년에는 자칫하면 추한 모습으로 드러나기 쉽다. 육신이 노약하니 초췌憔悴하게 보이기 쉽고, 판단에 심약心弱하니 공사公私의 구분이 분명치가 않기 때문이다. 그래서 노추老醜라는 불경스러운 말이 나온다. 햄릿 왕자는 덴마크 궁중에서 영의정의 위치에 있는 노년의 재상 폴로니우스Polonius의 추태에 빗대어, 노추에 대한 사람들의 비방slanders을 이렇게 전한다. "노인네들은 수염은 허옇고, 얼굴에는 주름살 투성이고, 눈에서는 자두나무 송진처럼 희고 노란 눈곱이 쉴 새 없이 흘러나오고, 치매 끼가 있어 정신력은 박약한데다 무릎악은 연골이 달아 빠져서 걸음조차 절름거리고－하기야 걸음걸이는 해변의

게들처럼 옆 살로 뒷걸음을 치니 곧 어린애가 될 거야." 노인이 되면 지능지수IQ와 정서지수EQ가 퇴보하여 새삼 어린이가 된다는 것이다. 우리나라 말에도 이런 표현이 있다. "나이가 들면 늙은 애기로 다시 태어나는데, 어린 애기는 예쁘기나 하지. 늙은 애기는 원!" 그러나 우리는 노년의 취약점을 얼마든지 물리칠 수 있다. 아니, 어떻게 든 꼭 물리쳐야 한다. 햄릿이 지적한 "사람들의 비방"을 심사국고하여 노년의 속성을 개조하여야 한다. 노년의 추한 이미지를 과감히 타파하고 똑바로 바르게 세워 놓아야 한다.

첫째로, 먼저 "허연 수염"부터 깨끗이 날려버려야 한다. 길고 하얀 수염은 더 이상 권위와 존경의 상징이 아니다. 한 때 서양에서는 재판관이 하얀 수염을 길게 늘어뜨리고 가발을 썼던 시대가 있었다. 권위의 상징이었다. 우리는 예수님의 하얗고 긴 수염을 같은 맥락에서 이해한다. 그러나 지금은 옛날의 권위도 사라지고 상징성도 사라졌다. 오히려 고리타분한 인상만 줄 뿐이다. 하얀 머리는 검정 색으로 과감히 염색을 해야 한다. 검은 색 머리는 강인한 원기와 실천력을 상징하기 때문이다.

둘째로, 얼굴의 주름살을 줄여야 한다. 현대의 디지털 가치관에서는 주름살이 더 이상 인생의 훈장이 아니다. 의학의 도움을 빌리든지, 화장의 덕을 구하든지, 지속적인 운동을 통하여 피부의 세포를 치환하든지 어떻게든, 자기에게 적절한 방법으로 주름살이 보여주는 인생의 지친 모습을 불식시켜야 한다. 얼굴에 반영된 삶의 굴곡을 바로 잡아야 하는 것이다. 정신적인 활력으로 주름살을 도말塗抹해야 한다.

셋째로, 편견이 없어야 한다. 흰 눈곱, 노랑 눈곱으로 가려진 가식을 떨어버리고 사실을 직시하여야 한다. 나이가 들면 정에 약해서, 애착을 버리지 못하여 자신의 내적인 판단과는 전혀 달리 행동할 수 있다. 함석헌 옹은 "할머니 신앙"을 배격하였다. 할머니는 정에 약하여 기준을 잃기 때문이다. 육신의 눈도 깨끗이 관리하여야 하지만, 영안靈眼도 청결해야 한다. 나이가 들수록 사물을 왜곡하지 않도록 노력하여야 한다. 정심正心만 가지면 된다. 마음만 똑바르면 모든 것이 다 바로 보인다.

넷째로 정신의 건강은 강한 의지력에 달려 있다. 강성한 정신력은 육신의 건강까지 담보한다. 사람에 따라서는, 종교는 본능처럼 절대적이다. 종교는 정신세계의 안전한 안내자가 된다. 건강한 정신을 위하여 경전을 읽고, 건강한 육신을 위하여 적절한 운동을 해야 한다. 건강한 정신은 건강한 육체에 머문다는 격언은 만고의 정설이다.

다섯째로, 가능한 대로 조용히 지내는 것이 좋다. 신체의 단련과 개인의 취미활동까지 제약하자는 말이 결코 아니다. 햄릿 왕자의 지적은 노년이 되면 걸음도 제대로 걷지 못한다는 뜻이 아니라 노년에는 아무래도 행동의 제약이 따르기 마련인데, 그러한 상황을 무시하고 너무 설치지 말라는 뜻이다. 도가 지나치면 모자란 것만 같지 못하다고 했다. 폴로니우스는 자신이 손댈 일, 안 댈 일을 가리지 않고 설치다가 왕자의 비수에 의하여 비명에 갔다.

여섯째로, 남에게 의존하지 말아야 한다. 호흡이 멎는 날까지, 내 힘으로 살다가 나 혼자 간다는 각오와 결심으로 살아가야 한다. 자신의 힘으로 사는 것을 긍지로 알아야 한다. 노년이 "나이 든 애기"로 비쳐서는 안 된다. 동정은 주는 자에게는 미덕이 될지 모르나, 받는 자에게는 치욕恥辱이 될 수 있는 것이다.

일곱 번째로, 시대에 너무 뒤지지 않도록 최소한의 지적 정보를 확보하여야 한다. 쾌쾌 묵은 구닥다리로 취급되어서는 안 되기 때문이다. 요즘에는 지방 자치제가 실시되어 지역마다 노인교실이 운영되고 있다. 또한 대부분의 교회들도 유사한 교육 시설이 구비되어 수준 높은 교양강좌와 실기강의가 무료로 제공되고 있다. 자신의 조건에 맞는 노인교실들을 택하여 선용함으로써 꾸준히 자기 관리를 지속해 나가야 한다. 버림받는 것은 무서운 일이다.

마지막 여덟 번째로, 세상에 대한 애착과 욕심을 버리고 혼자 떠날 생각을 하여야 한다. 저승길은 절대로 둘이 함께 가지 못 하는 법이다. 또한 반드시 빈손으로 가기 마련인 것이다. 고고한 마음으로 세상 버리기를 현실로 익혀야 한다. 두려워할 것도 없고, 외로워할 것도 없다. 세상에 올 때 빈손으로 혼자 왔듯이, 갈 때에도 빈손으로 혼자 가면 그만이다. 하늘이 정해 놓은 순리다. 하늘을 원망한들 소용없다. 우리의 체면만 손상될 뿐이다.

노년의 향기는 앞서 말한 내용의 행위들에서 묻어난다. 우리 처가 난향을 맡지 못 하듯이, 세상에는 노년의 향기를 맡지 못하는 자도 적지 않을 것이다. 그러나 다른 사람의 후각에 개의하지 말아야 한다. 꽃은 지는 줄 알면서 피고, 향기는 사라질 줄 알면서 발한다. 동양난들처럼 나 자신을 위하여 열심히 꽃을 피우고, 열심히 향을 뿜어내면 되는 것이다. 공자는 "인부지이불온人不知而不慍이면 진군자眞君子"라 했다. 사람이 알아주지 않아도 화내지 않으면 진정한 군자라는 말이다. 인류의 철학자 플라톤Platon은 이 점에 있어 중대한 실수를 범하였다. 플라톤은 자신의 이원론dualism을 기초하여 역사상 최초로 문학론을 폈다. 그의 문학론이 바로 그 유명한 모방론Imitation Theory이다.

1) 창조주는 사물의 본질인 이데아Idea를 창조하고, 목수는 이데아에 따라 조형물(예컨대 책상)을 만들며, 화가는 목수가 만든 조형물을 모방하여 그림을 그린다. 따라서 그림은 진리인 이데아에서 3단계 떨어진다는 것이다. 시(문학)도 그림과 마찬가지여서, 문학은 본질에 있어 진리에서 3단계 멀어진 것이다. 2) 시인은 문학을 창작할 때 이성의 작용에 의존하여 논리를 세워나가는 것이 아니라 시신muse의 영감을 따르게 되므로 문학의 창작과정은 접신상태theosophy인 것이다. 문학은 인간의 이성과 무관한 것이라는 말이다. 3) 진리에 도달하기 위해서는 정신이 청정하여 명상을 이끌어야 한다. 그런데 문학은 독자들의 마음을 동요시켜서 진리도달을 돕기는커녕 진리도달을 방해한다. 플라톤은 이상과 같은 논리로 문학은 본질, 창작과정, 효과에 있어 철학에 필적할 바가 못 된다고 주장하였다. 플라톤은 시인이야말로 사이비 학자라는 이유로 자기의 저서 『공화국』*The Republic* 10권에서 시인을 추방해 버렸다. 시인은 자기의 공화국에 살만한 가치와 자격이 없다는 것이다.

여기서 주목할 점은, 그의 문학 모방론이 문학을 연구하기 위한 이론이 아니라 문학을 폄하하기 위하여 쓴 논술이라는 것이다. 플라톤 같은 대 철학자도 자신의 경쟁자 호머Homeros에게 인간적인 질투를 느끼고 있었던 것이다. 플라톤은 용모가 수려한 미남인 반면에 호머는 추남 중의 추물이었다 한다. 그런데도 당시의 젊은이들은 자기의 철학 이론보다 호머의 "일리아드"*Iliad*와 "오디세이"*Odyssey*를 더 애독하였고 호머를 더 숭상하였다. 플라톤은 질투심을 버리지 못 하여 끝내 일을 저질렀다. 그는 마침내 악명 높은 문학 모방론을 펴냈다. 누구에게나 자기과시에는 자신의 향기를 악취로 변질시킬 수 있는 마魔가 들어 있는 것이다. 사심邪心이 마를 끌어드린 것이다.

세월이 지날수록 향기가 더욱 영롱해지는 경우도 적지 않다. 우리가 잘 아는 대로 워싱턴George Washington 1732-1799은 미국의 초대 대통령이다. 그는 제 2 대륙회의에서 무력항쟁을 결의하자 독립혁명군 총사령관이 된다. 그는 1781년 10월, 프랑스 의용군의 도움을 받아 욕크타운 싸움에서 결정적인 승리를 거두고 독립전쟁을 성공으로 이끈다. 그는 1787년에 헌법제정회의 의장에 임명되어 연방헌법을 제정하였다. 그는 이 새로운 헌법에 의하여 1789년 대통령선거에서 당선되어 동년 4월 30일에 미국 초대 대통령에 취임하였다. 그가 재선의 임기를 마칠 무렵1789-1797, 1796년에 국민에 의하여 열렬히 제 3대 대통령에 추대되었으나 그는 끝내 사양하였다. 그가 제 3대 대통령 추대제의를 수락하면, 당면과제에는 도움이 될지 모르나 미국의 민주주의는 죽는 다는 것이 그가 고사하는 이유였다. 그는 조국과 조국의 민주주의에 크게 봉사한 것이다. 그 때 그의 나이 66세로 소위 노탐은 강해지고 판단력은 약해지기 시작하는 위험한 시기였다. 워싱턴이라고 해서, 그 많은 유혹에 둔감할 수 있었겠는가? 버릴 것은 버릴 줄 알아야 한다. 그에게는 남다른 확고한 의지가 있었기에, 소탐대실小貪大失을 피할 수 있었을 것이다. 그는 1799년, 향년 68세로 세상을 하직하였지만 그의 향기는 날로 드높게 멀리멀리 퍼져간다. 이른 바 선진 국가에도, 개발도상 국가에도, 신생국가에도 그의 향기는 한결같이 정신적 청량제가 되고 있다.

노년에는 탐욕을 버리고 남에게 베풀며 살아가야 한다. 무엇으로 어떻게 베풀 것인가는 각기 능력과 처지에 따라 다르겠지만, 헌신하는 마음으로 찾아보면 방법은 있을 줄 안다. 우리는 작은 일이든 큰 일이든, 기쁜 마음으로 베풀면 보람을 느낀다. 행복은 보람을 느끼는 생활 그 자체이며, 그 이상도 그 이하도 아니다. 인생의 향기는 보람 속에서 스며 나온다. 어느 익명의 외국인이 연세대학교 재단에 수십 년 동안 상당한 액수의 돈을 계속하여 기증하여 왔다고 한다. 대학에서는 기증자가 과연 누구인지 각방으로 알아보아도, 기증자가 은행에 익명을 요구하였기 때문에 알 길이 없었다고 한다. 대학 당국은 금년에야 비로소 기증자의 이름을 알게 되었다. 알고 보니 120년 전 25세의 젊은 나이로 한국에 와서 교회도 세우고 병원도 세우고 학교도 세우며 선교활동을 하였던 한국 최초의 개신교 선교사 언더우드Horace Grant Underwod 씨의 가족들이 보낸 것이라 한다. 아마도 그의 아들 원한경Horace Horton Underwood 씨가 생시에 주선한 일로 추측된다.

원한경 박사는 한국을 몹시 사랑하였던 분이다. 그는 1912년에 조선신학교의 교수 및 교장을 역임하였고 1933년에 연희전문학교 3대 교장으로 취임하여 교육에 종사하면서, 학회 활동을 통하여 세계만방에 한국을 소개하는 데에 혼신의 힘을 다 쏟았다. 그는 태평양전쟁 중에 일본의 관헌에 의하여 강제로 출국 당하였다가 1945년 해방과 더불어 다시 내한하여 여생을 한국에 헌신하였다. 그는 한국을 미국보다 더 사랑한 미국인이었다. 그는 부인과 함께 한국 땅에 묻혔지만, 그가 유언으로 기탁한 돈을 후손들이 보내고 있다는 것이다. 얼마나 보람된 일인가? 얼마나 은은한 향기가 그의 신변에서 풍겨오는가?

사회의 명사라고 해서 인간적인 향기가 저절로 스며 나오는 것이 아니다. 어느 전직 대통령은 그의 대통령 재임시절에, 어느 종교

계통 기관에서 주최하였던 장애자들을 위한 뜻 깊은 행사에 금일봉을 하사한 바 있다. 주최측과 매스컴에서도 대통령의 성금에 대하여 크게 보도하였다. 행사가 끝난 후에 봉투를 열어보니, 그 속에는 1,000원 짜리 지폐 한 장이 덜렁 들어 있었다 한다. 행사의 주최측에서는 처음에 그 액수를 보고, 각기 자신의 눈을 의심하였을 것이다. 그러나 대통령의 지위가 지위인지라 나름대로 다시 생각하여, 역시 OOO 대통령은 국가의 재정운영에서도 철저히 절제할 줄 알고 경제적일 것으로 생각하여 경의를 표하였을 지도 모른다. 그런데 대통령 임기가 끝나고 부정 축재가 문제되어 조사를 해보니, 통치 자금이다 무어다 하여 수천억 원의 검은 돈을 차명 계좌로 쌓아두고 있었던 것이다. 향기는커녕 악취가 한국영토를 넘어 온 천하에 진동한다.

그런가하면 한 이름 없는 빈노貧老, 이의선70 할머니를 보라. 이李 할머니는 나이가 들수록 몸을 깨끗이 해야 한다며 자녀들이 준 돈 한 푼 두 푼을 모아, 미국의 허리케인 "카트리나"Katrina 수재민을 도와 달라고 대한 적십자에 60만원을 기탁하였다(2005. 9. 20 일자 신문보도). 추운 겨울에도 옹색한 집안 욕실에서 샤워로 목욕을 대신하며 푼푼이 모은 돈이란다. 참 값진 돈이다. 그 인간적인 정성이 얼마나 고운가? 나는 그 따뜻하고 달콤한 향내를 맡으니, 난향이 코끝으로 뻗어올 때만큼이나 행복하다. 가슴이 확 트인다. 갑자기 세상이 청쾌해진 것만 같다. 요즘, 우리의 주위가 너무나 혼탁해서 더욱 그러할지도 모른다.

노년에는 어떠한 역경 속에서도 비굴하지 말아야 한다. 혼탁한 세파가 아무리 우리의 노년을 비웃어도 그럴수록 더욱 기개를 잃지 말고 의연하게 살아가며, 지적知的으로나 윤리적으로 철저히 자기 관리를 해야 한다. 그리고 이의선 할머니처럼, 노력하여 자신의 힘이 미치는 대로 남에게 베풀며 살아야 한다. 노년의 향기는 무엇보다도 베푸는 향기다. 우울한 자에게 따뜻한 위로의 말을 들려주는 것도 베푸는 일이며, 낙심한 자에게 소망의 기도를 열심히 해주는 것도 베풂이다. 금전이든, 물질이든, 사역이든, 교육이든, 헌신이든, 노역이든, 무엇이나 상관없다. 봉사의 형태와 수량이 중요한 게 아니다. 대가없이 그저 베푸는 청쾌한 봉사정신이 중요하다. 노년의 향기는 "대가성이 있었느니, 없었느니" 하는 그 구질구질한 정경유착의 악취와는 분명히 달라야 한다.

추경 이제

갑자기 나의 졸작 한시 한 편이 생각난다. 추경 이제秋景二題. 이 보잘것없는 한시는 필자가 고등학교 1학년 때 쓴 칠언절구七言絶句이다. 1953년도인지 그 다음 년도인지 발행 년도를 분명히 기억할 수 없는데, 어쨌든 그 무렵에 필자의 모교 전주고등학교 교지校誌에 실린 글이다.

月華皎皎是天涯(월화교교시천애)
달빛이 하늘가를 밝고 밝게 비추는데
雁陣驚寒何處來(안진경한하처래)
기러기 떼 추위에 놀라 어디서 오는가?
階前籬下蟲語切(계전이하충어절)
뜰 앞 울타리 밑에 벌레소리 간절하니

離鄕遠客斷腸哀(이향원객단장애)
고향 떠난 먼 나그네 몹시도 서럽구나.

霜葉粧山織錦娥(상엽장산직금아)
산야를 물들인 단풍은 비단처럼 아름답고
西風吹稻散金波(서풍취도산금파)
노란 들판 추풍에 날려 황금물결이로다.
回頭吟迫煙光暮(회두음박연광모)
돌아보니 날 저물어 연기 피어오르는데
燦燦黃花竹一坡(찬찬황화죽일파)
국화는 대나무와 한 언덕에 웃고 있구나.

내가 이 알량한 시 한 수를 전고全高 교지에 싣고 나니, 생각 밖의 많은 분들로부터 격려의 글들이 들어왔다. 황송하게도, 고등학교 일 학년 학생으로서 대단하다는 칭찬이었다. 독자들 중에는 "그런데 말하기는 안 되었지만, 단명하겠다."는 걱정까지 해주시는 어른들도 몇 분 계셨었다. 나는 짧은 한문 실력으로 각운脚韻을 맞추느라 다소 고심은 하였지만, 과분한 칭찬에 참으로 송구스러웠다. 나는 어린 시절에 우리 작은 할아버지(우리 가정에서는 순창 할아버지라고 부른다.)로부터 한문을 조금 배웠다. 할아버지는 스파르타식으로 교육을 시키셔서, 학과 공부뿐만 아니라 방안 청소며 아침 운동까지 철저히 교육을 하시는 바람에 겨울에도 얼음을 깨고 세수를 하여야 했고, 열흘 간격으로 강test을 받을 때에는 종아리는 아예 내맡겨야 했다. 그 엄하신 할아버지가 당시에는 원망스럽기도 하였지만, 지금은 그 때가 잊지 못할 추억으로 남아 있다. 그러나 나는 지금 어린 시절 공부할 때의 추억을 더듬고자, 이 못난 시를 소개하는 것이 결코 아니다.

우리가 고등학교에 다닐 때에는 6. 25 동란의 휴전 직후이어서, 고등학교 학생들도 교련 수업을 많이 받았고, 군사교육은 학과는 물론 실기 훈련까지 포함되는 강렬한(?) 군사훈련이었다. 일년에 한 차례씩 중앙의 검열도 받았다. 검열관은 군사령관인지 아니면 지역의 사단장인지 분명히 알지는 못 했다. 분명한 것은 본래의 검열관의 계급이 장성 급이었다는 것이다. 당연히 검열관에 대한 호칭에 "각하"가 붙어야 했다. 그런데 실제로 파견된 검열관의 계급은 육군 중령이었다. 우리 고등학교의 교관 선생님은 제식훈련 사열 때, "검열관님에 대하여 받들어 총!!"이라고 구령을 붙였다. 그런데, 이것이 문제가 되었다. "검열관님에 대하여"가 아니라 "검열관 각하께 대하여"라고 했어야 한다는 것이다. 비록 파견된 검열관의 실제 계급이 중령이었지만, 본 검열관의 계급으로 대우를 하여야 한다는 이론이다. 당시에는 장성에게는 반듯이 "각하"의 존칭을 붙여야 했기 때문에, 이 경우에도 "검열관 각하께 대하여"라고 구령을 했어야 했다는 것이다. 이 검열을 받기 위하여 수개월 동안 거의 모든 학과를 전폐하다시피 하여 매일, 어느 경우에는 일요일까지도 등교하여 목총을 들고 온 종일 훈련을 받았는데 결과가 깔끔하게 되지 못한 것이다. 이 일로 인하여 시간이 턱없이 지연되었고, 해는 이미 지고 어두웠으며 학생들은 지칠 대로 지쳐서 자리에서 쓸어 진 자가 속출하였다. 참으로 힘든 하루이었다.

하기야 아무리 힘이 들었다 해도 젊은 나이이니, 집에 가서 어머님이 지어 주신 따뜻한 밥을 먹고 샤워를 하고 나면 피로가 풀릴 것이다. 그런데 나의 경우는 그럴 처지가 못 되었다. 아침에 안남미 밥 한 그릇을 절반쯤 먹고, 저녁 끼니를 위하여 반 그릇을 남겨 놓아야 했다. 나는 그 때, 말이 학생이었지 걸식아동이나 다름이 없었다. 매일 아침에 일어나 보면, 옆방에 사는 아주머니가 안남미 밥 한 그릇과 김치 한 접시를 슬그머니 방문 앞에 놓고 간다. 처음에는 감사하고 미안하여 어쩔 줄을 몰랐는데, 아무리 사양을 하여도 꼭 그렇게 가져다 놓고 가니 어쩔 수 없었다. 그저 고마울 뿐이었다. 이 아주머니 네도 살기가 어려웠다. 젊은 부부가 두 자녀를 데리고 배추 등 채소를 팔면서 겨우겨우 먹고 사는 형편이었다. 그런데 나의 형편이 너무 어려운 것을 눈치 채고, 매일 아침 일찍이 밥 한 그릇에 김치 한 접시를 내 방문 앞에 놓고 일터로 나간다. 나는 아주머니가 준 밥 한 그릇을 아침저녁으로 나누어 먹으며 하루를 살았다. 나는 허기진 발을 끌고 집으로 가서 이미 상했을지도 모르는 남겨둔 밥을 먹고 피로를 풀어야 했다. 힘들고 비굴한 하루 하루이었던 것이다.

"각하" 사건으로 재 검열이 있을지는 몰라도 일단 검열이 끝나니, 그 힘들었던 기나긴 훈련 기간에 쓰려져 죽지 않은 것이 천만 다행이란 생각이 들었다. 긴장이 풀린 탓이었을까? 울적한 마음이 동요하기 시작하였다. 마침 달빛은 밝고, 기러기 우는 소리가 들리고 간절한 풀벌레 소리도 들렸다. "月華皎皎是天涯－離鄕遠客斷腸哀"는 눈물을 글썽이며 적은, 하나의 탄식이었던 것이다. 그러나 다행이도, "젊을 때 고생은 사서라도 한다는데"라는 생각이 뇌리를 스쳐갔다. 젊은 패기에서 나온 의식의 전환이었으리라. "霜葉粧山織錦娥－燦燦黃花竹一坡"는 눈물을 삼키며 미래를 소망하는 나의 찬란한 슬픔의 기약이었다. 서리를 맞은 나무 잎도 단풍이 되어 강산을 아름답게 변화시키는데, 나라고 못하랴? 어떤 고생이 닥쳐와도 오상고절傲霜孤節의 국화와 곧은 대나무처럼 굳게 견더내기를 다짐하는 나의 속삭임이었다. 하나님과의 밀약이었다. 하나님은 세미한 음성을 들려주셨다. “일어나라. 빛을 발하라.(이사야 60. 1)”

내가 세 들어 있던 방은 사실 내가 얻은 세 방이 아니었다. 중학교 2학년 2학기 말 때의 일이었다. 내가 기거할 곳이 막막하여, 나는 학우 김金 모와 한韓 모가 둘이서 자취를 하는 방으로 찾아갔다. 이 두 학우가 나의 딱한 사정을 듣고, 나와 함께 있어준 방이 결국 나의 방이 되어버렸다. 자취를 하는 데에도 최소한의 경비와 물질을 출자해야 하는데 내가 그 출자를 감당하지 못하니, 그들은 고민에 고민을 거듭한 끝에 하나씩 딴 곳으로 독립하여 나간 것이다. 그들은 나의 처지로 보아 전세금을 찾아갈 수도 없고 하여, 나에게 방을 넘겨주고 떠나버렸다. 나는 주인을 몰아내고 독방을 차지한 꼴이 된 것이다. 이 학우들은 어린 나이에도 베풀 줄 아는 아량을 지닌 친구들인데, 나는 빚만 지고 사는 처지이어서 그들이 떠난 후에 나는 무척 마음이 괴로웠고 자존심에 상처도 많이 받았다. 그들이 떠난 후에 나의 생활이 어떠하였는지는, 나의 자존심이 그나마 무너져 버릴까봐 참아 말을 다 할 수가 없다.

어느 날 우리 아버님이 내가 묵고 있는 방에 오셔서 나도 보시지 않고, 청 보리(당시 구제품으로 나온 거칠게 도정된 보리) 한 말을 방바닥에 쏟아놓고 가셨던 모양이다. 이 광경을 옆방 아저씨 부부가 본 것이다. 그 후로 매일 아침에 나가보면 안남미 밥 한 그릇과 김치 한 접시가 방문 앞에 놓여 있었다. 참 눈물겹도록 고마운 분들이다. 수개월을 그렇게 신세를 졌는데, 지금까지 어디서 어떻게 사는 것조차 파악을 못하고 있다. 나름대로 찾아는 보았는데, 찾지를 못 했다. 나는 참으로 빚을 많이 지고 있는 사람이다.

세상이 험하다고들 말해도, 밖에 나가보면 선한 사람들이 너무 많다. 인간의 선행은 근본적으로 죄의식에서 발현한다는 말이 있다. 무의식적으로나 의식적으로, 내부에 죄의식이 있기 때문에 속죄심리가 작용하여 선행을 한다는 것이다. 얼마 전에 신문보도를 보니까, 남의 돈 500만원인가를 훔친 사람이 몇 십 년이 지나 훔친 돈의 수백 배에 달하는 거액의 돈을 불우이웃을 위해 써달라고 사회에 내 놓았다고 한다. 그의 속죄의식과 용기가 놀랍다. 남의 신세를 짓고 사는 사람 역시 채무의식에 마음이 편할 수 없는 일이다. 대학 2학년 때, 나를 도왔던 L 모 학우가 생각난다.

1956학년도 연세대학교의 입학 방식은 무시험제이었다. 출신 고등학교 성적이 2/100 이내에 들고 구술시험에 통과하면 합격이 되었다. 그러니까 입학하여 웬만큼만 노력하면 수학에 큰 문제가 없는 우수한 학생들로 구성되었던 것이다. 그런데도 도중에 탈락한 자가 적지 않았고, 퇴교까지는 되지 않았다 하여도 힘들어하는 학생들도 더러 있었다. L 모 학우는 나하고 함께 공부를 하면 도움이 될 것으로 생각하였던 모양이다. 더구나 나의 사정이 어려웠던지라 나의 생활비를 자신이 부담하여 친구도 돕겠다는 생각이 들었던 것이다. 나는 후자편이 훨씬 강하게 작용하였으리라 믿어 의심치 않는다.

우리는 동대문 창신동 하숙촌에서 한 학기를 보내고, 서대문구 미근동으로 방을 얻어 이사를 하였다. 매식을 하자는 것이었다. L 모는 집이 시골이었는데, 두 사람의 하숙비를 부담하자니 힘에 겨웠던 것이다. 지금은 사라지고 없지만, 서울역 오른편 쪽 염리동에 중앙시장이 있었다. 시장 안에 천막촌 식당이 줄지어 있었는데, 그 곳이 우리의 단골집이었다. 이 학우는 좀 동작이 떠서 나와 함께 아침을 먹는 경우는 드물었다. 막걸리 술잔 같은 밥그릇은 겉에서 보기에는 큼지막한데, 속이 어찌 두껍던지 내용물은 야박할 정도로 적었다. 반찬은 콩나물 된장국에 김치 반접시가 고작이었다. 하기야 밥 한 상에 당시1957의 화폐로 100환이었으니 값으로 치자면, 바가지는 아니었을 성싶다. 아무튼 나는 그 밥 한 그릇을 먹고 하루를 지내야 했다. 한참 먹을 나이어서 궁색해 보였던지, 식당 아주머니는 가끔 가다가 햄 한 조각을 밥에 얹어주기도 하였다. 지금도 감사한 마음 간직하고 있다.

이 천막 식당은 모녀간에 하고 있었는데, 가재는 게 편이라고 미혼으로 보이는 따님이 어머니 몰래 햄 한 조각을 더 주다가 발각(?)되어 야단을 맞기도 하였다. 서러움 중에 먹는 서러움이 가장 크다는 말이 실감이 났다. L 모 학우는 참 고마운 친구였다. 나의 호주머니 속에 1주일마다 1000환씩을 넣어 주었고, 가끔 3000환을 따로 넣어 놓고는 내가 무슨 돈이냐고 물으면 자기는 전혀 모르는 돈이라고 잡아떼기도 하였다. 날씬한 키에 미남형의 용모를 갖춘 L 모 학우는 전형적인 연세보이였다. 나는 이 고마운 친구와 1년 동안을 같이 지내며 신세를 지다가, 2학년을 마치고 군에 자원입대하였다. 나로서도 어려운 과정을 마치느라 호된 고생을 치렀지만, 그 때마다 좋은 친구를 만나 가파른 고비를 넘길 수 있었다. 이 빚을 어찌 다 갚을까? 부담이 커도 너무 크다.

세계의 최대 재벌 록펠러John Davison Rockefeller 1839-1937는 몹시 가난한 가정에서 태어나, 대학교육도 받지 못하였지만 석유왕이 되어 최고의 재복을 누렸다. 그러나 그는 자신의 재산 대부분을 사회에 환원하여 사랑을 실천함으로써 은혜에 보답할 줄 아는 독지가가 되었다. 그는 어린 시절부터 어머니로부터 갚을 줄 아는 교육을 받았다고 한다. 교회에 다니며 철저히 십일조를 바쳤던 것이다. 1/10은 하나님의 재산이므로 하나님께 바쳐야 한다는 철두철미한 신앙적 사상이었다. 재산이 불어나자 정확한 십일조 계산도 어려워서 40명의 직원이 일하는 부서를 만들어 철저히 십일조를 계산하여 교회에 바쳤다. 갚는 정신이 투철하였던 것이다. 그의 십일조 신앙은 그의 인생 중반까지의 일이었고, 그가 본격적으로 수없이 많은 분야의 재단을 만들어 자선사업과 문화사업에 치중하면서부터 그는 1/10을 바치는 것이 아니라 9/10를 사회에 바치고 1/10만을 자신의 생활에 사용하였다. 구주와 미주 등 선진 지역은 물론 아세아주와 아프리카주 등 후진지역에도 그의 실질적인 재정적 영향이 미치지 않는 곳이 거의 없다. 과연, 록펠러가 보인 사랑의 실천도 통설처럼 궁극적으로는 죄의식에서 발현된 것일까? 도저히 믿어지지 않는다.

인간은 여러 가지 형태로 나타난다. 록펠러처럼 아낌없이 나누고 베푸는 사람이 있는가 하면, 인종개량을 외치며 아우슈비츠 Auschwitz 대학살을 감행하였던 히틀러, 개혁과 혁명 과업을 내세워 소위 킬링필드의 대 학살을 주도한 캄푸차의 공산당 서기 폴 포트, 주체사상을 강요하며 수백만의 백성을 아사시킨 김일성 부자 등 실로 인간 같지 않은 사람도 있는 것이다. 그들은 인간으로서 최소한의 죄의식이이라도 가지고 있는지가 궁금하다. 엄연한 주권국가인 한국의 주권을 협탈하고 제 2차 세계대전을 일으키어 수십만의 인명을 앗아간 일본 전범들의 망령을 지금도 참배하는 고이즈미 수상과 그의 내각 일행들을 보면, 속죄의식은커녕 죄의식도 없는 냉혈 괴수집단魁首集團들이 여전히 건재하고 있는 것 같다. 고이즈미 일본 수상은 재발방지를 위한 경각警覺으로 신사참배를 한다고 궤변까지 늘어놓고 있는 판이니 더 이상 무슨 말을 그들과 섞어하랴? 가증스런 오만으로 가득 찬 인면수심人面獸心의 형상들일 뿐이다. 반성할 줄도 모르고, 갚을 줄 모르는 사람들이다.

나는 빚을 많이 진 사람이다. 흑암의 궁창에서 우주만물을 창조하시고 우리를 구원하신 여호와 하나님, 나를 보호해 주는 대한민국 나의 조국, 나를 수용하여 주는 자유주의 민주사회, 어려운 고비마다 정신적으로 물질적으로 나를 도우며 실족하지 않도록 붙들어주신 분들께 참으로 감사하며 살아간다. 특히 대학 3학년 때부터 대학원을 마칠 때까지 친자식 이상으로 보살펴주셨던 여수의 어르신들께 수치數値로는 도저히 계산할 수 없는 많은 빚을 짓고 있다.

나는 직업이 학교 선생이기 때문에, 강의시간마다 평생의 빚을 갚는 심정으로 교단에 서왔다. 미국의 동시대 극작가 굿맨Kenneth Sawyer Goodman은 "길손'Dust of the Road'"에서, 예수에게 큰 빚을 진 채무자 방랑자(가롯 유다)는 먼지 같은 티끌로 "은전 30냥"의 빚을 갚느라 수세기를 배회하는 중이라고 토로한다. 나는 하루하루 나에게 주어진 임무를 성실하게 수행하며, 극 중의 "방랑자"처럼 나의 큰 빚을 갚아갈 것이다. 영어에 "죽다"의 의미로, "pay one's last debt to the nature."라는 말이 있다. "자연에게 마지막 빚을 갚는다."라는 뜻이다. 원래 빚은 죽을 때까지 갚는 것인가 보다. 빚에는 물질적인 것만 있는 것이 아니기 때문이다. 인간은 흙에서 왔으니 흙으로 돌아감으로써 모든 빚이 탕감되는 것이리라.

찾아보기

ㄱ

ㄹ

ㅁ

ㅈ

필자 약력

1937년 3월 1일 생.
전북 임실군 관촌면 병암리 245번지(생지)

전주고등학교 졸업
연세대학교 문과대학 영어영문학과 졸업
연세대학교 대학원 영문학과 졸업(문학석사)
연세대학교 대학원 박사과정 졸업(문학박사)
미국 일리노이대, 영국 버밍엄대 등에서 연구

목원대학교 영문학 교수(역임)
충북대학교 영문학 교수(〃)
연세대학교 문리대 교수(〃)
연세대학교 원주총무처장(〃)
연세대학교 매지도서관장(〃)
연세대학교 문리대 학장(〃)
연세대학교 중등교육 연수원장(〃)
한국영미어문학회 회장(역임)
한국셰익스피어학회 회장(〃)
한국영어영문학연구소 이사장(현)
한국셰익스피어학회 평생이사(〃)
한국크리스천문학가협회 이사(〃)
한국기독교어문학회 부회장(〃)

저서 『메타드라마』. 연세대학교 출판부
『셰이스피어의 문제극』. 범한서적주식회사
『셰익스피어 길잡이』. 도서출판 동인
『셰익스피어의 미학적 수법』. 도서출판 동인
『셰익스피어 작품의 이해 (I)』. 공저. 범한서적주식회사
『셰익스피어 작품의 이해 (II)』. 공저. 범한서적주식회사
『영문학과 종교적 상상력』. 공저. 도서출판 동인
『언어의 미학』. 공저. 국학자료원
『G-토익』. (I - V). 공저. 언어평가연구원.
TOEFL : PRACTICE TEST. 감수. 미래출판사. 외

역주 『연극이란 무엇인가』. R. F. Clarke 저. 탐구당
『구원의 신화』. Northrop Frye 저. 국학자료원

논문 셰익스피어 비극과 여성
셰익스피어 희곡에 나타난 반영극적 양상
The Jew of Malta: The Machiavellian Realism
『1984년』에 나타난 인간성의 자아 모순적 메카니즘
셰익스피어 연극에 나타난 재생의 기독교적 의미
『리차드 2세』에 나타난 언어행위 고찰
『리차드 3세』에 나타난 말기 도덕극적 구조와 극의 효과
셰익스피어 비평의 회고와 전망
카탈시스와 영력
『헨리 5세』에 나타난 역사성 문제
셰익스피어의 인간학: 녹색세계의 비유 외 다수

포상 연세대학교. 연구업적 우수교수상
대한민국 정부. 황조근정훈장

일상을 넘나들며

초판 1쇄 발행일 2006. 3. 20

지은이 황계정
펴낸곳 도서출판 동인
펴낸이 이성모
주 소 서울시 종로구 명륜동 아남주상복합빌딩 104호
전 화 (02)765-7145, 55
팩 스 (02)765-7165
HomePage www.donginbook.co.kr
E-mail dongin60@chol.com

등록번호 제 1-1599호
ISBN 89-5506-290-7
정 가 13,000원